本书获得中国科学院战略研究与决策支持系统建设专项
“国家、部门委托和院部署的有关研究和评估任务”、
中国科学院科技战略咨询研究院主攻方向重大任务
“智库双螺旋法理论和应用研究”资助

智库双螺旋法理论

潘教峰 等◎著

DOUBLE HELIX METHODOLOGY IN THINK TANKS

科学出版社
北京

内容简介

本书深刻把握智库科学化发展的总体趋势，总结智库研究的共性特征和存在的突出问题，从外循环、内循环、“十个关键问题”和方法集工具箱四个层次构建智库双螺旋法理论体系，重点围绕智库问题的解析、智库问题牵引下的情景分析、智库问题研究的不确定性分析、智库问题研究的政策模拟分析、智库研究的循环迭代、DIIS 与 MIPS 的耦合关系、智库研究的专家组织与管理、人机结合的智库问题研究支持系统、客观分析与主观判断的结合、智库产品质量管理等方面展开文理融合、理实融通的论述，标志着智库理论研究已从智库研究范式走向智库理论方法并正在走向智库科学体系。

本书可为政府部门、科研机构、高等院校、企业等从事决策咨询研究、战略研究、政策研究、智库理论方法研究的相关人员和对智库感兴趣的广大读者提供重要参考。

图书在版编目（CIP）数据

智库双螺旋法理论 / 潘教峰等著 . —北京：科学出版社，2022.9

ISBN 978-7-03-072764-0

Ⅰ . ①智… Ⅱ . ①潘… Ⅲ . ①咨询机构 – 研究 Ⅳ . ① C932.8

中国版本图书馆 CIP 数据核字 (2022) 第 129760 号

责任编辑：杨逢渤 / 责任校对：樊雅琼

责任印制：肖　兴 / 封面设计：无极书装

科学出版社 出版

北京东黄城根北街16号

邮政编码:100717

http://www.sciencep.com

中国科学院印刷厂 印刷

科学出版社发行　各地新华书店经销

*

2022年9月第　一　版　开本：720 × 1000　1/16

2022年9月第一次印刷　印张：19

字数：480 000

定价：248.00元

（如有印装质量问题，我社负责调换）

《智库双螺旋法理论》研究组

组　　长　潘教峰

主要成员　鲁　晓　张　凤　刘慧晖　吴　静
万劲波　杨国梁　冷伏海　刘怡君
陈　安　牟　笛　高敏刚　裴瑞敏
周建中　袁　秀　张　潮　隆云滔
闫　昊　马嫣然　田　园

前　言

智库的根本任务是服务决策的，其研究的往往是跨域跨界，学科交叉，复杂多样的战略、策略和政策问题，越是重大问题，其复杂性特征越是明显。面对这样的问题，许多研究者往往从经验出发或个人或团队的学科知识与研究范式出发，开展研究、得出结论，但是囿于个人或团队的知识局限、立场局限、利益局限，所得出的结论也往往是片面的、零散的、表面的，难以透过现象把握本质和关键，缺乏科学性、前瞻性、逻辑性、严谨性，对决策的支撑作用有限。如何以系统思维、战略思维、科学思维开展智库问题研究，贯通学理性、思想性、政策性，是世界各国智库研究都面临的重大课题。

2015 年 12 月，国家正式启动高端智库建设试点工作，中国科学院入选党中央、国务院、中央军委直属的首批 25 家国家高端智库试点单位，并明确试点的重点任务是建设中国科学院科技战略咨询研究院。为此，中国科学院决定以科技政策与管理科学研究所更名形式组建法人实体的科技战略咨询研究院，我受命负责组建工作。在科技战略咨询研究院建设高端科技智库的过程中，我深感智库研究需要理论和方法支撑，也一直在思考和探索智库研究的规律，研究智库理论方法乃至研究范式。

2017 年初，《中国科学报》开辟“智库栏目”，约我为该栏目撰写首篇文章。借此契机，我结合国家高端科技智库建设实践和近 20 年从事科技战略研究和重大规划工作的心得，总结提炼智库研究问题的一般性思路，为“智库栏目”撰写了《科技智库研究的 DIIS 理论方法》一文（潘教峰，2017），首次提出了智库 DIIS（data-information-intelligence-solution）理论方法体系。随后，围绕智库 DIIS 理论方法，分析了国内外智库研究方法的演进历程（潘教峰等，2017），系统提出了智库研究的基本逻辑体系（潘教峰和鲁晓，2018），发展了智库 DIIS 三维理论模型（潘教峰等，2018a）和多规模智库问题 DIIS 理论方法（潘教峰等，2019b），并将智库 DIIS 理论方法应用于智库研究实践中（潘教峰等，2018b；Guo et al.，2019），在这些成果的基础上，2019 年 6 月出版了《智库 DIIS 理论方法》一书。该书立足智库研究的全局，对智库研究方法论进行系统思考，旨在提高智库研究成果的科学性、有效性和可靠性，为智库研究提供体系化理论分析。

《智库 DIIS 理论方法》的出版，引起了智库学界的积极反响。2019 年 10 月，该书被选入 2019 年国家社科基金中华学术外译项目推荐选题目录，并建议外译为多种文版。2019 年，国家高端智库理事会在对中国科学院的"国家高端智库综合评估意见"中指出："积极探索智库研究规律，研究形成 DIIS 理论方法。"2020 年 5 月，上海社会科学院智库研究中心发布《2019 年中国智库报告》，对智库 DIIS 理论方法给予了高度评价："中国科学院科技战略咨询研究院在实践中形成了智库 DIIS 方法论，并分别提出解决大规模、中规模和小规模智库问题的智库 DIIS 方法和智库报告 DIIS 写作规范，对保证智库研究的规范性与高质量有很好的价值。"2021 年，《智库 DIIS 理论方法》英译本 *DIIS Theory and Methodology in Think Tanks* 由 Springer 出版并向全球发行，对于中国与国际智库话语体系的对接、提升中国智库的国际影响力具有积极的促进作用。

与此同时，我也在不断思考智库研究未来发展的方向，逐渐意识到智库研究范式还远未成形，基于共识性范式的学术共同体尚未形成，这必然限制智库研究的科学化和专业化程度，进而影响其咨政建言的能力水平、制约其影响力的发挥。为此，我在智库 DIIS 理论方法研究成果基础上，结合长期智库研究实践经验，于 2020 年 7 月首次提出智库研究的双螺旋结构，即智库双螺旋法（double helix methodology in think tanks）（潘教峰，2020），对智库研究范式进行实践探索。

随后，我带领中国科学院科技战略咨询研究院的多名研究人员和研究生成立了智库双螺旋法研究组，开展了深入研究工作。在研究组内部，持续思考智库双螺旋法的理论体系与实践应用，深入开展研究。在研究组外部，我先后在首届智库理论方法暨DIIS研讨会、首届智库DIIS理论方法课程班、第二届智库理论暨双螺旋法研讨会等会议上作智库双螺旋法的专题报告，得到积极反响；2020年11月，国家一级学会中国发展战略学研究会成立智库专业委员会，近150位专家学者加入专业委员会，代表着智库领域学术共同体的形成；2021年9月，中国科学院科技战略咨询研究院、爱思唯尔出版集团、《中国学术期刊（光盘版）》电子杂志社有限公司联合开展了智库代表性期刊遴选工作，用智库双螺旋法产生的关键词集，匹配期刊数据库，通过相似度定量计算和专家定性研讨，遴选一批英文期刊和中文期刊入选智库期刊群，以期刊为切入点进一步推动学术共同体的发展。

经过历时一年半的研究，智库双螺旋法的研究工作取得了系列成果：提出了促进智库研究的“六个转变”（潘教峰等，2021），凝练了智库双螺旋法的“十个关键问题”（潘教峰等，2022），在这些成果的基础上，形成了本书——《智库双螺旋法理论》。本书着眼于解决智库研究“怎么做”这一基本问题，从问题导向、证据导向和科学导向出发，对智库研究范式进行系统思考，提出智库双螺旋法，厘清智库双螺旋法的“十个关键问题”，归纳智库双螺旋法的“四层模型”，阐释智库双螺旋法的理论价值与意义，并针对智库双螺旋法的“十个关键问题”进行深入研究，旨在为智库研究实践提供一套方法论和可操作化工具，提高智库研究成果的科学化、专业化、规范化，推动中国特色新型智库高质量发展，更好地服务国家治理体系和治理能力现代化建设。

本书共分为 2 篇 13 章。第 1 篇（第 1—3 章）：智库双螺旋法总论。第 1 章介绍智库的内涵与发展，揭示智库的发展动力，总结我国高端智库的建设经验，并思考未来发展方向。第 2 章对智库双螺旋法的外循环、内循环 DIIS 与 MIPS（mechanism-impact-policy-solution）、时空域进行详细阐述，并从智库研究本源出发，围绕智库双螺旋法的“十个关键问题”展开研讨，在此基础上提出智库双螺旋法的“四层模型”。第 3 章分析智库双螺旋法的理论价值与意义，包括促进智库研究的“六个转变”、构建智库研究的学术基础、为智库学科建设提供思路和方向。第 2 篇（第 4—13 章）：智库双螺旋法关键问题。该篇围绕智库问题的解析、智库问题牵引下的情景分析、智库问题研究的不确定性分析、智库问题研究的政策模拟分析、智库研究的循环迭代、DIIS 与 MIPS 的耦合关系、智库研究的专家组织与管理、人机结合的智库问题研究支持系统、客观分析与主观判断的结合、智库产品质量管理这“十个关键问题”分别开展深入研究，以加强智库双螺旋法的可操作性，更好地驾驭复杂的智库问题。

我负责全书的内容体系设计、主要研究问题和技术路线确定、研究工作组织及总体审查统稿。各章撰稿人如下：第 1 章，潘教峰、鲁晓、裴瑞敏、杨国梁；第 2 章，潘教峰、鲁晓、刘慧晖；第 3 章，潘教峰、鲁晓、张凤、刘怡君、杨国梁；第 4 章，杨国梁、潘教峰；第 5 章，冷伏海、张潮；第 6 章，高敏刚；第 7 章，吴静、张凤；第 8 章，刘慧晖、杨国梁；第 9 章，牟笛、陈安、马嫣然；第 10 章，万劲波、周建中、袁秀、闫昊；第 11 章，张凤、吴静；第 12 章，万劲波、隆云滔；第 13 章，牟笛、田园。王小梅研究员针对一些关键问题提供了文献计量分析结果。此外，对其他各位参与研究或研讨工作的研究人员和专家学者表示衷心的感谢。在此基础上，我又对全部书稿进行了统一修改和审订，并多次提出具体的修改意见，返给有关章节撰稿人做进一步修改完善。

在本书稿即将付梓之际，我谨向参与研究、咨询的全体研究人员和专家学者表示诚挚的谢意。衷心希望本书的出版，能为智库研究走向智库科学提供范式创新，找到智库研究的学术根基，夯实智库科学化发展的土壤，为智库研究人员提供科学的方法指引、为学术型学者开展智库科学研究提供契机和方向、为关心智库建设的人员了解智库研究提供途径，在开展智库专业化建设、形成高质量智库研究成果方面发挥积极的作用，为推动智库建设行稳致远提供科学的基石。但是，由于智库研究涉及的学科领域众多，是一项综合而又复杂的研究工作，加之认识本身的局限，本书难免存在不足之处，敬请广大读者和专家不吝赐教。

智库作为自然科学和社会科学在面向决策时高度融合的产物，其本身就是一门需要不断研究的大学问。寻智库学术之根，筑智库科学之基。只有不断探究智库研究规律，发展智库理论方法，构建智库研究范式，创新发展智库科学与工程，才能推动智库高质量发展，源源不断产出高质量的智库成果，有力服务国家治理体系和治理能力现代化建设。

中国科学院科技战略咨询研究院院长、研究员

2022 年 5 月

目　录

前言

第1篇　智库双螺旋法总论……2

第1章　智库的内涵与发展……4

1.1　智库的内涵与功能……4

1.2　智库的建设与发展……8

1.3　我国高端智库建设的实践与未来发展……14

第2章　智库双螺旋法的理论结构……17

2.1　智库双螺旋法的主要内容……17

2.2　智库双螺旋法的“十个关键问题”……30

2.3　智库双螺旋法的“四层模型”……48

2.4　小结……58

第3章　智库双螺旋法的理论价值与意义……60

3.1　促进智库研究的“六个转变”……60

3.2　构建智库研究的学术基础……71

3.3　为智库学科建设提供思路和方向……100

3.4　小结……104

第2篇　智库双螺旋法关键问题……106

第4章　智库问题的解析……108

4.1　定义问题……109

4.2 描述问题……111

4.3 构建框架……113

4.4 形成子问题集……115

4.5 案例分析……117

4.6 小结……119

第5章 智库问题牵引下的情景分析……122

5.1 情景分析在智库问题研究中的地位……122

5.2 情景分析在智库问题研究中的作用……124

5.3 情景分析的主要内容和方法……125

5.4 DIIS框架下情景分析的流程和功能……128

5.5 情景分析在MIPS目标任务实现中的角色……133

5.6 小结……138

第6章 智库问题研究的不确定性分析……139

6.1 不确定性的内涵……139

6.2 智库问题不确定性与智库双螺旋法……141

6.3 智库问题不确定性分析方法……143

6.4 小结……148

第7章 智库问题研究的政策模拟分析……149

7.1 智库问题研究中的政策模拟……149

7.2 国内外智库问题研究中的政策模拟进展……151

7.3 基于DIIS过程融合法、MIPS逻辑层次法的政策模拟过程分解……155

7.4 智库问题研究中政策模拟的代表性方法……166

7.5 小结……170

第8章　智库研究的循环迭代……172

8.1　智库研究循环迭代概述……172

8.2　智库双螺旋法循环迭代的触发情形和涉及环节……175

8.3　智库双螺旋法的循环迭代流程……182

8.4　案例分析……193

8.5　小结……194

第9章　DIIS与MIPS的耦合关系……195

9.1　DIIS-MIPS耦合特性……195

9.2　DIIS-MIPS耦合结构……197

9.3　研究实践中的DIIS-MIPS耦合关系……204

9.4　小结……207

第10章　智库研究的专家组织与管理……208

10.1　智库专家在智库研究中的作用机制……208

10.2　专家职能与知识特征……211

10.3　专家遴选……213

10.4　专家参与……215

10.5　小结……221

第11章　人机结合的智库问题研究支持系统……223

11.1　智库决策支持系统建设的必要性……223

11.2　智库决策支持系统主要类型……226

11.3　智库决策支持系统研究热点……229

11.4　基于智库双螺旋法的智库决策支持系统架构……230

11.5　小结……241

第12章　客观分析与主观判断的结合……242

12.1　客观分析与主观判断相结合的意义……242

12.2　客观分析与主观判断相结合的概念辨析……243

12.3　客观分析与主观判断相结合的原则、标准与途径……247

12.4　客观分析与主观判断相结合的运用……249

12.5　不同域视角下客观分析与主观判断相结合的发展……254

12.6　小结……257

第13章　智库产品质量管理……258

13.1　智库产品的特征和分类……258

13.2　智库产品的质量要求……262

13.3　智库产品的质量管理……269

13.4　小结……272

参考文献……273

索引……284

第1篇

智库

双螺旋法

总论

智库在推动国家治理体系和治理能力现代化建设、增强国家软实力中发挥着日益重要的作用。开展专业化、系统化的智库研究，为决策提供客观的数据信息、创新的思想产品、完整的解决方案是智库的重要使命。智库研究需要打通从学术研究、政策研究到决策咨询的创新链，大规模的智库研究更是系统性的工程。智库研究所面临的是复杂又综合的跨学科、跨领域问题，需要创新智库研究方法，开发新的技术手段，创立新的研究组织模式。智库双螺旋法是在此背景和需求下提出的理论方法体系，为智库研究提供研究范式、方法创新和具体工具。

智库研究方法需要不断地补充、完善和创新，以适应智库问题所包含的复杂多变的外部环境与纵横交贯的内部结构。本篇是智库双螺旋法总论，梳理智库的内涵与发展，阐述智库双螺旋法理论及其价值，深度挖掘智库双螺旋法的“十个关键问题”和“四层模型”，丰富具有系统观的认识论、方法论和实践论体系。智库双螺旋法的理论创新和广泛应用对于促进智库研究从经验式向科学化转变、从零散式向系统性转变、从随机式向规范性转变、从偏学术型向学术实践型转变、从静态向稳态转变、从学科单一向融合贯通转变具有重要的意义。

第1章　智库的内涵与发展

智库在世界各国治理现代化进程中发挥着越来越重要的作用，一个国家的智库建设水平体现了一国的软实力。智库不仅是公共政策咨询体系的重要组成部分，也是引领社会创新方向的思想库，是联通政学两界高端人才的“旋转门”，是政府与社会各界有效互动的纽带，是国际合作共赢的沟通平台。本章对智库的内涵、功能、发展动力等进行分析，并总结与思考我国高端智库建设的实践经验与未来。

1.1　智库的内涵与功能

1.1.1　智库的内涵

智库是从事与公共政策相关研究和倡议的组织，是现代民主政治制度中连接知识和权力的桥梁。实践中，公共权力和知识理论在公共管理活动中并非天然地联系在一起，由于政府决策机构、研究机构的属性差异，决策者、研究者的角色差异，公共权力和知识理论往往存在许多间隙，而智库的产生正是起到了连接公共权力和知识理论的桥梁作用，实现公共权力和知识理论的有机结合是智库的本质属性（赖先进，2017）。表 1-1 总结了国外一些学者对智库的定义，他们从智库的组织特性、功能目标、服务对象以及研究内容给出了相应的界定。大部分学者认为智库是一种具备独立性和非营利性特征的组织，呈现出不同的结构和形态。Kelley（1988）认为智库是一种制度安排，体现咨询顾问的功能。Medvetz（2010）认为智库是一种生产知识和提供信息资源的混合结构系统，能够影响公共政策和公共舆论，服务战略决策，解决公共问题。

智库的概念有广义和狭义之分。广义的智库纳入了所有承载智库功能的组织，包括提供公共政策研究、分析和咨询的各类机构，部分大学及民间团体组织。狭义的智库被定义为独立于政府和大学之外的专业政策研究组织。综合而言，智库是公共政策和战略问题的研究、分析和参与机构，面向政府决策进行研究和分析，并且针对国内外议题提出建议，使决策者在信息相对充分的情况下对公共政策问题作出决策。

表1-1　国外一些学者对智库的定义

学者（年份）	定义	关注点
Kelley（1988）	智库是一种制度安排，是政党、企业或利益团体在进行重大决策时必经的步骤，体现咨询顾问的功能	制度安排，体现咨询顾问的功能
James（1993）	智库是针对公共政策开展多学科研究，并以影响公共政策为目标的独立组织	独立组织；影响公共政策
Stone（1996）	智库是独立的公共政策研究机构，作为非营利性组织存在	独立；非营利性组织
Stone（2001）	智库是聚集信息及专业知识、政策研究资源、学术性专家人才的资源库，以便被政府、企业或第三部门组织调用	资源库（知识、政策、人才）
Abelson（2002）	智库是非营利性、无党派倾向的政策研究机构，从事国内外特定或广泛的政策研究与分析工作	非营利性、无党派；政策研究与分析
McGann（2003）	智库是公共政策研究和参与组织，针对国内外各类议题为决策者和公众开展政策导向研究、分析和实时咨询，是专业知识与政治权力之间的桥梁	公共政策研究和参与组织；知识与政治权力之间的桥梁
Goodman(2005）	智库是对具体问题提供研究支持的组织，通过促进科学家和知识分子的互动来发现解决方案，是进行知识生产、思想变革的组织	知识生产、思想变革
Medvetz（2010）	智库是一种生产知识和提供信息资源的混合结构系统，位于社会结构的中间位置	混合结构系统

续表

学者（年份）	定义	关注点
Kelstrup（2017）	智库是自治的，试图对公共政策产生影响的组织	自治
Hauck（2017）	智库是拥有与公共政策相关的专业知识的机构，并且与政治界、学术界、商界和媒体界的目标受众共同影响政治过程	公共政策相关的专业知识的机构
Fraussen and Halpin（2017）	智库是为战略决策提供支撑的政治组织	战略决策支撑
Urrutia（2018）	智库是管理知识和信息的混合型组织，为影响国内外政策和公共舆论提供专业资源	混合型组织

1.1.2 智库的功能

智库是国家软实力的重要载体之一。智库在国家治理、社会政策制定和社会政治运转过程中发挥着越来越重要的作用，日益成为国家治理体系结构中不可或缺的重要力量。智库的基本职能是针对各类问题，开展政策导向的研究分析以及提供咨询服务，以促进决策者和公众能够在充分了解情况的前提下，对公共政策问题进行决策。智库在众多的政治系统内运行，参与一系列政策相关的活动，形成多样化的组织形式，为实现一个根本的目标：把公众参与的不同形式结合起来，提供高质量的研究和分析（麦甘恩和萨巴蒂尼，2015）。

由于各国的政治制度、文化经济与社会传统不同，智库的发展路径不尽相同，所起到的作用也有所差异。例如，在西方国家，智库经常被认为是继立法、行政、司法和媒体之后的“第五权力中心”，是政府决策者的政策理念来源，政策议案的评论者，政策方案执行的评估者，政府选拔高级官员与专家的人才库，新闻媒体资料引述的权威来源。

根据智库发展的实践，可以总结出智库的五大功能：提供新思想、参与公共政策、引导舆论、开展公共外交、为政府储备和输送人才。

1）提供新思想。智库最基本的功能是思想创新和决策咨询，即通过研究和分析形成新的政策主张，并力图使这些主张获得公众的支持和决策者的青睐，以期最终能成为政策或获得立法，这体现智库的学术影响力。

2）参与公共政策。参与公共政策制定、影响决策是智库的基本任务。智库参与公共政策和影响决策的途径有多种，并且各国的途径也不尽相同，如通过内部专报信息、公开发布报告、举办各种研讨班和培训班等，这体现智库的决策影响力。

3）引导舆论。智库主要的研究对象是社会思潮，同时又是社会思潮的主要引领者，在社会思潮的形成和发展中发挥着重要作用，并且这种影响力能够通过媒体传播，形成相互促进的关系。一方面，智库为媒体提供了大量的思想和研究成果；另一方面，媒体又可以成为智库的主要传播途径。智库引导舆论的主要方式包括刊发文章、研讨和培训、与媒体直接对话等，这体现智库的社会影响力。

4）开展公共外交。智库作为非政府机构与其他国家的政府部门、同类智库、科研机构等进行交流、对话、合作，加强理解、增进互信，并提供具有专业性、灵活性和有深度的研究报告或咨询建议，为双方政府进一步找到合作和对话机会提供支撑，助推公共外交，这体现智库的国际影响力。

5）为政府储备和输送人才。智库与政府之间建立的“旋转门”机制是智库为政府储备和输送人才的重要机制。智库的工作人员能够接触到大量的决策人物和内部信息，并有到政府机构工作的机会。因此，智库成为培养年轻政治家分析问题和解决问题能力的地方，在政府机构工作的人员也能通过智库发表观点和思想。这体现智库在人才培养上的影响力。

1.2 智库的建设与发展

1.2.1 智库在全球范围内的发展

第二次世界大战后，智库在全球范围内的发展经历了三个阶段：① 20 世纪 60—70 年代，智库在经济合作与发展组织国家大规模兴起；② 90 年代，智库在全球范围内出现“爆发式”增长；③ 21 世纪后，智库建设进入平稳发展阶段，亚非国家或地区智库数量持续增长。2007 年，美国宾夕法尼亚大学开始对全球智库发展情况进行调查评价，从 2008 年起每年出版《全球智库评价研究报告》，已成为许多国家或地区智库评价的重要依据。根据该研究的统计，从 20 世纪 40 年代开始，全球平均每年新增智库 12 家；到 90 年代，全球平均每年新增智库 142 家；进入 21 世纪后，智库进入平稳发展阶段，亚非国家或地区智库数量持续增长，欧美国家或地区智库数量增速稳中有降。《全球智库评价研究报告（2020）》中提到全球共有智库 11 175 家（图 1-1），

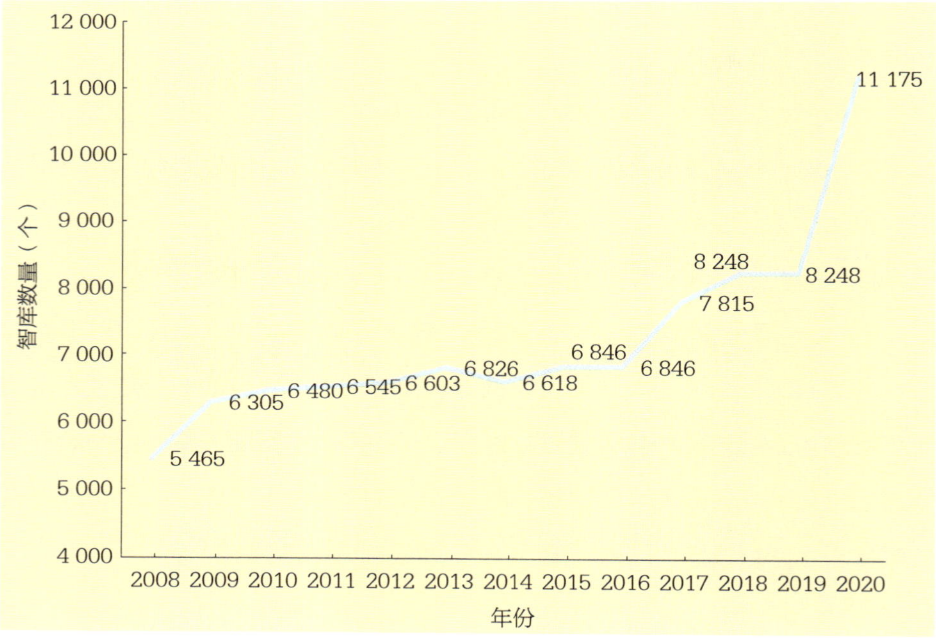

图1-1 全球智库数量的发展趋势（2008—2020年）

资料来源：McGann，2021.

近半数集中于欧美发达国家，在一定程度上可以看出智库数量与国家的现代化水平成正相关关系。

目前，全球的经济社会发展对智库的需求持续增长，智库数量在全球范围内呈现平稳增长，但在不同区域和国家间存在不均衡的发展态势，构成了全球智库发展的差异化图景，主要表现出如下特征：① 欧美等发达国家或地区是全球智库发展的主导性力量。《全球智库评价研究报告（2020）》中提到欧洲智库占全球智库总数的 26.2%，北美智库占全球智库总数的 21.4%（表 1-2）。②从国家分布可以看出，美国、中国的智库数量遥遥领先于其他国家（表 1-3），一定程度上说明目前这两个国家在决策咨询的专业化支撑需求方面高于其他国家。其中，美国智库数量相对稳定，而中国智库数量则在 2009 年和 2020 年出现骤增（图 1-2）。③智库朝着国际化、多样性和多元化方向发展。随着智库所关注的议题日益丰富，研究工具方法日趋进步，智库正从经济社会、国际关系、军事安全等传统领域向文化教育、科技生态、公共治理等新兴领域拓展。

表1-2　全球一些地区的智库数量分布

地区	智库数量（个）	比例（%）
欧洲	2 932	26.2
北美	2 397	21.4
亚洲	3 389	30.3
中美洲	1 179	10.6
撒哈拉以南非洲	679	6.1
中东和北非	599	5.4
总计	11 175	100.0

资料来源：McGann，2021.

表1-3　至2020年拥有智库数量最多的前10个国家

排序	国家	智库数量（个）
1	美国	2203
2	中国	1413
3	印度	612
4	英国	515
5	韩国	412
6	法国	275
7	德国	266
8	阿根廷	262
9	巴西	190
10	越南	180

资料来源：McGann，2021.

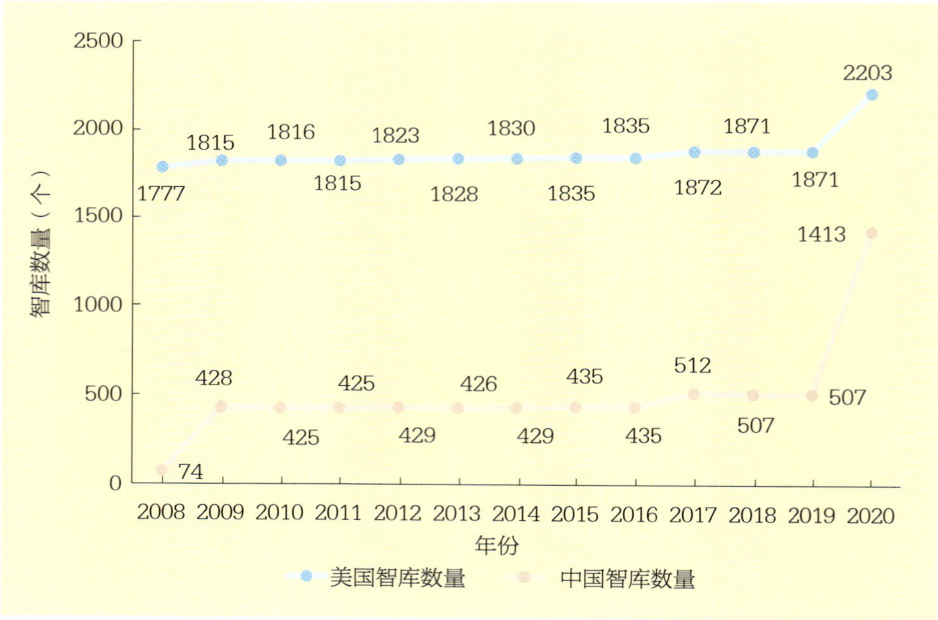

图1-2　美国和中国智库数量年度变化（2008—2020年）
资料来源：McGann，2021.

1.2.2　智库的发展动力

随着科学技术与经济社会不断交互，政府决策的环境发生了巨大变化，公共决策所需的信息需求更加多样和多元，决策信息熵不断增加，决策过程中需要应对的不确定性增加，需要平衡的利益关系更加复杂，信息化、数字化发展为政府的精准化治理与服务提供了平台条件。这些决策环境的新变化，需要智库作为更专业的决策咨询机构提供前瞻、系统和科学的研究。我们看到，为了适应科技社会变革、应对未来情景不确定性、平衡复杂利益关系、精准化治理与服务，以及符合智库自身演化发展的需要，智库的组织形态及其研究视域不断拓展，这构成了智库发展演进的五种动力（图 1-3）。

（1）适应科技社会变革

近现代社会的历次科学技术革命和产业变革为人类社会发展提供新手段、新工具，创造新空间、新条件。当今世界，科技与社会相互影响构建，加速融合，形成了科技社会化、社会科技化的发展态势。一方面，科技的发展赋予人们创新创造的工具和机会，使每个人成为创新的中心节点。车库实验室、众创空间、个性化制造等都代表了科技深度社会化的趋势。另一方面，社会也高度的科技化。网络化、数字化、智能化的科技发展使得社会的运行、治理、发展都极大地依赖于科技。由此，政府决策所面对的经济、社会、科技等的治理问题相互联系、相互影响、相互牵动，也推动旨在分析研究这些治理和决策问题的专业化智库的发展进步。

（2）应对未来情景不确定性

人类未来发展面临极大不确定性，在不确定的世界中做出正确的公共决策是对决策者的巨大挑战。由于决策情景不确定性增强，决策过程更加需要专业知识的支撑，决策者对科学咨询提出更高的要求，智库需要持续探索应对情景不确定性下的群体决策和咨询机制。不确定的情景推动了各类智库机构和组织的产生和演变。智库面对不确定性的问题，不断改变知识生产和组

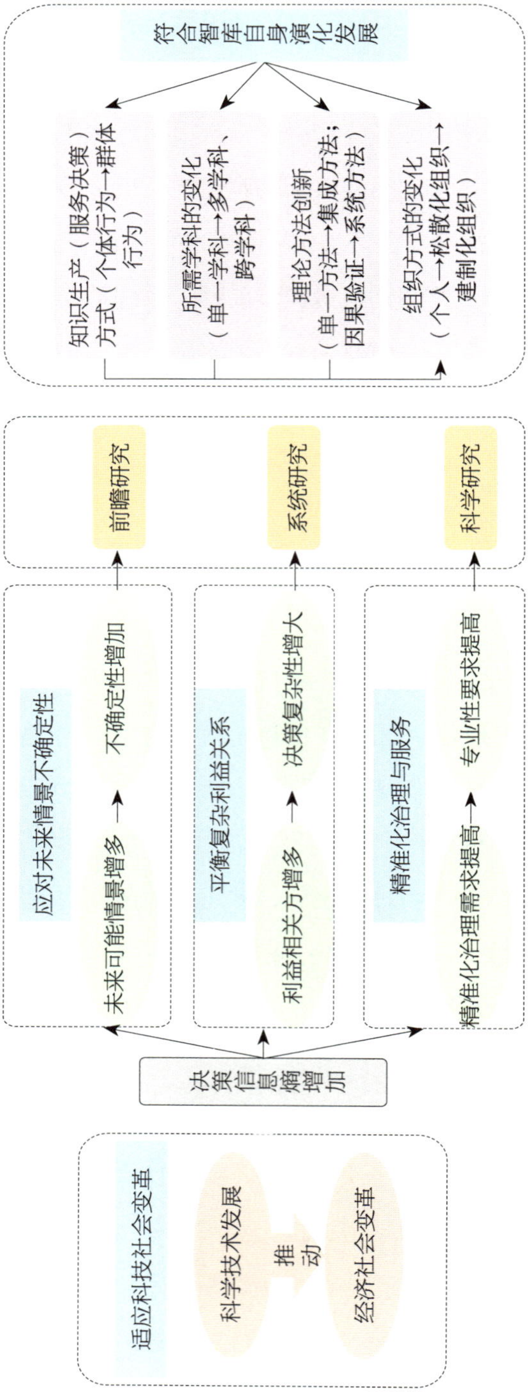

图1-3　智库发展演进的五种动力

织方式，在循证的基础上，运用科学的研究方法，开展前瞻研究、系统研究和科学研究，为政策制定和战略决策提供必要的知识基础。

（3）平衡复杂利益关系

在决策过程中必须考虑政策所涉及的多元利益相关方的不同诉求，寻找最大共识的达成。决策者本身使用有限的政府内部决策咨询机制已难以综合考虑不同利益方的立场，需要向社会寻求更加多元的意见表达和客观的决策信息资源；同时，平衡复杂利益关系还需要利益相关方之外的智库机构运用科学的方法对决策问题开展独立的研究，从而独立、综合地考虑各利益相关方的政策关切点。

（4）精准化治理与服务

社会的发展对政府的治理能力提出了更高的要求，政府需要更加精准地了解政策实施情况，以及服务对象的群体性特征与差异化需求，从宏观和微观层面对决策问题进行准确清晰的判断。因此，需要智库从专业化的角度，利用科学的方法和模型进行分析，以帮助政府理解决策对象之间的关联及影响机制，从粗放式的公共治理模式迈向有科学和证据支撑的精准化的公共治理模式。智库凭借其在专业领域的深入研究，以及不断推进的组织创新和理论方法创新，为复杂的决策问题提供更加精准和精细的决策方案；同时，智库也变得越来越专业化和细分化。

（5）符合智库自身演化发展

决策咨询发展过程中，先后出现顾问委员会、政策研究室、论坛、学会等多种组织形式。随着知识生产方式由个体行为转向群体行为，决策所需知识不断扩展，需要理论方法的创新，同时也需要组织形式的创新。在各类决策咨询组织形式中，以政策研究为主要目的，开展跨学科研究的专业组织逐渐建制化发展起来，形成了现有的智库体系。智库在不断发展过程中，需要提升自身能力，构建决策咨询体系，不断产出独立、科学和客观的高质量政策研究成果，才能提供有效的决策咨询建议。

1.3 我国高端智库建设的实践与未来发展

党的十八大以来，中国特色新型智库建设快速发展，智库的作用和价值得到普遍认同，智库的活跃度、影响力日益显现，当前正在进入高质量发展新阶段，从数量扩张向内涵提升发展。尤其自 2015 年国家高端智库建设试点工作启动以来，我国的智库建设成效更加明显，积累了宝贵的实践经验，也总结出一些问题，对我国智库未来发展具有重要的意义。

从有效的制度安排来看，党中央已经把高端智库建设作为国家治理体系和治理能力现代化的一项制度性安排。随着高端智库建设试点工作的深入开展，一些探索性的做法和经验已经转化成卓有成效的制度建设。目前，整体上的制度供给能够支撑和满足智库高质量发展的需求。

从顺畅的供需对接机制看，国家高端智库各试点单位与中央和国家有关决策部门建立了常态化的直接对接机制，逐步探索形成了人才“旋转门”机制、任务直接交办机制、研究过程互动交流机制、信息资料共享机制、成果直接报送机制等。决策需求与咨询研究、对策研究有机衔接的机制初步形成。其他各类智库也在建立与决策咨询服务对象的对接机制上取得了成效。由此，我国智库通过构建智库成果与决策需求直接对接的机制，初步解决了决策咨询供需“两张皮”的脱节问题，能够更加有针对性地服务决策，智库成果质量也得到提升。

从专业化的智库机构和人才队伍来看，我国形成了以国家高端智库为引领，以专业化为特征，主体多元、类型多样、层次分明、各具特色的智库体系，智库高质量发展的组织和人才基础日渐厚实。有关智库机构的各类统计数据表明，我国专业化智库的数量已居世界前列，专职智库研究人员和智库人才队伍不断发展壮大；兼具智库功能的高等院校、科研院所、社会组织中承担一部分决策咨询任务的研究人员数量增多。

从清晰、可操作的标准规范来看，这方面还相对薄弱，从智库研究选题、研究过程、成果质量到人才评价都缺乏相应的价值导向和标准规范。以智库成果为例，需要更加明确智库提供的产品的性质、类型、特征，进而设定不同类型成果评价的标准。就智库所提供的决策咨询产品而言，可以分为四类：一是数据、知识型的产品；二是信息、实证或调研型的产品；三是思想观点类的产品；四是解决方案类的产品。从目前情况看，比较深刻的思想观点类产品还比较少，针对重大决策问题的系统性解决方案较为欠缺。智库真正的价值应该是创新思想、指导实践，检验智库产品的“金标准”应该是能够提供智库问题的系统解决方案。

从科学的理论方法来看，智库研究的对象是跨学科、多领域的综合复杂问题，以提供政策性的建议或解决方案为产出目标。其研究对象的复杂性和研究成果的实践性决定了智库理论方法的重要性。国内外很多知名智库都很重视针对研究问题创新研究方法，提高研究的科学性，发展了多种定性、定量的研究方法。但总体而言，这些方法的工具性特征比较明显，缺乏系统性的视角，缺少方法论的创新，这与对智库研究规律的认识不足和智库理论体系的缺失是密切相关的。从专业化走向科学化，发展具有普遍适用性的智库理论方法体系以及创新解决具体领域问题的方法集工具箱，是提高智库研究质量和水平的必经路径，是许多智库面临的现实而紧迫的重大课题，也将成为中国特色新型智库建设过程中产出的重大理论贡献。

从世界视角来看，智库所考虑的问题、提出的解决方案，应当对促进世界发展有价值和意义，能够聚集全球智慧。国际化是智库本身所具有的特征，每个智库都应该有广泛的国际链接。在世界处于百年未有之大变局的当下，世界向何处去，如何解决人类共同面临的重大挑战和问题，构建人类命运共同体，更加迫切需要发挥智库的桥梁与纽带作用，加强国际交流合作，共同提出有益于世界发展、人民富裕、文明进步的解决方案。

21 世纪中叶，我们要实现全面建设社会主义现代化强国的目标，需要破解改革发展稳定难题和应对全球格局的复杂变化，迫切需要不断健全完善中国特色决策支撑体系，大力加强智库建设，为国家决策和治理出思想、出方案、出人才。因此，我们认为，未来发展重点可以在以下几个方向着力推进：①智库理论和方法的创新。中国特色新型智库要为中国新时代、新阶段的发展提供智力资源和解决方案，这就需要在解决中国问题的实践中形成独具特色的智库理论方法，形成智库研究的中国方法和中国学派。②智库的学科化建构。智库要面向未来、面向世界、面向现代化，更需要学科化的转型发展。我国的智库界和学术界应当共同推动智库科学与工程学科的建立。通过智库科学与工程学科的形成和发展，为智库建设提供学科基础、理论支撑和方法论创新。③智库人才的培养。智库人才需要具有交叉的学科背景知识、较强的综合能力和宽阔的视野，并且熟悉政策与决策事务，能够以智库研究为基础推进广泛的政策咨询和讨论。智库科学与工程学科的建设能够为智库人才培养提供学科基础和平台。

总之，中国智库建设正在从专业化向科学化、学科化迈进。以科学咨询支撑科学决策，以科学决策引领科学发展，不断提升决策咨询的质量水平，涌现具有国际影响力的智库人物，建设世界一流智库，让智库真正成为有力服务国家治理体系和治理能力现代化、服务人类文明进步的一支不可或缺的重要力量，这是我们的愿景。

第2章　智库双螺旋法的理论结构

近年来，着眼于实现国家治理体系和治理能力现代化的目标，我国高度重视智库建设，发挥智库在服务决策中的重要作用。2014 年，习近平总书记在中央全面深化改革领导小组第六次会议上明确作出“重点建设一批具有较大影响和国际影响力的高端智库”的战略部署。2015 年 1 月，中共中央办公厅、国务院办公厅印发了《关于加强中国特色新型智库建设的意见》，明确了我国智库建设的思路原则、目标任务，推动智库建设进入制度化新阶段。2015 年 12 月，国家高端智库建设试点工作正式启动，中国科学院入选党中央、国务院、中央军委直属的首批 25 家高端智库建设试点单位，并明确试点的重点任务是建设中国科学院科技战略咨询研究院。目前，国家高端智库建设已迈入高质量发展的新阶段，迫切需要科学的智库理论方法提供全方位、全过程的指导，保障智库研究成果的质量。中国科学院科技战略咨询研究院在高端智库建设过程中，通过不断思考和探索智库研究的规律，结合实践经验寻找科学的智库理论方法乃至研究范式。历经四年的时间，形成了智库研究的理论框架和方法论体系——智库双螺旋法（潘教峰，2020），对智库研究范式进行了有益探索。以下对智库双螺旋法的主要内容进行详细阐述，并从智库研究本源出发，围绕智库双螺旋法的“十个关键问题”展开研讨，在此基础上提出智库双螺旋法的“四层模型”。

2.1　智库双螺旋法的主要内容

智库研究作为最重要的智库活动，集中体现了智库的能力和水平，是智库发挥影响力的关键载体。智库研究既区别于以探索未知、发现规律为目标的学术研究，也区别于以服务于工商管理决策、具有显著营利性的现代咨询业研究。智库研究的对象不是单一维度的问题，而是涉及经济、社会、环境、科技、医疗、教育、安全等多学科、多领域、多维度的复杂而现实的决策问题，其影响往往广泛而深远。因此，智库研究的重要性及其研究对象的复杂性也决定了关于智库研究规律、逻辑和范式的探索，研究方法和工具的开发，以及研究组织模式的创新等都至关重要，从而保证智库研究的客观性、专业性、独立性、科学性。

著名科学哲学家库恩指出，一个研究领域确立和成熟的标志是范式的形成与相应的学术共同体的形成，而成熟的范式——一套包含了理论、原则、价值和方法的体系——既能够为研究者提供认识问题的有效方法，也能够为研究者指引探索未来研究的方向（库恩，2004a）。目前，智库研究领域已经出现了一些成熟的智库研究方法，如德尔菲法、技术预见方法等。然而，智库研究范式还远未成形，具有系统性的方法体系依然缺乏，基于共识性范式的学术共同体尚未形成，这必然限制智库研究的科学化和专业化程度，进而影响其咨政建言的能力水平和影响力。因此，基于大量长期智库研究实践经验，在对智库研究基本逻辑体系的系统思考（潘教峰和鲁晓，2018）和智库研究方法创新（潘教峰等，2019a；潘教峰等，2017，2018a，2018b，2019b）的基础上，通过反复归纳和演绎，对智库研究的范式进行深入思考和研究，提出智库研究的双螺旋结构（又称为“智库双螺旋法”）（潘教峰，2020），构成对智库研究范式的实践探索。

智库双螺旋法在智库研究的问题导向、证据导向和科学导向（即“三个导向”）的内在要求下，包含过程融合法和逻辑层次法两个循环迭代的螺旋结构（即“双螺旋”）。该双螺旋“始于研究问题，终于解决方案”，形成外循环和内循环的整体体系。其中，外循环是指从整体角度分析智库研究的“解析—融合—还原”过程，以及智库研究的知识层根基；内循环包括基于“收集数据（data）—揭示信息（information）—综合研判（intelligence）—形成方案（solution）”的DIIS过程融合法和基于“机理分析（mechanism analysis）—影响分析（impact analysis）—政策分析（policy analysis）—形成方案（solution）”的MIPS逻辑层次法，分别从研究环节和研究逻辑角度描述智库研究的循环迭代、螺旋上升过程。图2-1展示了智库双螺旋法概念图。下面对智库双螺旋法的外循环、内循环、双螺旋的内部耦合关系进行阐述，提出智库双螺旋法的时空域概念，并就智库双螺旋法对智库研究和智库建设的重要意义和价值进行深入思考。

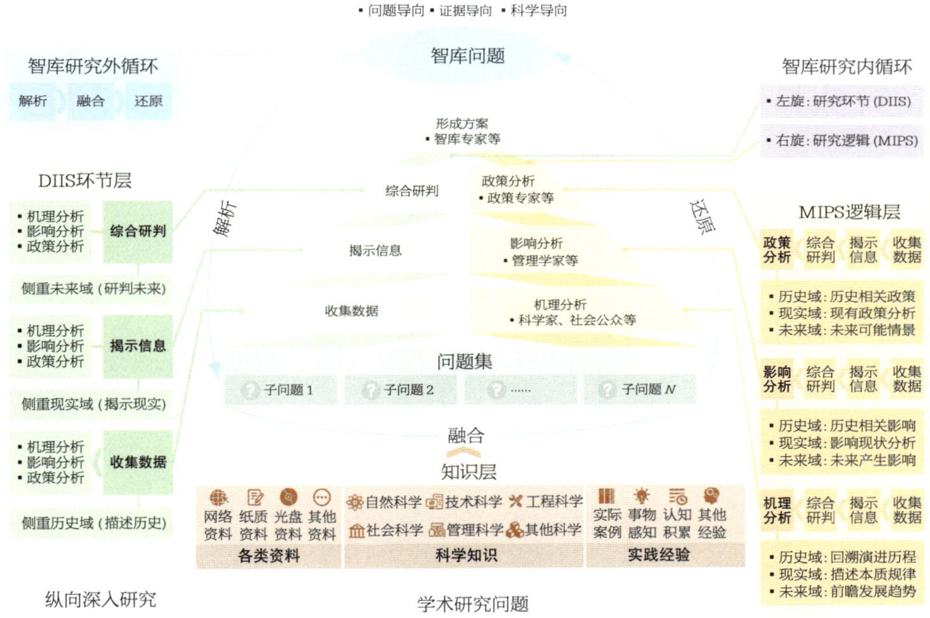

图2-1　智库双螺旋法概念图

注：智库双螺旋法整体概念图由“四层模型”构成。本图主要展示智库双螺旋法的外循环和内循环结构，作为智库双螺旋法的第一层和第二层。为使外循环和内循环更富操作性，将在图2-12给出智库双螺旋法的第三层（“十个关键问题”）和第四层（方法集工具箱）结构。这四个层次共同构成智库双螺旋法的“四层模型”。

2.1.1 智库双螺旋法的外循环

2.1.1.1 智库双螺旋法的外循环过程

面对复杂而影响重大的智库问题，如何开展智库研究，以及如何把握智库研究的整体逻辑显得尤为重要。智库研究的整体开展实际上遵循“解析—融合—还原”的过程逻辑，我们将其称为智库双螺旋法的外循环。智库研究需要体现出对真知的追寻和对实践的指导，要在学术界和实务界（如政界、商业界、媒体等）之间发挥沟通、转译、反馈的作用，才能为政策制定提供切实可行的咨询建议。为实现这一目标，需要坚持“问题导向、科学导向、证据导向”，需要从“解析—融合—还原”的过程对智库问题进行解析，将其分解为一系列子问题，然后结合各类知识对子问题进行融合研究，最后进行综合还原，提出解决问题的方案，这是智库研究的整体逻辑，构成智库双螺旋法的外循环。

（1）解析问题

在开展智库研究时，使用解析论和现有知识将复杂的智库问题分解为一组清晰、可操作的子问题集。在解析问题阶段，问题分解越具体、细致、科学，之后研究工作的开展越能有的放矢。

（2）融合研究

基于子问题，组织不同学科背景的专业研究人员综合多种研究方法开展数据收集、调查研究、模型计算，从而揭示内在联系、机制机理、趋势方向等。在融合研究阶段，研究问题、研究方法、研究团队等都体现出交叉融合的特征。其中，现有知识构成了智库研究的知识层，也是整个研究的根基，包括：①基于自然科学、技术科学、工程科学、社会科学、管理科学等各类结构化的科学知识；②基于实际案例、事物感知、认知积累等实践经验；③基于网络资料、纸质资料、光盘资料等数据资料。需要指出的是，知识层中科学知识的纵向深入研究可视为具体学科知识的研究，也就是一般意义上的学术研究问题。

（3）还原问题

在融合研究的基础上，需要利用还原论将问题集中的一系列子问题回归到智库问题本身，通过循环迭代、集成升华后形成解决问题的方案。

2.1.1.2 智库双螺旋法的外循环导向

在“解析—融合—还原”的过程中，需要坚持问题导向、证据导向和科学导向。

（1）问题导向

要求通过问题来切入，结合问题的特征和解析进行综合研究。智库双螺旋法的外循环从智库问题出发进行解析，体现了智库研究的问题导向。

（2）证据导向

要求论之有据，能提供有说服力的客观事实、科学证据和数据支撑。在子问题的还原阶段要重视通过数据、事实、证据等为解决方案提供科学依据，体现了智库研究的证据导向。

（3）科学导向

研究问题要遵循科学规律，采用科学的研究方法和工具，对综合复杂的智库问题进行科学、综合、系统的研究。充分运用现有知识将智库问题分解为子问题，将解决子问题所需要的知识从现有知识中抽提后进行交叉融合研究，以及科学知识的纵向深入研究（即学术研究）都体现了智库研究的科学导向。

从智库双螺旋法的外循环可以看出，针对智库问题的研究具有完整的“解析—融合—还原”过程，但对于如何实现外循环的三个阶段，以及如何解决智库问题并形成相应的方案，则需要依据智库双螺旋法的内循环开展研究，即侧重研究环节的 DIIS 过程融合法和侧重研究逻辑的 MIPS 逻辑层次法。

2.1.2 智库双螺旋法的内循环

2.1.2.1 DIIS 过程融合法

DIIS 理论方法起源于对智库研究全过程的思考与概括，为智库研究提供了综合性的研究思路和一般性的研究流程，形成了一种多层面、综合性的研究方法。因此，DIIS 理论方法也可称为“DIIS 过程融合法”，即对于一个完整的智库研究过程，首先要围绕所研究的问题全面收集各类相关数据；然后进行专业化的挖掘、整理、分析，形成客观的认知；再引入相关专家学者的智慧对这些认知进行综合研判，得到新认识、新框架、新思路；最后在问题导向、证据导向和科学导向下提出解决方案或政策建议。

DIIS 过程融合法主要是从研究环节角度出发，将智库研究分解为收集数据、揭示信息、综合研判、形成方案四个环节，体现了一种既具有流程规范又需要循环迭代的研究过程。

（1）收集数据

根据智库问题分解形成的子问题集，全面收集相关数据。这里的数据是广义的数据，包含了各类资料、科学知识、实践经验等多种类型的知识。例如，网络数据、统计数据、图像、概念、公式、定理、案例、认知等都可以视为数据。

（2）揭示信息

对收集的数据进行专业化的数据挖掘、整理、分析，形成对事物的客观认知和知识，这实际上是一个价值发现的过程。

（3）综合研判

引入相关专家学者的智慧对客观认知进行趋势预测预判，综合集成专家学者的判断，最大限度地凝练共识，得到新认识、新框架和新思路。

（4）形成方案

根据上述研究形成符合实际发展要求的解决方案或政策建议，最终为宏观决策提供高质量、有建设性的智库研究报告。

2.1.2.2 MIPS 逻辑层次法

智库研究是对智库问题进行系统认知和预见、预判的分析过程。从研究内容和逻辑角度来看，既需要认知现象及其规律，又需要对具体现象的影响进行分析和测度；既需要对已有政策进行研究，又需要提出未来可使用的政策工具和解决方案。这样多层次、多维度的系统性研究需要包含机理分析、影响分析、政策分析、形成方案四个必要的逻辑层次和研究内容。首先是机理分析，认识事物本体及其自身规律；其次是影响分析，厘清事物本体和外部的相互关系，分析事物对其他方面产生的影响；再次是政策分析，探讨对事物进行人为干预或政策调节后产生的政策效果；最后在上述分析的基础上，形成智库问题的解决方案或政策建议。这一研究思路可以概括为智库研究的 MIPS 逻辑层次法，它将智库研究基本逻辑体系（潘教峰和鲁晓，2018）中智库研究“怎样做”的问题进一步深化和结构化，为智库研究提供更富实践性和操作性的思路。

MIPS 逻辑层次法主要从研究逻辑角度出发，将智库研究分解为机理分析、影响分析、政策分析、形成方案四个层次，体现了一种既符合认知逻辑又需要循环迭代的研究过程。

（1）机理分析

围绕对智库问题分解形成的子问题集，全面收集相关数据（在解析原则指导下问题集中的子问题已经具体到各学科领域），由此对问题或相应事物进行追根溯源、挖掘规律、预判趋势，即开展机理分析。主要包括：① 对事物的演进与发展进行历史回溯，查找问题产生的根本原因；② 对问题所关联的各类资料、科学知识、实践经验等进行交叉融合研究，挖掘事物的本质规律，给出客观分析；③ 引入专家的经验知识，对问题的发展趋势和方向进行前瞻预判。在机理分析中，自然科学、技术科学、工程科学、社会科学、管理科学等方面的科学家及社会公众等都可以参与并发挥作用。

（2）影响分析

在机理分析的基础上，系统性地观察世界的发展变化，分析问题或相应事物可能产生的影响，包括经济、社会、科技、安全等多重影响，即开展影响分析。主要包括：① 对相关问题或事物以往产生的影响进行归纳分析；② 对事物与周围其他事物之间的相互影响关系进行现状分析，如分析一项生物技术应用之后在当下可能产生的正、负效应；③ 前瞻预判事物与周围其他事物之间未来的相互影响关系，如预测一项生物技术应用之后未来可能会对产业带来多大规模的影响。在影响分析中，主要是管理专家参与并发挥作用，由其运用相关方法或结合实际需要改进、创新方法进行影响分析。

（3）政策分析

在清晰认识事物产生的影响后，需要基于这些影响进行政策分析和判断，即开展政策分析。主要包括：① 对相关问题或事物以往的政策进行归纳分析；② 在现有政策层面上对问题或事物的政策干预效果进行分析；③ 预测未来不同情景下对问题或事物加入不同的政策变量可能产生的政策效果。在政策分析中，主要是政策专家参与并发挥作用，由政策专家运用专业的知识对政策干预产生的效果进行分析。

（4）形成方案

在上述分析的基础上，针对智库问题形成相应的解决方案。解决方案中既要包括对未来发展方向和发展重点的建议，也要包括在政策上针对智库问题应采取的措施建议。在形成方案中，主要是具有前瞻性、洞察力、多学科背景、综合能力强的复合型智库专家参与并发挥作用，由其提出具有战略性、建设性、实用性的政策建议。

2.1.3 DIIS 与 MIPS 的内部耦合关系

在智库双螺旋法中，不仅外循环的“解析—融合—还原”遵循智库研究的问题导向、证据导向和科学导向，其内循环的 DIIS 和 MIPS 也以此为重要指引。DIIS 的第一环节层（收集数据）和 MIPS 的第一逻辑层（机理分析）都需要从智库问题分解形成的子问题集出发，全面收集各类资料、科学知识、实践经验等数据——充分体现了智库研究的问题导向。在 DIIS 和 MIPS 形成方案的过程中，要保证数据真实、信息客观、研判专业以及解决方案的严谨可靠，能提供有说服力的客观事实、科学证据和数据支撑——充分体现了智库研究的证据导向。在基于 DIIS 四个环节层和 MIPS 四个逻辑层的具体研究中，不仅每一环节层或逻辑层的研究都要采用科学的研究方法和工具，而且在整个研究中都要结合收集的各类资料、科学知识、实践经验等开展交叉融合研究——充分体现了智库研究的科学导向。

在智库双螺旋法中，DIIS 过程融合法是基于研究过程对智库研究进行划分，侧重于研究环节；而 MIPS 逻辑层次法是基于研究内涵对智库研究进行划分，侧重于研究逻辑。但是，DIIS 过程融合法和 MIPS 逻辑层次法并不是相互割裂、独立的，而是具有紧密的耦合关系，相互融合、循环、迭代，从而形成智库研究的高度交叉融合特征。

（1）从 DIIS 环节层出发

分析双螺旋的内部耦合关系，DIIS 过程融合法和 MIPS 逻辑层次法的内部耦合关系体现在：①收集数据环节层，为机理分析、影响分析、政策分析三个逻辑层提供研究支撑，即在收集数据环节得到的各类资料、科学知识、实践经验等作为三个逻辑层的输入，为开展三个逻辑层的分析提供基础；②揭示信息环节层，包括机理分析、影响分析、政策分析三个要素，即在揭示信息环节需要同时开展客观规律描述、影响现状分析、现有政策评估分析的研究，更加侧重问题或事物的客观性、现实性；③综合研判环节层，包括机理分析、影响分析、政策分析三个要素，即在综合研判环节需要同时开展未来趋势预测、未来可能影响、未来政策情景的研究，更加侧重问题或事物的趋势性、未来性、前瞻性。

（2）从 MIPS 逻辑层出发

分析双螺旋的内部耦合关系，DIIS 过程融合法和 MIPS 逻辑层次法的内部耦合关系体现在：①机理分析逻辑层，通过收集数据、揭示信息、综合研判环节不断循环迭代后得出机理分析的结论，即在机理分析中需要基于各类资料、科学知识、实践经验等依次进行演进历程的回溯、客观规律的描述、发展趋势的前瞻，由此形成机理分析的结论；②影响分析逻辑层，通过收集数据、揭示信息、综合研判环节不断循环迭代后得出影响分析的结论，即在影响分析中需要基于各类资料、科学知识、实践经验等依次分析以往相关事件的影响、当下产生的影响、未来可能产生的影响，由此形成影响分析的结论；③政策分析逻辑层，通过收集数据、揭示信息、综合研判环节不断循环迭代后得出政策分析的结论，即在政策分析中需要基于各类资料、科学知识、实践经验等依次进行以往相关政策、现有政策、未来政策情景的分析，由此形成政策分析的结论。

2.1.4 智库双螺旋法的时空域概念

智库研究问题的提出往往是基于把握现实、预测未来，从而服务决策的目标，而在这一过程中，基于历史视角的分析必不可少。智库研究是为了解决实际问题，这就更加需要立足历史、把握现实、预测未来，这也构成了智库研究贯通历史、现实和未来的时空域的概念。如何把握现实情况和规律，以及对未来进行预测预判，从而形成决策建议，是智库研究的重要工作。

从 DIIS 过程融合法来看，收集数据、揭示信息和综合研判分别侧重于对历史域、现实域和未来域的作用，而形成方案是在收集数据、揭示信息和综合研判的共同作用下，提出面向未来的解决方案，预设未来不同情境下，提出政策、措施建议，分析政策实施效果。① 在历史域中，DIIS 中的收集数据着眼于描述历史，针对智库问题收集已有的各类资料、科学知识和实践经验等。② 在现实域中，DIIS 中的揭示信息着眼于揭示现实，强调事物的客观性和现实性，反映事物所呈现的现象特征和客观规律。③ 在未来域中，DIIS 中的综合研判着眼于研判未来，强调事物发展的趋势性，对未来发展方向进行预测、预见、预判。

从 MIPS 逻辑层次法来看，机理分析、影响分析、政策分析对历史域、现实域和未来域均有所作用，而形成方案是在机理分析、影响分析、政策分析的共同作用下，提出面向未来的解决方案，因此形成方案主要侧重于对未来域的作用。① 在历史域中，MIPS 中机理分析、影响分析、政策分析对历史域的作用分别体现为：在机理分析时，对事物的演进与发展进行历史回溯，查找问题产生的根本原因；在影响分析时，对相关问题或事物以往产生的影响进行归纳分析；在政策分析时，对相关问题或事物以往的政策进行归纳分析。② 在现实域中，MIPS 中机理分析、影响分析、政策分析对现实域的作用分别体现为：在机理分析时，对问题所关联的现有知识进行交叉融合研究，挖掘事物本质规律；在影响分析时，对事物与周围其他事物之间的相互影响关系进行现状分析；在政策分析时，在现有政策层面上对问题或事物的政策干预效果进行分析。③ 在未来域中，MIPS 中机理分析、影响分析、政策分析对未来域的作用分别体现为：在机理分析时，对问题的发展趋势和方向进行前瞻预判；在影响分析时，前瞻预判事物与周围其他事物之间未来的相互影响关系；在政策分析时，预测未来不同情景下对问题或事物加入不同的政策变量可能产生的政策效果。

2.1.5　智库双螺旋法的作用

库恩在《科学革命的结构》一书中指出，“一个范式就是一个科学共同体的成员所共有的东西”（库恩，2004a）。该“范式”概念所代表的共识，包括符号概括、形而上学范式、价值判断或理论选择的标准，以及问题解答的范例等诸多内容。科学共同体通过遵循共同认可和遵守的统一范式，进行科学研究（库恩，2004b）。从智库这一新兴领域来看，国内外智库研究要完全取得这样的范式，还是一个悬而未决的问题。而从历史发展来看，通向一个具有共识性的研究范式的路程是极其艰难的。智库双螺旋法可以视作是探索和确立智库研究范式的一项系统性、开拓性的工作。该理论一方面从解析、融合和还原的系统角度对智库研究的本源进行了阐述，另一方面提出的 DIIS 过程融合法和 MIPS 逻辑层次法可为智库研究实践提供一套方法论和可操作化工具。更重要的是，该理论能够为如何理解智库的定位、功能和作用，如何实现智库研究的专业性和科学性，以及系统地组织智库研究等关键问题，提供认知视角和理论依据，并解答长期以来智库研究和智库建设中的一系列“迷思”。

（1）如何认识智库研究与学术研究的关系

智库研究是针对不同类型的资料、不同领域的科学知识、不同主体的实践经验进行的交叉融合研究。通过智库这样的综合集成平台，将不同领域的知识集成起来，将不同领域的专家组织起来，其目的在于找到系统的解决方案，进行有效沟通。智库研究视域既需要对机理机制的认识，也需要对不同情境、不同政策的预测和预判，属于高度交叉、融合、综合性的研究。而学术研究则是在某一具体学科领域进行的纵向深入的探索，其目的在于认识客观、寻求真理、探索规律。智库研究与学术研究之间存在紧密的联系。从智库双螺旋法来看，收集数据和揭示信息的过程是学术研究的主要方法，机理分析和影响分析是学术研究的主要内容。因而，学术研究构成智库研究的坚实基础和重要组成部分。由此，智库建设需要坚持以高水平的学术研究来支撑高质量的智库研究。失去学术根基，智库研究也就成为无水之源、无本之木。此外，在智库研究的问题解析、融合研究过程中，在对现实的不断把握中，会源源不断产生新问题、新方法、新思路，这为学术研究提出更有价值的科学问题，促进学术研究的纵向深入，进而丰富智库研究的知识根基。

（2）如何认识不同学者在智库中的角色

在智库研究中，专家智慧起着非常重要的作用，专家所涉及的学科领域之广、知识经验之多元，是在学术研究和交流中难以涵盖的。从 MIPS 逻辑层次法来看：① 在机理分析上，需要自然科学、技术科学、工程科学、社会科学、管理科学等各领域的专家参与，从不同学科领域角度认知规律，研判趋势；② 在影响分析上，管理学领域专家需要对所关注问题的经济、社会、科技、民生、健康、安全等的影响进行分析，不仅需要定性判断，也需要定量的测度；③ 在政策分析上，政策专家需要对已有政策带来什么影响，政策的堵点、难点、痛点在哪里，适应性如何，以及新的政策如何设计等不同情境下，怎样开展政策模拟等一系列问题进行研究。在智库研究过程中需要智库专家、政策专家、管理专家、科学家、社会公众等共同发挥作用，在不同的研究问题上贡献知识和智慧，承担相应的角色。由此，智库的综合集成的功能也得到了进一步明确。

（3）如何开展智库专业化建设

智库应不断强化其专业性，这种专业性：① 体现在智库人物上。一个高水平的智库需要依靠具有丰富经验和惊人洞察力与思考力的具有代表性的智库人物，通过智库人物可以透过纷繁复杂的现象看到事情本质，把握问题、带动专家、发挥智慧，找到解决问题的钥匙。② 体现在高水平复合型的研究团队上。一个高水平的智库需要构建复合型的研究团队，运用系统的组织方法去应对复杂问题挑战；通过科学标准的流程把复杂问题分解成细小而精准的科学问题，再通过对这些科学问题的回答和综合会聚找到应对复杂问题的办法，提出具有前瞻性、战略性、系统性、操作性的解决方案。③ 体现在研究方法和工具上。智库建设需要不断进行方法工具的创新，包括数据收集和分析方法、专家选择方法、政策模拟方法等。根据具体问题选择方法和工具，使用更先进的技术手段、更精巧的数据模型去还原世界和预测趋势，提高智库研究的专业性和科学性。

（4）如何认识智库的定位

智库双螺旋法是以智库研究为对象，基于大量的智库研究实例和智库研究组织经验，通过不断归纳和演绎，以及在智库研究范式上的系统思考，从而在理论上有效帮助智库面对复杂的研究问题，构建多元化的研究团队，发挥多重性的影响作用。智库应进一步明确定位，从智库双螺旋法可以看出，智库研究既是基于学科领域的专业研究工作，也是基于问题研究和专家智慧的综合集成工作，更是具有系统性、工程性的组织管理工作。

2.2 智库双螺旋法的“十个关键问题”

智库双螺旋法不仅为智库问题研究提供了更富操作性的思路，而且为促进智库研究实现从经验式向科学化转变、从零散式向系统性转变、从随机式向规范性转变、从偏学术型向学术实践型转变、从静态向稳态转变、从学科单一向融合贯通转变提供了方法路径（潘教峰等，2021），这“六个转变”也让我们认识到推动智库研究的科学化发展变得日益重要。从智库双螺旋法的时空域来看，智库研究是贯通历史、现实和未来的研究，在实际操作中需要进行未来情景分析、把握不确定因素、开展政策模拟分析、综合客观分析与主观判断、进行循环论证迭代等。为了促进智库研究的科学化，加强智库双螺旋法的可操作性，更好地驾驭复杂的智库问题，本节对智库双螺旋法的“十个关键问题”（潘教峰等，2022）进行探讨。其中，关键问题一“智库问题的解析”是开启智库问题研究的第一步。面对经济社会未来发展的不确定性和复杂性，需要开展关键问题二“智库问题牵引下的情景分析”、关键问题三“智库问题研究的不确定性分析”、关键问题四“智库问题研究的政策模拟分析”。在具体研究过程中，需要循环迭代，定量与定性结合，实现研究过程与研究逻辑的契合，并引入新的技术手段，因此需要开展关键问题五“智库研究的循环迭代”、关键问题六“DIIS 与 MIPS 的耦合关系”、关键问题八“人机结合的智库问题研究支持系统”、关键问题九“客观分析与主观判断的结合”。智库研究中专家的作用极其重要，关键问题七“智库研究的专家组织与管理”是智库研究的重要工作。成果质量是智库生存的生命线，因此将“智库产品质量管理”作为关键问题十。“十个关键问题”涉及智库双螺旋法的各个环节，并具有相应的时空域特征（表 2–1）。以下对“十个关键问题”进行逐一阐述，并提出每个关键问题研究中需要重点关注的内容。

表2-1 “十个关键问题”主要涉及的环节和所侧重的时空域

关键问题	关键问题内容	主要涉及的环节			所侧重的时空域
		外循环	内循环 DIIS	内循环 MIPS	
关键问题一	智库问题的解析	解析 融合	—	—	现实域
关键问题二	智库问题牵引下的情景分析	—	综合研判	机理分析 影响分析 政策分析	未来域
关键问题三	智库问题研究的不确定性分析	—	综合研判	机理分析 影响分析 政策分析	未来域
关键问题四	智库问题研究的政策模拟分析	—	综合研判	政策分析	未来域
关键问题五	智库研究的循环迭代	解析 融合 还原	收集数据 揭示信息 综合研判 形成方案	机理分析 影响分析 政策分析 形成方案	历史域 现实域 未来域
关键问题六	DIIS 与 MIPS 的耦合关系	—	收集数据 揭示信息 综合研判	机理分析 影响分析 政策分析	历史域 现实域 未来域

续表

关键问题	关键问题内容	主要涉及的环节			所侧重的时空域
		外循环	内循环 DIIS	内循环 MIPS	
关键问题七	智库研究的专家组织与管理	解析 融合 还原	收集数据 揭示信息 综合研判 形成方案	机理分析 影响分析 政策分析 形成方案	现实域 未来域
关键问题八	人机结合的智库问题研究支持系统	—	收集数据 揭示信息 综合研判	机理分析 影响分析 政策分析	历史域 现实域 未来域
关键问题九	客观分析与主观判断的结合	还原	揭示信息 综合研判	机理分析 影响分析 政策分析	历史域 现实域 未来域
关键问题十	智库产品质量管理	—	形成方案	形成方案	未来域

2.2.1 关键问题一：智库问题的解析

智库问题本质上是跨学科、跨领域的多维度复杂问题。智库问题的解析是开启智库问题研究的关键起点，将智库问题化繁为简、降维分解为单维的子问题集合，同时搭建起与现有知识体系相衔接、结构化的认知框架。目前，一些智库的研究方法中也重视智库问题的解析。例如，IBM 公司发明的认知计算系统 Watson（IBM，2022）在分析问题时首先将问题分解为多个子问题分别进行解答，若未能得到某一子问题的答案，则继续分解该子问题进行解答，甚至引入新的问题，直到问题得到完全解答为止。麦肯锡公司的七步分析法（McKinsey & Company，2022）强调对智库问题进行界定，在此基础上将智库问题分解为一系列的子问题，然后对子问题开展深入研究。

从智库双螺旋法来看，智库问题的解析主要涉及外循环的解析、融合环节（图 2-2），侧重于现实域，为智库问题确立研究的起始点和认知框架。重点关注：① 如何明确智库问题的内涵、目标，所要解决的关键问题及其边界条件？② 如何将智库问题分解为一组清晰、可操作的子问题集？③ 如何架构智库问题的认知框架？该认知框架包含哪些关键要素及其逻辑关系？④ 如何从已有的学术成果中找到研究各子问题的知识素材？

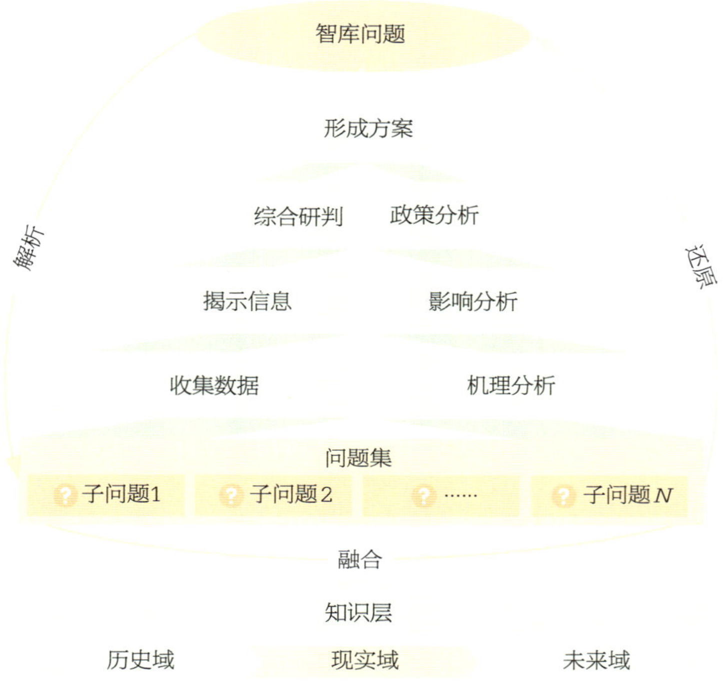

图2-2　智库问题的解析在双螺旋法中主要涉及的环节和时空域

注：关键问题在智库双螺旋法中涉及的环节和时空域在图中以浅橘黄色标出。

2.2.2　关键问题二：智库问题牵引下的情景分析

美国学者 Kahn 和 Wiener（1967）在《2000 年：未来 33 年的推测框架》中提出，“情景”是对事物未来可能发展趋势的描述。智库研究是面向未来情景下的现实方案的选择。智库问题牵引下的情景分析是思考智库问题未来可能出现的各种情景，分析这些情景发生的可能性、产生的影响及后果等，以帮助决策者作出合理决策。因此，需要在智库问题研究过程中开展情景分析，更好地提出面向未来的解决问题方案。

国外许多智库广泛运用情景分析开展智库问题的研究，并开发出许多情景分析的方法。例如，美国斯坦福研究院提出了六步情景分析法，包括确定所要决策的重点问题、识别影响决策的关键因素、分析经济社会等方面的未来态势、构建情景框架、明确情景演化的逻辑、研究各种情景产生的结果六个步骤（娄伟，2012）。又如，美国兰德公司在20世纪40年代运用情景分析的思想描述了核武器可能被使用的各种情景，并在70年代为美国国防部开展导弹防御咨询的研究中进一步发展了情景分析法。此外，国外一些期刊发文中也有大量关于情景分析的学术研究。例如，利用文献情报分析方法，以scenario analysis为关键词对*Energy*、*Technological Forecasting and Social Change*、*Futures*期刊刊发论文的标题、摘要和关键词进行匹配，分别检索到775篇、311篇、241篇论文（截至2021年10月12日）。

从智库双螺旋法来看，DIIS的综合研判需要专家们基于客观事实和科学证据对未来的发展趋势进行预测预判，MIPS的机理分析、影响分析、政策分析需要关注事物的历史、现状，更需要通过情景构建预判未来发展的趋势方向和可能的后果与影响（图2-3）。智库问题牵引下的情景分析，侧重于未来域。重点关注：① 如何刻画智库问题的整体情景？各情景的基本条件是什么？以通常用到的基准情景、乐观情景、悲观情景为例，基准情景是基于对现实的已有判断、基本条件保持不变情况下趋势外推的情景，悲观情景是某些基本条件发展情况变坏下的情景，乐观情景是某些基本条件发展情况变好下的情景。② 如何确定机理分析、影响分析、政策分析等不同环节的情景？③ 如何形成不同情景下的解决问题方案？

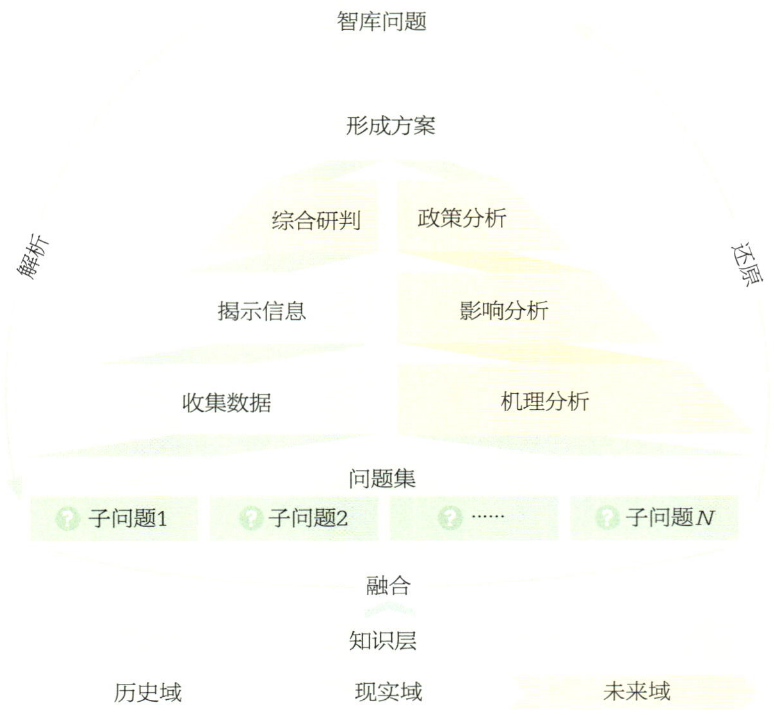

图2-3　智库问题牵引下的情景分析在双螺旋法中主要涉及的环节和时空域

注：关键问题在智库双螺旋法中涉及的环节和时空域在图中以浅橘黄色标出。

2.2.3　关键问题三：智库问题研究的不确定性分析

智库问题研究的不确定性根源在于智库问题本身的复杂性，信息获取的不完备、不对称，人们认识的局限性，以及决策所带来的未来影响难以准确预测。不确定性是决策所内生的、所固有的，对不确定性的关注贯穿于智库研究问题始终，也是国内外智库研究关注的重点。例如，美国兰德公司围绕不确定性分析开展了深入的研究，并成立了不确定决策中心（Pardee RAND，2022a）；该中心通过分析政策制定的不确定性、不确定性带来的风险程度和范围、不同风险下的研究结果等，对政策分析中的不确定性进行评估，以减少智库研究结果的偏差。国内学者利用贝叶斯理论建立了不确定性的决策模型，引入不确定性量化法帮助决策（赵青松等，2015）。此外，不确定性分析也已成为国外一些期刊关注的重点。例如，以 uncertainty analysis 为关键词对 *Expert Systems with Applications*、*International Journal of Production Economics*、*Information Sciences* 期刊刊发论文的标题、摘要和关键词进行匹配，分别检索到 324 篇、251 篇、220 篇论文（截至 2021 年 10 月 12 日）。

从智库双螺旋法来看，DIIS 的综合研判和 MIPS 的机理分析、影响分析、政策分析都需要考虑到智库问题所面临的不确定因素，这就要求进行不确定性分析（图 2-4），形成具有鲁棒性的解决方案，从而消减复杂决策过程中的不确定性。智库问题研究的不确定性分析，主要着眼于预测未

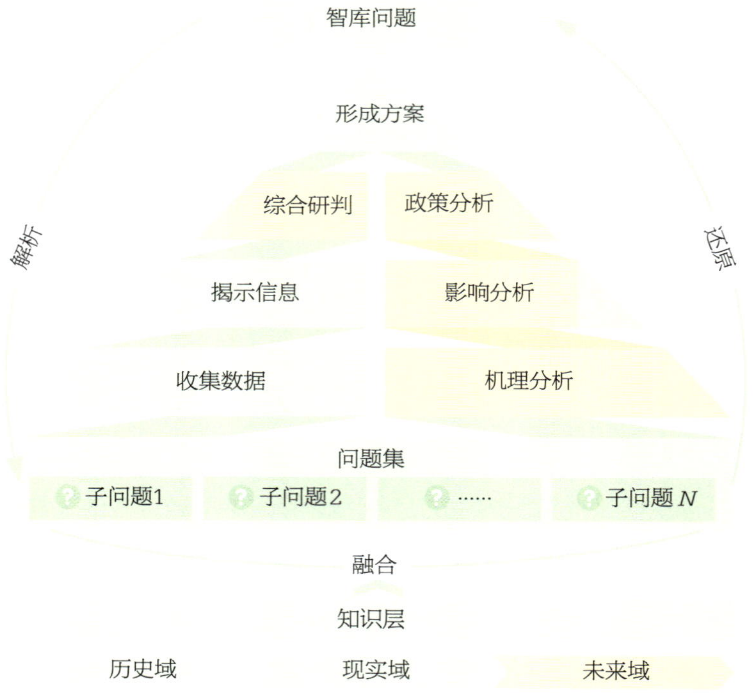

图2-4　智库问题研究的不确定性分析在双螺旋法中主要涉及的环节和时空域

注：关键问题在智库双螺旋法中涉及的环节和时空域在图中以浅橘黄色标出。

来，强调问题或事物可能面临的不确定性因素，侧重于未来域。重点关注：① 智库问题涉及哪些不确定性和风险？② 如何为涉及不确定性的决策提供所需要的信息和工具？③ 如何了解决策者及他们在面临不确定性时所做的决定？④ 如何在不确定性的条件下，认识解决方案对未来的作用和影响？

2.2.4 关键问题四：智库问题研究的政策模拟分析

政策决策所产生的影响往往具有长周期性、不可逆性、复杂性和不确定性，影响范围广，涉及人群众多。因此，有必要在智库研究过程中开展政策模拟，充分评估和论证政策实施可能产生的经济社会影响——类似于“沙盘推演”的过程，从而为决策者提供有科学依据、数据支撑、模拟运算、专家参与的政策决策支撑。政策模拟需要从智库问题出发，交汇运用经济学、社会学、管理学、公共政策学等多学科理论知识，在计算机技术支撑下对政策问题进行建模、计算，据此分析政策的过去成因和未来影响。

政策模拟已成为国内外智库研究的重要工具。例如，欧盟联合研究中心开发了不同领域辅助政策制定的软件和建模工具，包括用于农业经济商品和政策分析的综合建模平台 iMAP、用于宏观经济监测预测的全球多国模型 GM、用于研究能源政策的全球能源模型 POLES 等。这些不同领域模型的开发和模拟，可以帮助决策者确定不同政策情景的优势和劣势，起到科学辅助决策的作用。中国科学院科技战略咨询研究院先后开展了气候变化政策、能源政策、宏观经济政策、创新政策、区域发展政策等方面的建模与模拟研究，开发了一系列政策模拟系统。此外，国外一些期刊也关注政策模拟的相关研究。例如，以 policy simulation 为关键词对 *Energy*、*Journal of Policy Modeling*、*Land Use Policy* 期刊刊发论文的标题、摘要和关键词进行匹配，分别检索到 185 篇、153 篇、87 篇论文（截至 2021 年 10 月 12 日）。

从智库双螺旋法来看，政策模拟既是DIIS综合研判环节的具象化工具，也为MIPS政策分析环节提供虚拟实验环境（图2-5）。智库问题研究的政策模拟分析主要着眼于研判未来，强调对问题或事物在未来发展过程中加入不同的政策变量可能产生的政策效果，侧重于未来域。重点关注：① 如何在多学科、跨学科的知识维度中进行政策模拟？② 如何优化计算机技术和模型，从而提升政策模拟的有效性？③ 如何设置不同的情景对于政策的效果进行模拟和预判？④ 如何在政策模拟中纳入决策者的行为变量，如性格、心理因素等？

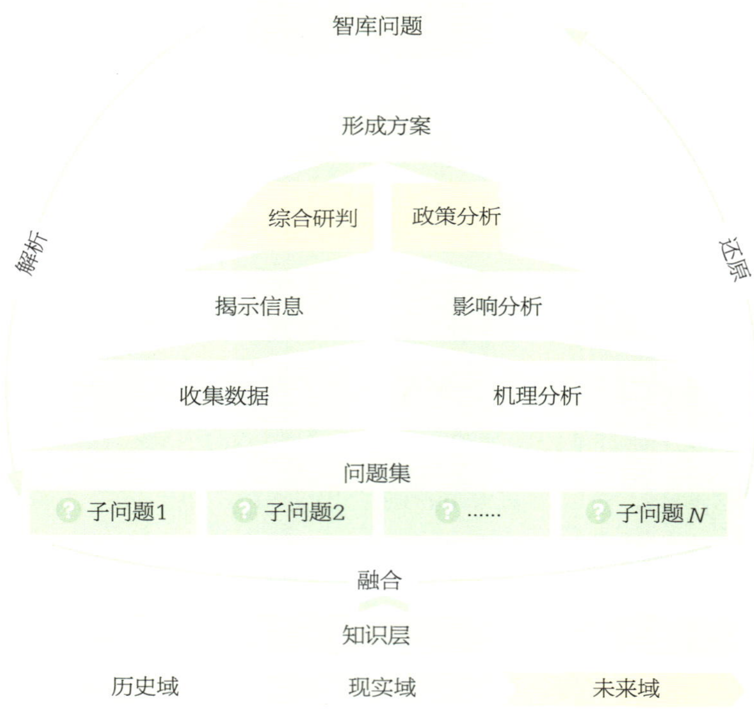

图2-5　智库问题研究的政策模拟分析在双螺旋法中主要涉及的环节和时空域

注：关键问题在智库双螺旋法中涉及的环节和时空域在图中以浅橘黄色标出。

2.2.5 关键问题五：智库研究的循环迭代

智库研究的问题综合而复杂，在研究过程中的循环迭代从认识论上体现了认知的不断迭代、跃升过程。正如爱因斯坦所说："所有困难的问题，答案都在更高的层次。"在研究过程中遇到认知框架不完备、专家共识度不够、客观分析与主观判断存在偏差、信息揭示不全面等情况时，需要开启新一轮的研究，这样的循环迭代是一个深化认识、不断收敛、寻求解决方案的过程。智库研究也是一门循证科学，需要围绕智库问题持续循证、不断验证，当出现新的证据时会触发新一轮的循环迭代；经过多轮循证论证，不断收集数据、获取信息，形成证据可靠、结论可信的智库研究结果，体现了循证决策的思想。智库双螺旋法之所以采用"螺旋"的形象描述，也是为了体现这种循环上升、深化收敛、反复循证的过程。

目前，一些智库的研究方法工具中涉及"循环迭代"的内容。例如，美国兰德公司提出的德尔菲法（RAND，2022a）是依靠专家知识和经验对问题作出判断的一种方法；该方法的主要特征就是需要多轮征询和反馈，促使专家意见趋于收敛、达成共识。麦肯锡公司提出的七步分析法强调通过收集数据，开展建模分析，不断地测试和反馈循环，并通过多轮收集利益相关方的意见进行重复迭代后形成解决问题的方案。由此可见，这些智库研究方法不仅采用定性的方式进行循环迭代，也注重以数据为基础、定量分析与专家意见相结合的循环迭代。

从智库双螺旋法来看，外循环需要"解析—融合—还原"的循环迭代，DIIS 需要多轮的收集数据、揭示信息、综合研判的循环迭代，MIPS 需要多轮的机理分析、影响分析、政策分析的循环迭代（图 2-6）。智库研究的循环迭代贯穿于历史域、现实域和未来域。重点关注：① 什么情况下要开始新一轮循环迭代的研究？即循环迭代的条件或触发点。② 如何通过循环迭代实现研究过程的不断收敛、专家智慧的激发和最大共识的达成？

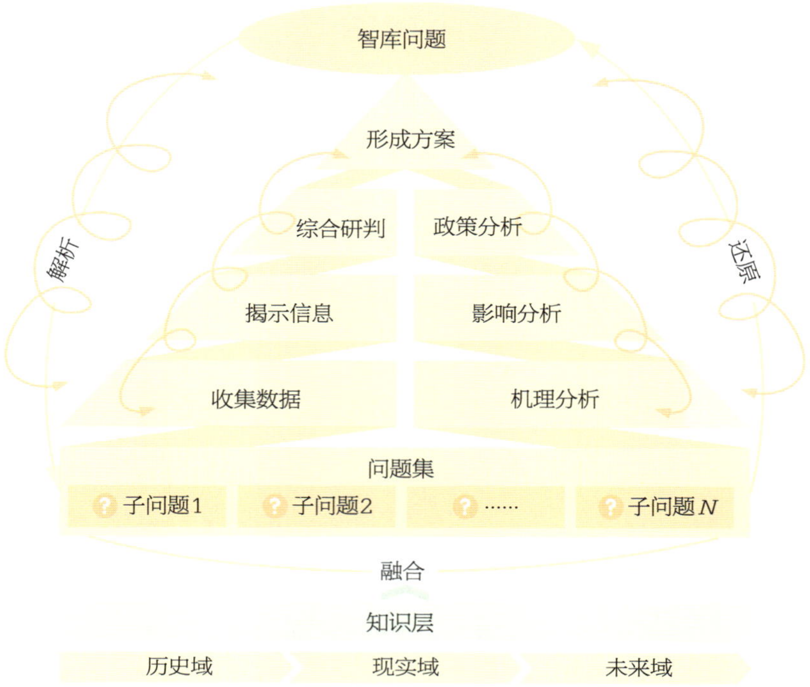

图2-6　智库研究的循环迭代在双螺旋法中主要涉及的环节和时空域

注：关键问题在智库双螺旋法中涉及的环节和时空域在图中以浅橘黄色标出。

2.2.6　关键问题六：DIIS 与 MIPS 的耦合关系

智库双螺旋法包括 DIIS 过程融合法和 MIPS 逻辑层次法（简称“双法”）两个螺旋，体现研究与认知过程的螺旋式上升的特征，紧密耦合、彼此嵌合、相互牵动，从而达成由相对分散、开放、跨领域的智库研究向可供实践的解决方案的收敛。这两个螺旋的耦合关系体现在：① 要素的耦合。以 DIIS 为主线，其每个环节都包含 MIPS 的机理分析、影响分析、政策分析要素；以 MIPS 为主线，其每个要素都需要 DIIS 的收集数据、揭示信息、综合研判环节。②整体性的耦合。DIIS 和 MIPS “双法”能够形成矩阵式的研究框架，从而促进研究的收敛、成果的集成，也为驾驭智库研究的高度复杂、交叉融合的特征提供具有稳定性、可靠性、收敛性的“双链”方案。

DIIS 与 MIPS 的耦合关系贯穿于历史域、现实域和未来域（图 2-7）。重点关注：① 以 DIIS 为主线开展研究，如何在各环节开展 MIPS 相关要素的分析？② 以 MIPS 为主线开展研究，如何在各环节运用 DIIS 实现研究过程的融合和收敛？③ 如何通过 DIIS 和 MIPS“双法”耦合构建矩阵式研究框架？

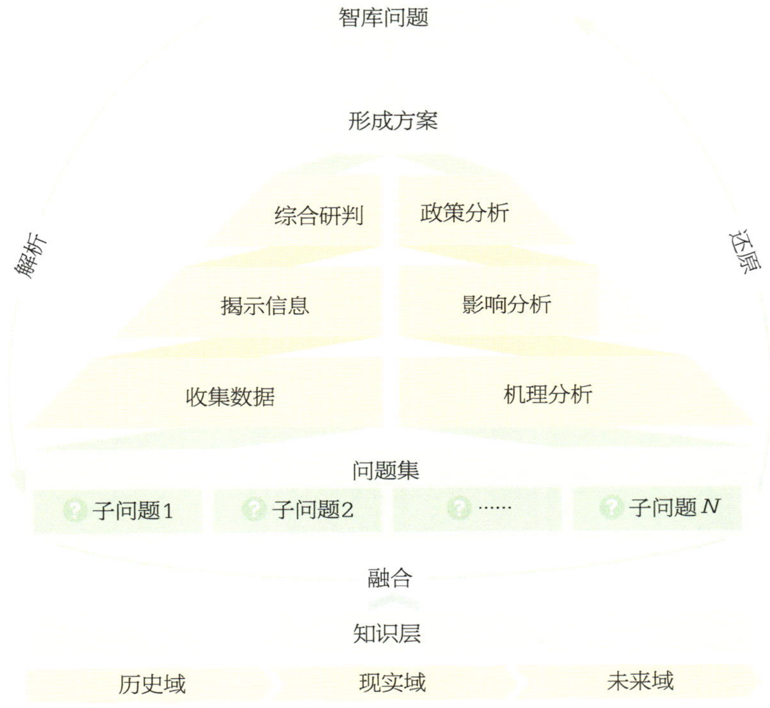

图2-7　DIIS与MIPS的耦合关系在双螺旋法中主要涉及的环节和时空域

注：关键问题在智库双螺旋法中涉及的环节和时空域在图中以浅橘黄色标出。

2.2.7　关键问题七：智库研究的专家组织与管理

智库问题高度综合，具有跨学科特征，仅依赖单一领域的专家很难得出全面且有效的解决方案，这就要求遴选和组织多个领域的专家共同研判，寻找解决方案。智库研究的过程也是专家组织与管理的过程。专家的遴选需要紧扣智库研究的问题和子问题集，从而达成专家和问题的匹配。随着研究的深化、问题的演变、方案的形成，需要不断寻找、选择合适的专家，动态组织更广泛的专家参与到研究中。由于专家的知识结构和专业背景的不同，会在智库研究的过程中发挥差异性的作用：专业领域内的专家通常能够在 DIIS 所界定的特定研究环节和 MIPS 所界定的特定研究要素上发挥专业性的作用；智库人物、战略科学家能够在智库研究的全过程中发挥贯通性的作用。智库历来依赖专家的智慧，因而开发出多种专家组织和管理的工具方法。例如，美国国家研究理事会提出智库研究的专家遴选规则，包括专家应具有不同学科背景且能够解决所面临的问题、应具备专业知识和科学合理的观点、应回避利益冲突等（National Academies of Sciences，Engineering，and Medicine，2022）。英国皇家学会通过设立项目组、召开咨询研讨会、进行匿名评议等方式，组织来自不同学科领域的专家开展智库问题的研究和咨询。

从智库双螺旋法来看，外循环和内循环研究的各个环节都需要专家组织与管理（图 2-8）。外循环的解析环节至关重要，需要充分发挥专家的作用，对问题进行透彻的解析。DIIS 的收集数据、揭示信息需要专家对所收集的数据进行充分讨论、挖掘信息；综合研判本身就是专家开展的研判。MIPS 的机理分析是智库研究的知识起点，需要自然科学、技术科学、工程科学、社会科学、管理科学等方面的专家提供微观机理性的研究支撑；影响分析需要管理科学专家研判经济、社会、科技、生态、安全等多重影响；政策分析需要政策专家对已有政策进行把握，对新政策进行模拟和研判。在形成方案的过程中，需要与决策者高度交互，需要具有战略思维的智库人物和战略科学家的前瞻谋划。

智库研究的专家组织与管理侧重于现实域和未来域。重点关注：① 如何根据问题匹配专家？② 如何随着研究的深入，动态组织专家资源？③ 如何发挥不同类型专家的作用？④ 如何激发专家智慧，凝聚专家的共识？

图2-8 智库研究的专家组织与管理在双螺旋法中主要涉及的环节和时空域

注：关键问题在智库双螺旋法中涉及的环节和时空域在图中以浅橘黄色标出。

2.2.8 关键问题八：人机结合的智库问题研究支持系统

人工智能、深度学习等新技术的突破，生命科学、脑科学、心理学的发展，为智库研究提供着新工具、新手段。人工智能科学家、人机互动平台系统的出现，为人机结合的智库研究提供可能，这将成为智库未来发展的趋势和方向。人工智能技术能够为智库研究提供更加可靠、快速的基础性工作，处理大量的数据，进行知识推理、因果分析、关联分析、数据挖掘。人机交互能够辅助研究者、专家和决策者通过机器、技术、数据、信息、模型的结合开展研究、研判，形成决策方案。

一些智库开发了多种人机结合的支持系统。例如，美国气候互动组织开发了面向能源使用和气候变化分析的系统（Climate Interactive，2022），供用户在线开展气候情景模拟分析与决策。美国亚利桑那州立大学电子“决策剧场”是一套交互式、立体化的直观决策环境电子系统（Arizona State University Decision Theater，2022），其借助三维影像、决策模型和交互系统使决策者身临其境，获得最直观、最真实的决策信息。

从智库双螺旋法来看，人机结合的智库问题研究支持系统涵盖了DIIS从收集数据到揭示信息再到综合研判的环节，以及MIPS从机理分析、影响分析到政策分析的过程（图2-9），贯穿于历史域、现实域和未来域。重点关注：① 如何在智库研究中使用人工智能、深度学习等新技术？② 如何构建“数据＋算法＋算力＋智慧”的人机交互系统？

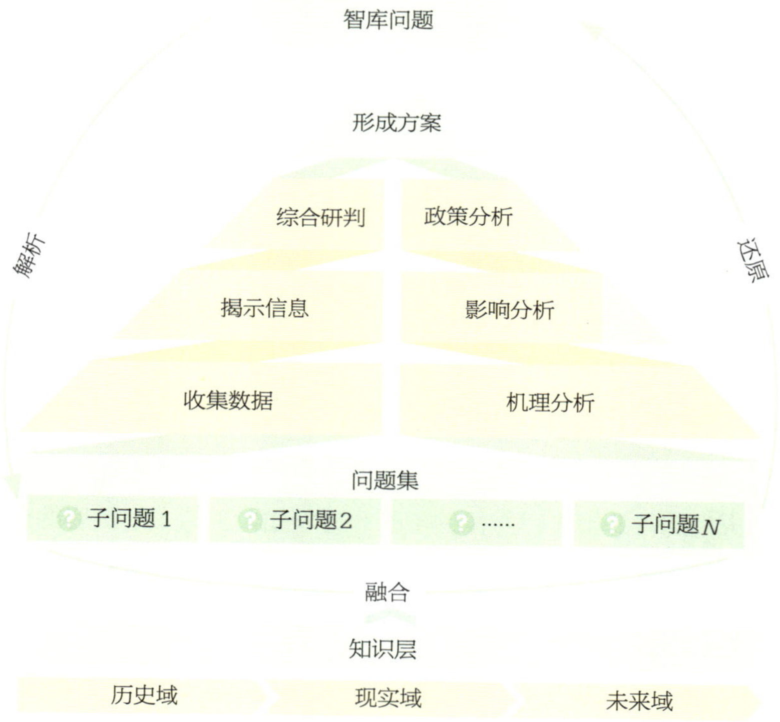

图2-9 人机结合的智库问题研究支持系统在双螺旋法中主要涉及的环节和时空域

注：关键问题在智库双螺旋法中涉及的环节和时空域在图中以浅橘黄色标出。

2.2.9 关键问题九：客观分析与主观判断的结合

智库作为生产思想产品的组织，其独立性始终是智库的生命和灵魂。然而，在实践中，由于资助方的不同，以及观点和立场的差异，智库也不免受到利益的干扰。因而，保持智库的独立性，避免利益冲突，需要在智库研究的过程中采用具体的方法，将客观分析与主观判断相结合，在充分考量客观事实的基础上避免决策的偏差，在充分分析相关利益方和行动者诉求的基础上防止有意主观介入。同时，在具体的实践操作中，客观分析与主观判断相结合也代表着定量与定性分析结合的混合研究方法，这是国际智库研究的基本方法。例如，美国兰德公司的定性与混合方法中心（Pardee RAND，2022b）采用定量模型方法，结合定性访谈、焦点小组、基于社区的参与性研究、文化与社会网络分析等定性方法，将客观分析与主观判断有效结合，增进对智库问题的深入理解，促进研究的客观性和独立性。此外，主客观综合分析也已成为国外一些期刊关注的重点。例如，以 subjective and objective analysis 为关键词对 *Expert Systems with Applications*、*Safety Science*、*Information Sciences* 期刊刊发论文的标题、摘要和关键词进行匹配，分别检索到 45 篇、28 篇、24 篇论文（截至 2021 年 10 月 12 日）。

从智库双螺旋法来看，外循环的还原环节，DIIS 从揭示信息到综合研判环节，MIPS 从机理分析、影响分析到政策分析环节都需要专家将客观分析与主观判断相结合（图 2-10）。客观分析与主观判断的结合贯穿于历史域、现实域和未来域。重点关注：① 如何通过客观分析与主观判断的结合，避免利益冲突，保证智库研究的客观性和独立性？② 如何将定量方法与定性方法有机结合？③ 如何使用博弈分析法体现多元利益主体的诉求？

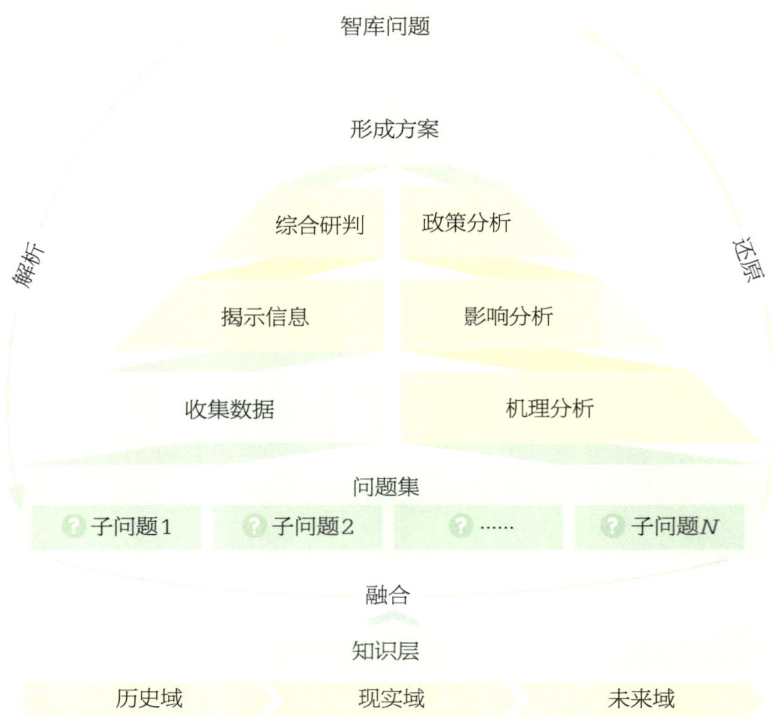

图2-10 客观分析与主观判断的结合在双螺旋法中主要涉及的环节和时空域

注：关键问题在智库双螺旋法中涉及的环节和时空域在图中以浅橘黄色标出。

2.2.10 关键问题十：智库产品质量管理

智库产品的质量代表着智库的核心竞争力，质量线就是生命线。关于智库产品质量这一问题的研究和论述，目前大多研究者从结果评价的角度来考虑。实际上，要保证智库产品的质量，需要从生产的全过程、全流程来控制。智库双螺旋法能够为全过程的质量控制提供依据，例如，问题分解是否合理，研究过程是否完整，研究要件是否具备，研究内涵是否充分，专家组织是否合理，数据是否准确，研究结果是否具有实践价值，以及研究过程是否客观公平，等等。

智库研究的终极目标是产出高质量的智库产品，智库产品质量管理强调面向未来的高质量解决问题方案，侧重于未来域（图 2-11）。重点关注：① 如何从智库研究的全过程管理智库产品的质量？② 智库产品质量的标准有哪些？

图2-11　智库产品质量管理在双螺旋法中主要涉及的环节和时空域

注：关键问题在智库双螺旋法中涉及的环节和时空域在图中以浅橘黄色标出。

“十个关键问题”不仅是智库双螺旋法的重要问题，更是关乎智库研究质量的本质和核心问题。“十个关键问题”使智库双螺旋法在外循环、DIIS 过程融合法和 MIPS 逻辑层次法的基础上进一步拓展，促进方法体系的更加完备、深刻和立体化。“十个关键问题”为智库理论方法研究提出问题、指出方向。这需要国内外智库同行共同研究探讨，并在智库研究实践中解决这些关键问题；同时，开发方法工具，探究规律，创新理论，解决智库科学化发展中的关键理论方法问题。随着“十个关键问题”的解决，将为智库双螺旋法提供更加具体的方法集和工具箱，使得智库研究更富操作性、规范性和科学性。

2.3 智库双螺旋法的“四层模型”

为使智库双螺旋法更具操作性和科学性，将“十个关键问题”及其采用的方法工具与智库双螺旋法的主要内容进行归纳提炼，构成智库双螺旋法的“四层模型”（图 2-12）：第一层为外循环；第二层为内循环 DIIS 和 MIPS；第三层为“十个关键问题”；第四层为方法集工具箱。从最开始的智库 DIIS 理论方法，到智库双螺旋法，再到“四层模型”，整个发展过程始终基于问题导向、证据导向和科学导向，同时建构在现有的知识层基础之上，彰显了智库理论方法发展的科学化、专业化、规范化进程。智库双螺旋法“四层模型”的提出，使智库双螺旋法更具科学性和操作性。本节对智库双螺旋法“四层模型”的要素及其之间的关系进行详细阐述，从系统科学的视角展现智库双螺旋法整体统一的完整体系。

2.3.1 第一层：外循环

问题导向是科学研究的本质特征，一切科学研究都需要从问题出发。智库问题是跨学科、跨领域、综合复杂的问题。因此，在面对智库问题时，首先，需要通过问题来切入，将复杂的智库问题降维分解成一系列子问题，围绕子问题构建与现有知识相链接的认知框架（解析）。当分解后的子问题与某个学科领域相关联，能够直接运用该领域的各类知识（各类资料、科学知识、实践经验等）开展研究时，问题才算分解彻底。其次，组织子问题涉及的学科领域研究人员，利用现有知识，综合多种方法对子问题进行交叉融合研究（融合）。最后，在上述研究基础上，回归智库问题本身，不断循环迭代升华后形成研究结果（还原）。这一“解析—融合—还原”的智库研究整体逻辑，构成了智库双螺旋法“四层模型”的第一层——外循环。

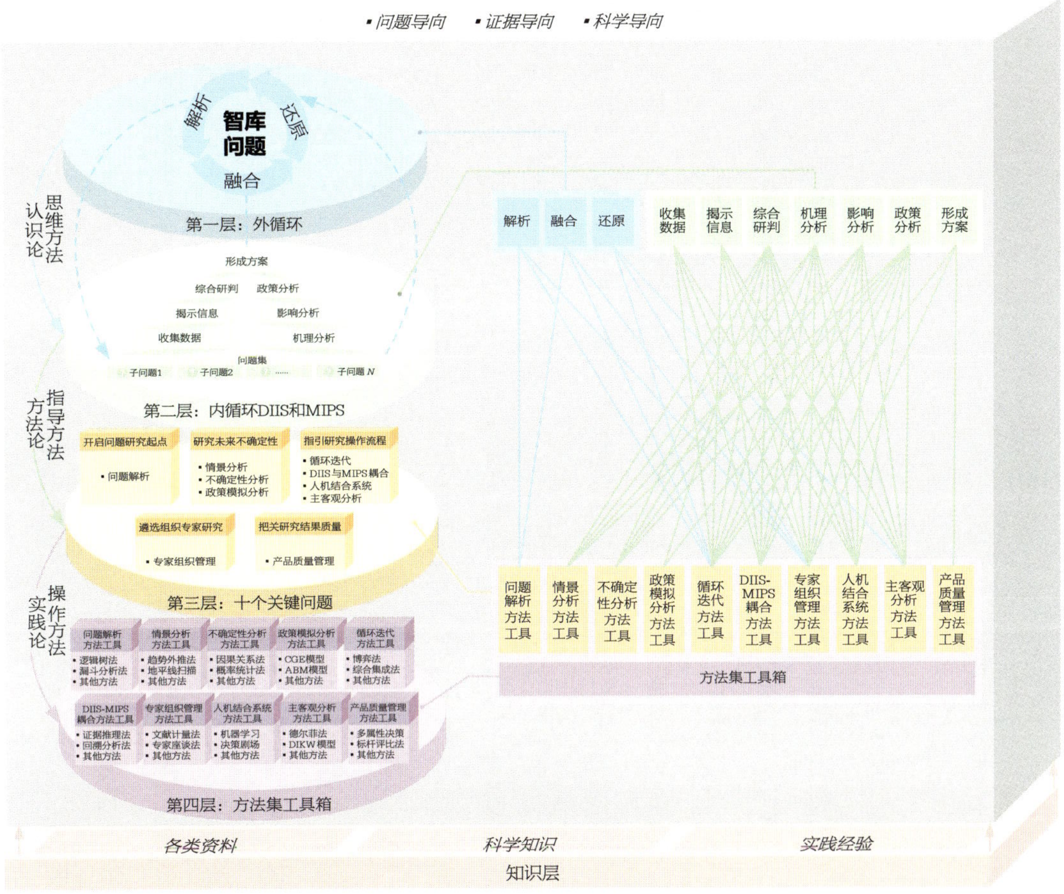

图2-12 智库双螺旋法的“四层模型”

从方法范畴来看，外循环从整体角度描绘了智库研究的解析、融合、还原过程，力图破除零散、碎片化、单一的思维方式，展现出整体性、系统性思维，为整体认识和把握智库问题提供一种思维方法。从认知原理来看，外循环从认识论出发，为整体认识和把握智库问题提供了“解析—融合—还原”这一源头性的研究思路。

2.3.2 第二层：内循环

如何实现外循环的“解析—融合—还原”？这就需要开展智库双螺旋法“四层模型”的第二层——内循环研究，即 DIIS 过程融合法和 MIPS 逻辑层次法。DIIS 过程融合法从研究过程角度指导智库问题的研究环节：在分解后的子问题集基础上，首先围绕子问题收集相关数据（收集数据）；然后挖掘分析收集的数据，进行价值揭示和判断（揭示信息）；进而结合专家的智慧开展综合研判（综合研判）；最后经过螺旋式上升、反复循环迭代后形成问题的解决方案（形成方案）。MIPS 逻辑层次法从研究内涵角度指导智库问题的研究逻辑：对子问题进行追根溯源、探索规律和预判趋势（机理分析）；分析问题的经济、社会、科技、安全等多重影响，识别利益相关者（影响分析）；探讨对问题进行人为干预或政策调节后产生的政策效果（政策分析）；最后形成智库问题的解决方案或政策建议（形成方案）。

从方法范畴来看，内循环的 DIIS 过程融合法和 MIPS 逻辑层次法，分别从研究过程和研究内涵形成了全流程、全角度、全过程的指导，为智库研究提供一种指导方法。从认知原理来看，内循环从方法论出发，总结智库研究的规律，从研究环节和研究逻辑角度凝练归纳智库问题研究所需要遵循的过程。

2.3.3　第三层：“十个关键问题”

为使外循环、内循环更具科学化和可操作性，能够使用已有的方法（如情景分析、不确定性分析等学术研究中长期跟踪的方法）开展智库问题的研究，需要准确把握智库双螺旋法“四层模型”的第三层——“十个关键问题”（智库问题的解析、智库问题牵引下的情景分析、智库问题研究的不确定性分析、智库问题研究的政策模拟分析、智库研究的循环迭代、DIIS 与 MIPS 的耦合关系、智库研究的专家组织与管理、人机结合的智库问题研究支持系统、客观分析与主观判断的结合、智库产品质量管理）。这“十个关键问题”的有效解决，能够为智库研究提供可实施的方向和路径，将智库双螺旋法从思维方法、指导方法向具体的操作方法转化，也是智库问题研究从认识论、方法论向实践论转化的桥梁。

2.3.4　第四层：方法集工具箱

智库要生产和提供高质量的决策知识，就必须尊重科学，采取科学、规范的研究方法和工具。目前，学术界已有一系列成熟的方法工具为开展智库问题研究提供支撑，例如趋势外推法、因果关系法、文献计量法等。同时，国外著名智库非常重视研究方法工具的创新，提出了一系列方法工具，例如美国兰德公司提出的德尔菲法和博弈分析法等。上述方法工具都需要结合智库问题研究的实际进行合理选择和使用，如果不能针对实际问题选择合适的方法工具，智库问题研究的科学性将大为受限。

智库双螺旋法的“十个关键问题”，需要有相应类型的方法工具，即问题解析、情景分析、不确定性分析、政策模拟分析、循环迭代、DIIS 与 MIPS 耦合、专家组织管理、人机结合系统、主客观分析、产品质量管理十种类型的方法工具。每种类型的方法工具中既包括学术界已有的成熟方法工具，也包括著名智库提出的研究方法工具。为便于读者理解，表 2-2

列出了每种类型中的典型方法工具。值得注意的是，每种类型下还可以有其他的方法工具，在此不一一列出；每种类型下列出的典型方法工具不仅可以用于解决其他问题，还可以有除这十种类型之外的方法工具。这些方法工具共同构成智库双螺旋法“四层模型”的第四层——方法集工具箱。通过智库双螺旋法给出的研究过程，有效组合方法集工具箱中的十类方法工具，为解决智库问题提供科学支撑。此外，在智库问题研究过程中会不断出现新的问题，当现有方法工具未能满足智库问题的研究需要时，可以根据研究对象改进和创新方法工具，进一步拓展方法集工具箱，保证智库研究的科学性。

表2-2 方法集工具箱中的典型方法工具

类型	典型方法工具
问题解析方法工具	逻辑树分析法
	漏斗分析法
	文本聚类法
情景分析方法工具	趋势外推法
	地平线扫描法
	情景分析法
不确定性分析方法工具	因果关系法
	概率统计法
	因子分析法
政策模拟分析方法工具	CGE 模型
	ABM
	GEM-E3
循环迭代方法工具	博弈分析法
	综合集成法
	集值迭代法

续表

类型	典型方法工具
DIIS 与 MIPS 耦合方法工具	证据推理法
	回溯分析法
	技术成熟度评价法
专家组织管理方法工具	文献计量法
	专家座谈法
	问卷调查法
人机结合系统方法工具	机器学习
	决策剧场
	信息抽取法
主客观分析方法工具	德尔菲法
	DIKW 模型
	产业成熟度评价法
产品质量管理方法工具	多属性决策法
	标杆评比法
	拉开档次法

（1）问题解析方法工具

典型方法工具：① 逻辑树分析法。将问题当成树干，找出树干上的所有树枝，即找出与问题相关联的子问题。② 漏斗分析法。类似漏斗一样对问题进行层层筛选，明确问题的本质。③ 文本聚类法。将文档划分为若干类，同一类文档的内容相似度尽可能大，不同类文档的内容相似度尽可能小。

（2）情景分析方法工具

典型方法工具：① 趋势外推法。根据过去和现在的情况推断未来发展趋势的一种方法。② 地平线扫描法。判断事物未来发展趋势及其可能带来的机遇挑战的一种方法。③ 情景分析法。通过构建不同的假设情景对未来可能出现的情况和后果进行预测分析。

（3）不确定性分析方法工具

典型方法工具：① 因果关系法。在分析问题产生原因的基础上，筛选重要影响因素，以研究对象发展变化的因果关系为依据进行决策。② 概率统计法。通过事物的概率分布对其特征规律进行分析的一种方法。③ 因子分析法。通过对事物的内在关系进行分析，找出主要因素，揭示事物之间的本质联系。

（4）政策模拟分析方法工具

典型方法工具：① CGE（computable general equilibrium）模型。将经济的各个组成部分之间建立数量联系来模拟经济运行的一种模型，用于辅助政策分析。② ABM （agent-based modeling）。在模拟多个个体行为及其交互作用的基础上，呈现多个个体的整体效果。③ GEM-E3（general equilibrium model for energy-economy-environment）。用于研究能源改革和投资对可持续发展的影响以及气候变化对能源、经济、环境的影响的一种模型。

（5）循环迭代方法工具

典型方法工具：① 博弈分析法。通过揣摩对方可能采取的行动，据此调整自身策略的一种方法。② 综合集成法。将大量零星分散的定性认识、点滴的知识汇集成定量的认识，经过研究积累后，上升到更高层次的定性认识，如此反复多次，直至专家形成一致意见后得出最终结论。③ 集值迭代法。在初始值估计的基础上寻找解决问题的一系列近似解，是不断用旧值递推新值的一种方法。

（6）DIIS 与 MIPS 耦合方法工具

典型方法工具：① 证据推理法。从掌握的已知信息中对未知目标进行科学严谨推测的一种方法。② 回溯分析法。根据事物发展过程所造成的结果，推断形成结果的一系列原因的逻辑思维方法。③ 技术成熟度评价法。用于分析新科技的成熟演变速度以及该新技术达到成熟所需时间的一种方法。

（7）专家组织管理方法工具

典型方法工具：① 文献计量法。利用统计学方法对文献特征进行分析的一种方法。② 专家座谈法。组织专家交换意见、互相启发的一种方法。③ 问卷调查法。通过向被调查者发放问卷的方式，收集被调查者对问题的意见。

（8）人机结合系统方法工具

典型方法工具：① 机器学习。通过计算机来模拟人类学习活动的行为，进而获取新知识，并不断改进自身性能。② 决策剧场。利用三维影像为决策者提供直观决策环境的一套电子系统。③ 信息抽取法。通过自然语言处理等方式从文本中抽取特定信息，并以结构化的形式进行描述，以供数据查询和分析。

（9）主客观分析方法工具

典型方法工具：① 德尔菲法。依靠专家的知识和经验对问题作出判断的一种方法。该方法经过多轮征询和反馈，使得各专家的意见逐步趋于收敛，最终得到一致的集体判断结果。② DIKW 模型。关于数据（data）、信息（information）、知识（knowledge）和智慧（wisdom）的一种模型。它可以展现数据、信息、知识和智慧之间的逐级递升关系，数据经过处理后得到信息，通过应用信息形成知识，知识通过反复实践后升华出智慧。③ 产业成熟度评价法。通过定量与定性综合的方法来衡量产业整体发展状况的一种方法。

（10）产品质量管理方法工具

典型方法工具：① 多属性决策法。利用已有信息对一组方案进行择优或排序的一种评价方法。② 标杆评比法。将研究对象与最优对象进行比较，分析研究对象的优势和劣势，找出需要提高和改善的地方，形成一套具有针对性的政策建议。③ 拉开档次法。根据原始信息分析被评对象之间差异的一种评价方法。

从方法范畴来看，方法集工具箱为利用智库双螺旋法解决智库问题提供具体的方法集、工具箱，构成一种操作方法。从认知原理来看，方法集工具箱从实践论出发，在操作层面为开展智库问题的具体研究提供可供选择的方法和工具。能否有效利用方法集工具箱，主要在于是否能够结合智库问题的特征匹配合适的方法工具开展研究。例如，在开展智库问题牵引下的情景分析时，若需要根据过去和现在的情况推断未来的发展趋势，可以选择趋势外推法，若需要判断事物未来发展趋势及其可能带来的机遇挑战，可以采用地平线扫描法。

2.3.5 “四层模型”的系统结构

“四层模型”不仅为智库问题研究提供了新的思维方法、指导方法和操作方法，而且从认识论、方法论、实践论出发为智库问题研究提供了新的认知视角。从系统科学的视角来看，“四层模型”为研究智库所面对的复杂系统问题提供了理论方法，体现了系统论的思想。在系统论中有三个重要的基本概念——结构、功能和演化。结构，指系统各组成部分相互联系、相互作用的秩序和形式；功能，指系统与外部环境相互联系、相互作用中所表现出的性质和功效；演化，指系统的性质随着环境的变化而不断变化。结构、功能和演化的思想蕴含于智库双螺旋法的“四层模型”中（图 2-13）。

（1）结构层次

当运用智库双螺旋法“四层模型”解决复杂的智库问题时，首先从思维方法层面对智库问题进行整体认识和把握，这就需要第一层——外循环发挥作用；在系统认识智库问题后，开始进入指导方法层面，需要第二层——内循环发挥作用，从研究环节和研究逻辑角度明确智库问题的研究过程及内涵；

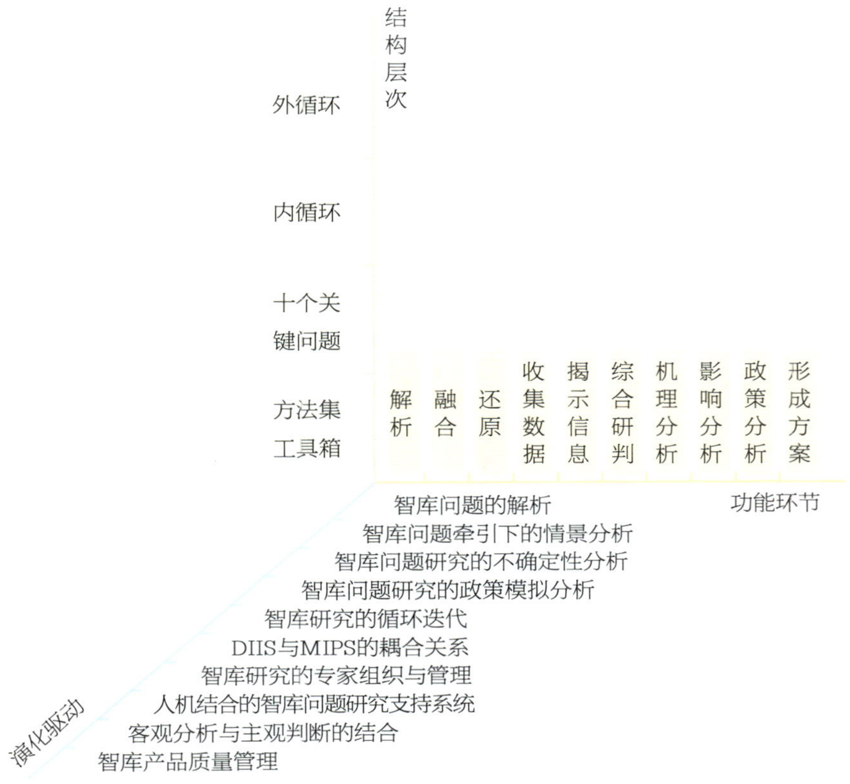

图2-13 智库双螺旋法“四层模型”的系统结构

从思维方法、指导方法向具体的操作方法层面转化的过程中，对于关键问题的把握至关重要，这就需要第三层——“十个关键问题”发挥作用；在把握好关键问题后，开始进入操作方法层面，需要结合问题特征选择合适的方法工具开展研究，这就需要第四层——方法集工具箱发挥作用，由此形成智库问题的解决方案。

可以看出，外循环、内循环、“十个关键问题”、方法集工具箱四个层次构成了相对稳定的组合，彼此相互联系、层层递进，为智库问题提供了完整的研究结构。

（2）功能环节

在问题导向、证据导向和科学导向下，十个环节分别具有相应的功能。例如，解析环节具有分解问题的功能；收集数据环节具有全面收集各类数据的功能；机理分析环节具有挖掘规律和趋势的功能；影响分析环节具有揭示价值、寻找利益相关者的功能；政策分析环节具有判断政策干预有效性的功能。

（3）演化驱动

“十个关键问题”是实现十个环节功能的枢纽，揭示了智库研究的对象是不断发展变化的，研究过程需要贯通历史域、现实域和未来域，为从动态视角研究智库问题提供了动能，体现了一种演化驱动的思想。

2.4 小结

智库双螺旋法不仅是理论方法的创新与智库研究的指南，也是实践经验的总结与智慧认知的结晶，可以视作是智库科学理论方法体系的奠基之作，为推动智库建设行稳致远提供了科学的基石。未来仍有大量且具体的工作值得我们深入挖掘，重点包括以下四个方面。

（1）把握智库研究的十个方向

“十个关键问题”可以视作是智库研究的十个研究方向，每个研究方向既有理论问题，也有方法问题，还有工具问题。例如，对于“智库问题研究的不确定性分析”这一关键问题而言，学术界已经对不确定性理论、方法乃至工具进行了许多有益的研究探讨。在智库双螺旋法的“十个关键问题”中，我们阐述了这十个研究方向需要重点关注的问题，未来可以围绕这些问题进一步开展各个方向上理论、方法、工具的研究和创新。此外，在开辟智库研究学科的过程中，也需要把握这十个研究方向，建立智库人才培养体系，为智库建设提供人才保障。

（2）提炼领域问题研究方法

在科技智库建设过程中，需要开展科技路线图、政策评估等常规性智库问题研究工作，可以对这些研究工作进行聚类，提炼共性特征，形成领域研究的智库双螺旋法，指导该领域的智库问题研究实践。例如，从科技路线图、技术预见、知识图谱等研究中提炼共性，形成科技前瞻双螺旋法；从机构评估、人才评估、项目评估、政策评估、规划评估等研究中总结规律，凝练形成评估双螺旋法。

（3）开发创新性方法工具

在未来研究中，需要进一步创造性地提出新的方法工具，开发能够解决某个具体微观问题的方法工具，如问题认知框架构建方法、专家遴选方法等，也可以建立涵盖大量方法工具的数据库，形成智库研究的机器学习库、人机交互系统等软件平台。

（4）解决重大经济社会问题

智库双螺旋法来源于实践而又指导实践。在未来实践研究中，要重点把握关系国家发展全局的选题，利用智库双螺旋法探索解决经济社会发展中面临的重大问题，如粮食安全、公共卫生体系建设、人口老龄化等问题，为其提供前瞻性的咨询建议和系统性的解决方案。

第3章　智库双螺旋法的理论价值与意义

智库双螺旋法包含“解析—融合—还原”的外循环过程，以及 DIIS 过程融合法和 MIPS 逻辑层次法两个循环迭代、相互嵌合的内循环螺旋。智库双螺旋法坚持以研究问题为出发点，最终将问题收敛到解决方案，即“始于研究问题，终于解决方案”，形成了具有整体性、系统性、科学性的智库研究的思维方法、指导方法、操作规范，从而构建了智库研究从认识论到方法论再到实践论的理论和方法范式。这一研究范式的创新使得智库研究向着智库科学迈进了关键的一步，本章将重点阐释智库双螺旋法的理论价值与意义。

3.1　促进智库研究的“六个转变”

智库的功能在于影响宏观决策、引领创新方向、创新理论方法，其主要的产出产品和发挥作用的路径为：通过高质量的咨询报告向政府提供政策建议与服务，通过公开发布的研究报告向社会公众提供知识和信息，通过理论方法的研究向学术界和决策界提供创新的工具和视角。从一国范围内看，智库是服务政府决策的重要知识生产组织，能够有效地链接政策、科学、商业、媒体、公众等多重领域和多元主体，并发挥桥梁和纽带的作用。在全球化背景下，智库也逐渐成为各国参与全球治理的渠道和平台，越来越多地参与国际交往、对话、沟通，发挥公共外交的作用。为了更好发挥智库的作用和功能，高质量的智库产品成为智库的核心竞争能力，智库研究的质量将决定一个智库的生存发展。

很多智库机构及其研究成果高度依赖个人的智慧与经验。以美国老牌智库布鲁金斯学会为例，其学者拥有优秀的学术背景，其中不少学者曾服务于政府部门和私人企业；他们既有极高的学术声望，同时也在政界有显著影响力。这些高素质且具有实践经验的学者既能够生产高质量的思想产品，又能够促进思想研究与政策实践之间的有效转换，从而奠定了布鲁金斯学会成为全球领先智库的基础。

同时，智库研究的问题日益复杂，往往涉及多学科、多领域，所以主要依靠个人经验的智库研究囿于个人的智慧能力、知识结构、实践经验的有限性和局限性，仍然多是经验式、零散式、随机式、静态、偏学术性、学科单一的。思想成果高度依赖于个人的经验，研究议题相对分散，研究方法路径大多随机选取，研究视角多局限于静态的现实时间点，研究主体和方法往往偏学术性，研究的学术基础多是扎根于研究者所接受训练的或者所熟悉的单一学科（潘教峰，2021）。随着政策领域面临的问题愈加复杂而交汇，政策产生的影响更加广泛而深远，这样的研究现状逐渐不能满足科学决策的需要。从全球来看，以美国兰德公司为代表的综合性智库非常重视方法创新，以方法、技术、工具的研发为解决公共政策和战略问题提供有力支撑，这也代表着智库科学化发展的趋势；但总体而言，这样的综合性智库仍然较少。

智库研究需要从经验式向科学化转变，从零散式向系统性转变，从随机式向规范性转变，从偏学术型向学术实践型转变，从静态向稳态转变，从学科单一向融合贯通转变。如何促进智库研究实现这“六个转变”？国内外许多智库和智库学者在不同方面做了许多探索，对解决“六个转变”的一些问题提供了思路和方法工具。智库双螺旋法（见图 2-1）则整体性、系统性地提供了一种有效的理论、方法、路径和解答。智库双螺旋法始于研究问题、终于解决方案，包含“解析—融合—还原”的外循环过程，以及 DIIS 过程融合法和 MIPS 逻辑层次法两个相互嵌合、循环迭代的内循环螺旋，由此构成双螺旋。其中，DIIS 过程融合法是指在研究环节上需要遵循“收集数据

（data）—揭示信息（information）—综合研判（intelligence）—形成方案（solution）”的过程；MIPS 逻辑层次法是指在研究内容中需要遵循“机理分析（mechanism analysis）—影响分析（impact analysis）—政策分析（policy analysis）—形成方案（solution）”的逻辑。

以下将通过分析智库研究的现状和问题，阐述智库研究“六个转变”的内涵，从理论上分析智库双螺旋法对促进智库研究“六个转变”的意义价值和具体路径。

3.1.1　促进智库研究从经验式向科学化转变

受到智库的组织特征和根本属性的影响，很多智库研究往往高度依赖研究者和专家的个人经验，科学性不够强。智库双螺旋法将智库研究视为一门科学，将科学性深刻贯穿于其研究导向、研究哲学、研究过程、研究逻辑之中。

（1）智库双螺旋法强调问题导向、证据导向和科学导向

智库双螺旋法是研究方法科学化的集中体现。问题导向是科学研究的本质特征，一切科学研究都需要从问题出发进行理论探索或者实证验证。证据导向强调整个研究过程和研究结论的形成是一个科学循证的过程。科学导向体现在整个研究过程中都要结合收集的数据、科学知识、实践经验等开展交叉融合研究。这里的数据是广义的概念，包括统计数据、文献数据、语义数据、案例、资料等，这也符合数据科学驱动下新科学范式的要求。

（2）智库双螺旋法的外循环强调“解析—融合—还原”

这一大逻辑既体现了还原论的思想，也体现了演生论的思想，是智库双螺旋法的研究哲学和科学思想的体现。

还原论是经典物理学领域主要采用的研究范式，通过探寻组成物质世界的最基本的粒子，研究粒子相互作用及遵循的规律来研究客观物质世界。智库双螺旋法强调对复杂问题的解析，问题解析得越彻底，研究就能够越深入，

对整体的把握有赖于对其细分组成部分的研究，这体现着还原论的思想。随着科学的进步，科学家发现面对人类生命、人类社会这样复杂的体系，还原论范式难以完美解释。把大量的组元放在一起，形成一个系统以后，就会呈现出完全不同于组元的特征和规律。当面临着尺度、层次和复杂性这些困难时，还原论显得无能为力（汪卫华，2021）。由此，从 20 世纪中叶开始，演生论范式开始占主导，科学界开始研究大量组元聚集在一起时所呈现的性质和规律（张广铭和于渌，2010）。智库研究问题更是涉及经济、社会、科技、生态、安全、国际关系等多个方面的复杂系统，这一系统较之科学研究所关注的客观世界更加复杂多变和难以预测。因此，智库双螺旋法特别强调研究过程的融合性，对于问题的分解需要还原论思想的指导；然而，在具体研究和方案的形成过程中并不是机械性地通过子问题的研究拼合成整体的解决方案，而是需要考虑到不同层次、不同社会领域的机理、交互、反馈和影响，这也充分体现了演生论思想。因而，智库双螺旋法本身也体现了科学范式的转换和融合。

（3）智库双螺旋法的内循环充分体现了科学性

DIIS 过程融合法以收集数据为基础，强调数据的基础性作用，采用定量与定性相结合的方法，重视数据信息揭示和专家智慧相结合，这些关键点进一步加强了整个研究过程的科学性。MIPS 逻辑层次法强调机理分析、影响分析、政策分析、形成方案四个关键要素。其中，机理的揭示是交叉融合的科学研究过程，从机理分析到影响分析再到政策分析的过程，也是将科学研究的成果纳入到政策考量的实践过程。

3.1.2 促进智库研究从零散式向系统性转变

长期以来，来自不同研究机构、多学科背景的学者和团队根据决策部门的需求，以承担任务的方式，开展了丰富多样的研究，为决策提供多元化的视角和方案。这样的智库研究主题相对分散，任务的部署交叉重复，研究力量和团队缺乏长期性和稳定性，系统性、整体性、建制化不足。智库双螺旋法本质上是一套对智库问题的系统解决方法，旨在加强智库研究的系统性。它体现在“始于研究问题，终于解决方案”的系统性，从研究过程到研究内涵的系统性，从数据研究到专家研判的系统性，以及从机理探索到政策设计的系统性。

（1）从问题到方案的系统性

智库双螺旋法的一大特点是“始于研究问题，终于解决方案”，从问题到方案形成了解决智库问题的闭环的、系统性的方法。智库双螺旋法的外循环及内循环的 DIIS 和 MIPS 两个螺旋均从智库问题出发，从研究过程和研究内涵两个角度回归、收敛、聚合到解决方案，形成一个有系统、有结构、有组织的互相关联、融通、嵌合的方法体系。

（2）从研究过程到研究内涵的系统性

智库双螺旋法所构建的 DIIS 过程融合法和 MIPS 逻辑层次法，从研究过程和研究内涵两个视角界定了智库研究的过程要素和内涵要素，两种方法之间相互嵌合、迭代，同时收敛到解决方案，形成了从研究过程到研究内涵的系统性。

（3）从数据研究到专家研判的系统性

DIIS 过程融合法从研究过程角度强调以数据为基础，以充分的信息揭示为牵引，以专家智慧为依据，体现了定量与定性的结合、客观的数据信息与主观的专家经验的结合，从而将智库研究的过程充分结构化和系统化。

（4）从机理探索到政策设计的系统性

MIPS 逻辑层次法从研究内涵角度强调对研究问题的机理性的考察，到该问题的经济、社会、科技、生态、安全、政治等多重影响维度的研究；通过影响范围和程度的分析考察这一问题进入政策视域的可能性、合理性，从而进行政策的分析和制定，形成解决方案，逻辑上层层递进，环环相扣。由此，机理分析、影响分析、政策分析、形成方案四个要素之间形成研究内涵的系统性。

3.1.3 促进智库研究从随机式向规范性转变

我国智库建设走向专业化和高质量发展的过程，也是智库研究从随机式走向规范性的过程。普遍存在的高度依赖个人经验、学术力量、已有学科方法的智库研究，其问题分析、理论路径、方法选择、成果形式也必然体现出随机性的特征。智库双螺旋法为提升智库研究的过程、逻辑、要素、组织、成果等方面的规范性提供了全方位、综合性的方法和途径。这种规范性具体体现在研究方法、研究组织和研究成果等方面。

（1）智库双螺旋法提升了研究方法的规范性

DIIS 过程融合法提出“收集数据（data）—揭示信息（information）—综合研判（intelligence）—形成方案（solution）”四个规范性的研究过程，MIPS 逻辑层次法提出“机理分析（mechanism analysis）—影响分析（impact analysis）—政策分析（policy analysis）—形成方案（solution）”四个规范性的内涵要素。在智库研究过程中，这些过程要素和内涵要素彼此联系，缺一不可。

（2）智库双螺旋法加强了研究组织的规范性

大规模智库研究需要更加多元化的专家队伍，更为广泛的参与群体，这使得智库研究的组织实施与学术研究具有显著差异。传统的依托学者个人或课题组的研究模式变得不再有效，而需要多学科、交叉式、复合型的团队作战。大规模综合性的智库研究亟待创新研究组织模式。智库双螺旋法从“解析—融合—还原”的外循环为组织智库问题研究提供了宏观框架；从内循环中的 DIIS 和 MIPS“双法”为每一个子问题的微观研究提供了规范的方法，为组织实施大规模智库问题研究提供了规范和法则。

（3）智库双螺旋法提高了研究成果的规范性

智库研究的成果涉及国家的发展战略、规划、法规、体制机制、政策、举措等跨越宏观、中观、微观的多种内容。智库研究成果的载体包括面向决策的咨询建议、面向社会公众公开发布的研究报告、面向学术界和智库界的理论方法创新成果。智库双螺旋法能够更加明确成果的受众。例如，从 MIPS 逻辑层次法来看，机理分析的研究成果往往面向学术界，影响分析的研究成果更能引发利益相关者和社会公众的关注和共鸣。政策分析、形成方案的研究成果能够有效服务决策。由此，成果属性、成果受众的界定能够显著提高智库成果的规范性、针对性，从而显著扩大成果产生的影响和效果。

3.1.4 促进智库研究从偏学术型向学术实践型转变

我国的智库学者大多分布在高等院校、科研院所及直属于决策部门的研究型机构，尤其是高等院校中从事智库研究的学者通常以学科建设、人才培养、学术研究为主业，在此基础上发挥一部分的咨政作用和功能。这样的学者构成决定了我国已有的智库研究大多数偏学术型，距离决策实践还有较长的距离。2013 年，党的十八届三中全会通过的《中共中央关于全面深化改革若干重大问题的决定》提出“加强中国特色新型智库建设，建立健全决策咨询制度”，我国开始探索建设专业化的智库力量，服务于党和国家决策，以提高国家治理体系和治理能力现代化水平。这也意味着智库研究更需要与现实问题对接，与决策需求对接，需要不断加强实践性、操作性。智库双螺旋法通过对学术研究和智库实践的关系的深刻认识，用可操作的方法，打通学术与实践，实现从偏学术型向学术实践型的转变。

（1）学术实践型的智库研究仍然以学术为根基

智库双螺旋法的整体理念和架构体现出对于学术研究基础性作用的认识。DIIS 过程融合法强调的收集数据、揭示信息的方法步骤，其本质也是学术研究的过程。可以说，信息揭示的结果就是以认识规律、探究原理为目标的学术研究的成果。MIPS 逻辑层次法以机理分析层为本底和基础，也是强调学术的根基作用。可以说，越是对政策产生重要且积极影响的智库成果，其内嵌的学术研究和理论理念越是能够揭示本质机理，具有超前性和深刻性（王文，2017）。

（2）智库研究强调智库成果的实践价值和决策影响

实践价值是评价智库成果质量的重要标准。DIIS 过程融合法从偏学术型走向学术实践型的关键步骤在于引入了专家综合研判，在方法上达成客观分析与主观判断的结合，实现学术与实践的融通。MIPS 逻辑层次法从学术的机理分析出发，走向考察经济社会等多方面的影响分析，是关注实践影响的重要一步。影响分析的结果往往能够决定所关注的问题是不是决策应该关注的“真”问题，政策制定应该在多大程度和范围内考虑这一问题。从影响分析到政策分析有效界定了决策关注的问题域，是迈向政策实践的重要一步。

3.1.5 促进智库研究从静态向稳态转变

大多数智库研究服务于解决现实问题，通常局限于现实场景；然而，智库研究所支撑的政策制定会在更长的时间内产生作用。同时，政策制定也需要考虑过去的社会现实状况及以往政策的延续性。因此，智库研究需要立足历史、把握现实、预测未来，将立足于现实场景的静态研究转变为连续贯通历史、现实和未来的稳态研究。

（1）智库双螺旋法实现了从静态向稳态转变

为了实现从静态向稳态转变，智库双螺旋法提出智库研究时空域的概念，界定了智库研究贯通历史、现实和未来的时空域特征。在 DIIS 过程融合法中，收集数据、揭示信息和综合研判分别侧重于对历史域、现实域和未来域的作用；在 MIPS 逻辑层次法中，机理分析、影响分析、政策分析对历史域、现实域和未来域均有所作用。形成方案的目标不仅是在现实域中解决现实问题，也需要经过系统研究和综合分析，综合考虑对未来域的影响作用，提出面向未来的解决方案。

（2）智库双螺旋法强调对未来情景的模拟和构建

在“历史—现实—未来”的时空域的贯通中开展的情景分析能够促进智库研究从静态向稳态的转变。随着世界日益复杂，在分析和预测未来发展状况时，智库研究者和决策者面临着不确定性带来的挑战。情景分析是智库双螺旋法的关键问题之一，是对未来多种可能的发展状况的描述和预测，能够在不确定、测不准的未来情景下提供多种可能的政策解决方案，形成不同情景条件约束下的方案集。

3.1.6 促进智库研究从学科单一向融合贯通转变

智库研究问题涉及经济、社会、科技、政治、生态、环境、安全等多重领域，因而其所涵盖的学科领域也跨越自然科学、技术科学、工程科学、社会科学、管理科学等。智库研究需要突破以往单一学科领域的研究，而转变为融合贯通的研究，这既体现在学科基础和知识领域上的融合，也体现在从学术理论到决策的智库研究创新链上的贯通。

（1）智库双螺旋法构建了从学术理论研究到决策解决方案的智库研究创新链

智库研究既需要扎实的学术研究为基础，又需要面向决策实践，重视学术理论与实践需求的结合。因此，智库研究需要形成贯通从理论到实证再到政策的创新链。智库双螺旋法坚持从研究问题出发，MIPS 逻辑层次法在研究内涵上打通了从学术性的机理分析到影响分析、政策分析从而形成解决方案的创新链；DIIS 过程融合法从研究过程上打通了理论研究与基于数据和专家研判的实证研究，使得定量与定性方法得到有机结合，从而形成了从理论到实证再到形成解决方案的创新链。

（2）智库双螺旋法为实现智库研究从学科单一向融合研究的发展提供了具体方法

智库双螺旋法需要多学科的视角进行问题的解析，需要跨学科的团队来开展交叉融合的研究，需要多学科路径的会聚来形成方案。DIIS 和 MIPS“双法”建立在现有多学科的知识体系根基之上，并在整个研究过程中贯穿着不同学科的知识和方法。智库研究的会聚性和复杂性特征使得自然科学、技术科学、工程科学、社会科学、管理科学等知识体系均成为智库研究的知识根基。自然科学、技术科学、工程科学尤其与科技智库紧密相连。科技智库所关注的科技发展趋势，以及科技的外部影响等问题，都需要深刻理解自然科学各领域的发展历史、趋势规律和微观机理，需要深入把握科学、技术和工程之间的关系，才能作出面向未来的相对准确的判断。社会科学、人文科学的知识体系不仅能够为智库研究纳入经济学、社会学、心理学、历史学、哲学等不同学科的视角、理论和方法，还能够促进智库研究向着更加以人为本、社会可理解、历史可延续的方向发展。

（3）智库研究创新链需要找到与已有知识体系、学科体系的接口、联系和定位

值得注意的是，管理科学、政策科学、决策科学是与智库研究最紧密相连的知识体系，并从 MIPS 逻辑层次法得到各领域之间的链接。管理科学、政策科学、决策科学都为智库研究提供机理性、规律性的研究成果，支撑了机理分析。管理科学的微观研究能够支撑智库研究对于所关注问题产生影响的判断，支撑了影响分析。政策科学对于政策内涵、政策工具、政策过程的

研究有利于支撑政策分析。决策科学关于决策原理、决策程序、决策方法的理论研究，以及关于决策者、决策过程、决策条件、决策对象等的实证研究，支撑了形成方案，提升决策的科学性。可以说，管理科学、政策科学、决策科学既构成 MIPS 机理分析层的知识基础，又可以分别定位到 MIPS 的影响分析、政策分析、形成方案要素，对这些逻辑层的研究和分析起到输入知识的作用。

3.1.7 小结

智库双螺旋法构建了从理论到方法的智库研究范式，为促进智库研究的“六个转变”提供了方法路径。智库双螺旋法不仅是一种智库研究的思维方法，力图破除零散的、碎片化、单一的思维方式，展现出整体性、系统性思维；也是开展智库研究的指导方法，从解析问题、融合研究到还原问题，从研究过程到研究内涵形成了全流程、全角度、全过程的指导；还是一种具体的操作方法，通过 DIIS 和 MIPS“双法”的耦合、迭代、交互，最后形成科学化、规范化、系统性的智库问题解决方案；更是智库研究的组织方法，能够有效发挥不同学术背景和经验的专家学者的作用，为开展有组织的、有规模的、多主体参与的智库研究提供了指导（潘教峰，2021）。

从科技发展的历史看，在人类的认识和改造客观世界的过程中逐渐分离出了科学、技术、工程等不同的知识技术系统。从智库的角度来看，智库研究所面向的研究对象更是极其复杂，需要与之相适应的研究方法的创新和范式的构建。智库双螺旋法以现有知识体系为根基，强调问题导向、证据导向和科学导向，为智库研究走向智库科学提供动力。智库双螺旋法强调在研究过程和研究内涵上的分析操作方法的开发，纳入情景分析、不确定性分析等决策科学的分析工具，揭示了不断研发智库技术的必要性。智库双螺旋法也为承担不同规模的智库研究任务提供研究选题、组织、实施、评价的方法，为简单的智库任务走向系统性、有组织的智库工程开辟了条件。因而，智库双螺旋法为智库研究走向智库科学、研发智库技术、形成智库工程提供了范式的创新。

3.2　构建智库研究的学术基础

智库双螺旋法是智库科学发展的共识性理论方法，以该方法为牵引构建智库期刊群，找到智库研究与不同学科之间的链接，凝聚学术共同体，可以推动智库科学化发展。为此，以下基于智库双螺旋法关键词集，匹配期刊数据库，通过相似度定量计算和专家定性研讨，本着“自愿加入，好中选优、优中选精”的原则，遴选出一批英文期刊和中文期刊，入选“智库期刊群（1.0 版）”。

3.2.1　基于智库双螺旋法的智库关键词选取

3.2.1.1　关键词选取指导思想

从智库科学化发展来看，智库双螺旋法是开展智库研究的思维方法，破除智库研究零散化、碎片化、单一化思维方式，展现出整体性、系统性思维。智库双螺旋法是开展智库研究的指导方法，从解析问题、融合研究到还原问题，从研究过程到研究内容形成了全流程、全角度、全过程指导。智库双螺旋法是开展智库研究的操作方法，有效发挥不同学术背景和经验的专家学者作用，综合集成不同类型方法工具，从环节层（DIIS）和逻辑层（MIPS）构成的内循环为智库研究提供了可操作思路。

在智库关键词的选取过程中以智库双螺旋法为指导思想，厘清智库研究内涵和范畴，分别在 DIIS 环节层、MIPS 逻辑层以及智库双螺旋法的领域知识层三大类别选取智库关键词（图 3-1）。

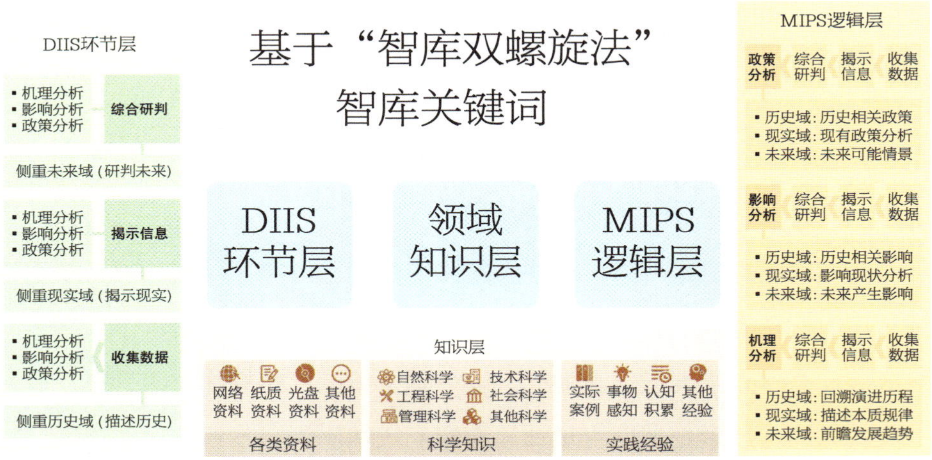

图3-1　基于智库双螺旋法的智库关键词选取框架

3.2.1.2　DIIS 环节层关键词

以 *DIIS Theory and Methodology in Think Tanks*（Pan，2021）著作为基础，分析“收集数据（data）—揭示信息（information）—综合研判（intelligence）—形成方案（solution）”的 DIIS 过程融合法内涵，从数据类型、研究方法、研究目标等角度选取 DIIS 环节层的关键词。

（1）收集数据

根据智库研究问题全面收集类型多样的多维数据，包括各类资料、科学知识、实践经验等多种知识。该环节对应的智库关键词有数据资料、实践经验、案例调查等。

（2）揭示信息

对收集的数据进行专业化处理和分析，包括挖掘、整理、分析，发现数据价值，形成对智库问题的客观认知。该环节对应的智库关键词有信息挖掘、价值发现、主客观分析等。

（3）综合研判

引入专家智慧对客观认知进行趋势预测，并综合集成专家的判断，形成对研究问题的新认识、新框架和新思路。该环节对应的智库关键词有趋势预判、智慧集成、专家共识等。

（4）形成方案

基于以上研究形成符合实际发展要求的解决方案或对策建议，为宏观决策提供高质量智库研究成果。该环节对应的智库关键词有解决方案、情景分析、政策建议等。

3.2.1.3 MIPS 逻辑层关键词

以《智库研究的双螺旋结构》（潘教峰，2020）论文为基础，把握“机理分析（mechanism analysis）—影响分析（impact analysis）—政策分析（policy analysis）—形成方案（solution）”的 MIPS 逻辑层次法内涵，从规律认知、未来影响、效果干预等角度选取 MIPS 逻辑层的关键词。

（1）机理分析

认识事物本体及其自身规律，包括追根溯源、挖掘规律、预判趋势等研究。该逻辑层对应的智库关键词有机理分析、历史回溯、交叉融合等。

（2）影响分析

厘清事物本体和外部的相互关系，分析事物对其他方面产生的影响，包括经济、社会、科技、安全等多重影响。该逻辑层对应的智库关键词有归纳分析、情景预测、前瞻预判等。

（3）政策分析

认清事物产生的影响后，探讨对事物进行人为干预或政策调节后产生的政策效果。该逻辑层对应的智库关键词有政策模拟、干预效果、沙盘推演等。

（4）形成方案

形成智库问题的解决方案或政策建议，此环节与 DIIS 环节层的形成方案一致。该逻辑层对应的智库关键词有发展战略、专家决策、建议措施等。

3.2.1.4 领域知识层关键词

智库双螺旋法提出以来，在多领域智库研究实践中已有应用，召开多轮智库研究专题研讨会。选取智库双螺旋法领域知识层关键词，如在研究领域层面，关键词有机构评价、人才培养、技术创新等；在应用领域层面，关键词有科技前瞻、生态环境、项目管理等。

基于以上 DIIS 环节层、MIPS 逻辑层和领域知识层三大类别选定的中英智库研究关键词（部分）如表 3-1 所示。

表3-1 基于智库双螺旋法的智库关键词（部分）

方法论	methodology	历史回溯	retrospective analysis
公共政策	public policy	交叉融合	cross fusion
集体智慧	collective wisdom	案例研究	case study
趋势预判	trend prediction	标杆评比	benchmarking
技术路线	technical route	博弈分析	game analysis
科学规律	scientific law	不确定性分析	uncertainty analysis
科学证据	scientific evidence	层次分析法	analytic hierarchy process
论证方案	demonstration plan	德尔菲法	Delphi
实证科学	empirical science	挖掘规律	mining rules
专家选择	expert selection	集值迭代	set value iteration
政策模拟	policy simulation	知识图谱	knowledge graph
机理分析	mechanism analysis	类比学习	analogy methods
影响分析	impact analysis	面访调查	interview
政策分析	policy analysis	情景分析	scenario analysis
循环论证	circular argument	趋势外推	trend extrapolation
……	……	……	……

3.2.2 “智库期刊群（1.0 版）”的遴选过程及结果

3.2.2.1 备选期刊库建立

（1）英文期刊库——爱思唯尔（Elsevier）

1）数据库调研。创办于 1880 年的爱思唯尔是一家国际化多媒体出版集团，隶属于 RELX 集团旗下，总部位于荷兰阿姆斯特丹，并在世界各地设有办事处。爱思唯尔主要为科学家、研究人员、学生以及各领域的专业人士提供知识共享平台，进一步推动科研进展。

爱思唯尔提供信息分析解决方案和数字化工具，如 ScienceDirect、Scopus、SciVal、ClinicalKey 和 Sherpath 等。以 ScienceDirect 数据库为例，作为同行评议学术文献平台，收录了 2500 多种期刊和 4 万多部权威著作（来自爱思唯尔官网）。基于以上调研，“智库期刊群（1.0 版）”英文期刊遴选研究以爱思唯尔数据库为基础。

2）期刊库筛选。爱思唯尔官网约含 3000 种期刊。根据期刊领域分为四大类别：生命科学、物质科学与工程、社会科学与人文学、医疗保健。四大类别下共包含 27 个一级学科（图 3-2），结合智库专家经验，筛选物质科学与工程类别下 3 个一级学科和社会科学与人文学类别下所有一级学科的期刊，共计 9 个一级学科。

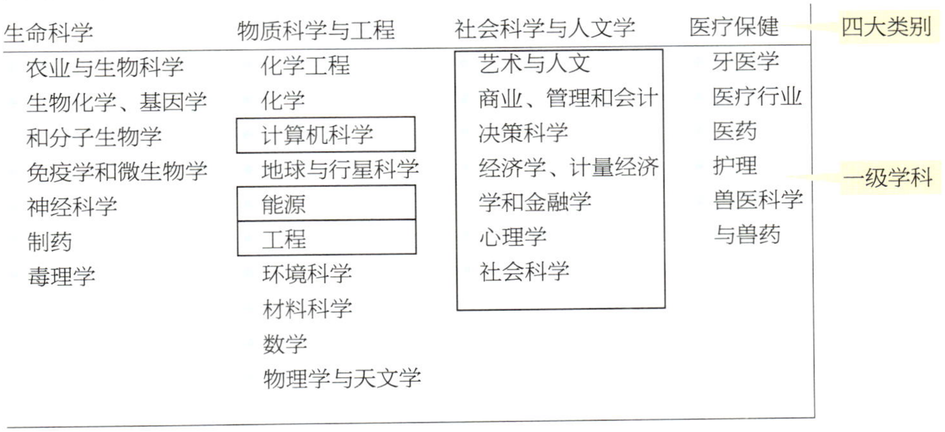

图3-2 爱思唯尔官网期刊类别及学科划分

各一级学科下包含期刊数如下：计算机科学 161 种，能源 108 种，工程 250 种，艺术与人文 54 种，商业、管理和会计 113 种，决策科学 60 种，经济学、计量经济学和金融学 123 种，心理学 149 种，社会科学 314 种。对分属于不同的一级学科下的同一种期刊需要进行去重分析，以期刊 *Decision Support Systems* 为例，分属于 3 个一级学科、5 个二级学科和 3 个三级学科（图 3-3）。去重后，以上 9 个一级学科、71 个二级学科下包括 867 种期刊。

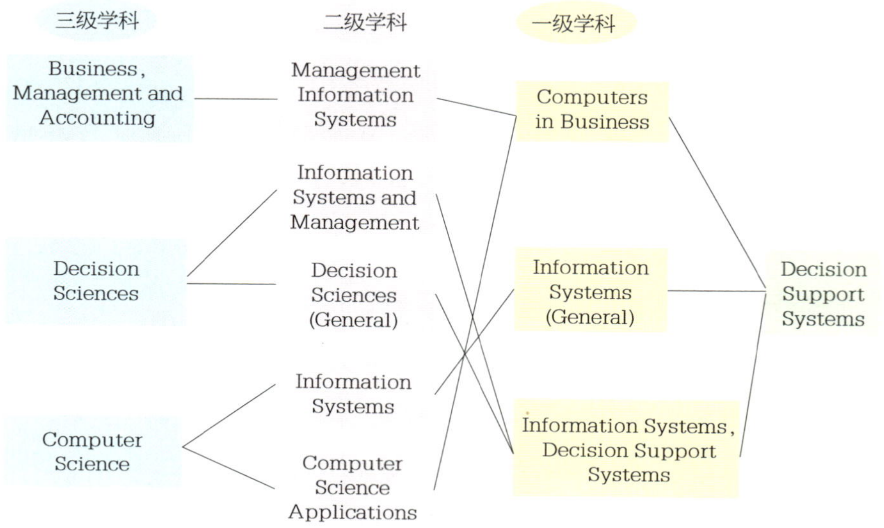

图3-3　期刊分属学科类别示例

（2）中文期刊库——中国知网

1）数据库调研。中国知网为国内各行业机构、组织、个人的知识获取与创新活动提供了完备、权威、便捷、高效的信息化基础设施。“智库期刊群（1.0 版）”中文期刊遴选研究以中国知网数据库为基础。

2）期刊库筛选。中国知网官网所含期刊 1 万多种，从学科分类来看，分为十大学科类别：基础科学、工程科技 I、工程科技 II、农业科技、医药卫生科技、哲学与人文科学、社会科学 I、社会科学 II、信息科技、经济与管理科学（图 3-4）。

图3-4　中国知网期刊学科类别

结合知网专家经验和智库专家经验，从十大学科类别下筛选出基础科学、哲学与人文科学、社会科学 I、社会科学 II、信息科技、经济与管理科学共六大学科门类。在以上六大学科门类下共筛选出 34 个二级学科，包括社会学及统计学、宏观经济管理、可持续发展等 475 种期刊（图 3-5）。

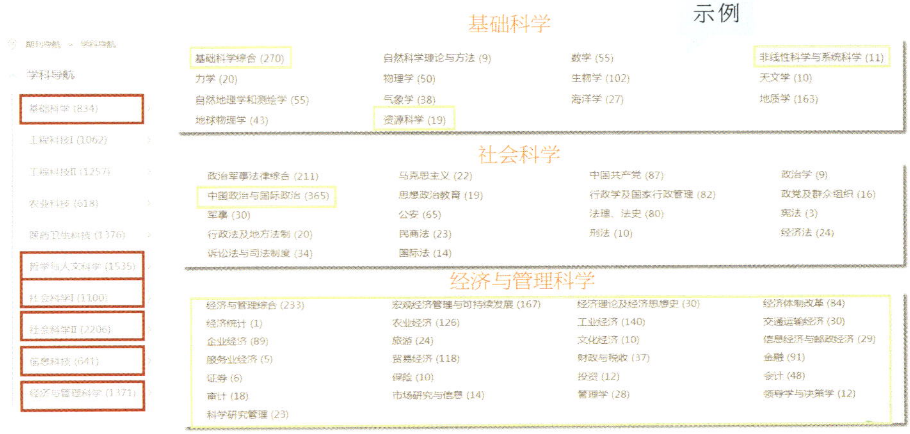

图3-5　中国知网期刊一级和二级学科类别筛选示例

（3）备选期刊库

通过召开多轮研讨会，发挥智库专家知识经验，从 867 种英文期刊中筛选出 312 种作为英文备选期刊库；从 475 种中文期刊中筛选出 243 种作为中文备选期刊库（图 3-6）。

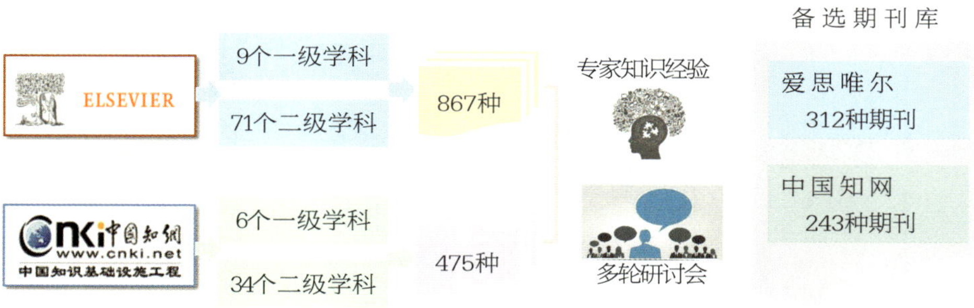

图3-6　英文和中文备选期刊库情况

3.2.2.2　期刊匹配项选取

（1）期刊信息采集内容

采集各期刊基本信息，需综合考虑数据的有效性和可获取性。针对爱思唯尔 312 种英文备选期刊库，采集内容包括期刊名称、分属类别、各级学科、期刊目标、主题范围、期刊网址等（图 3-7）。针对中国知网 243 种中文备

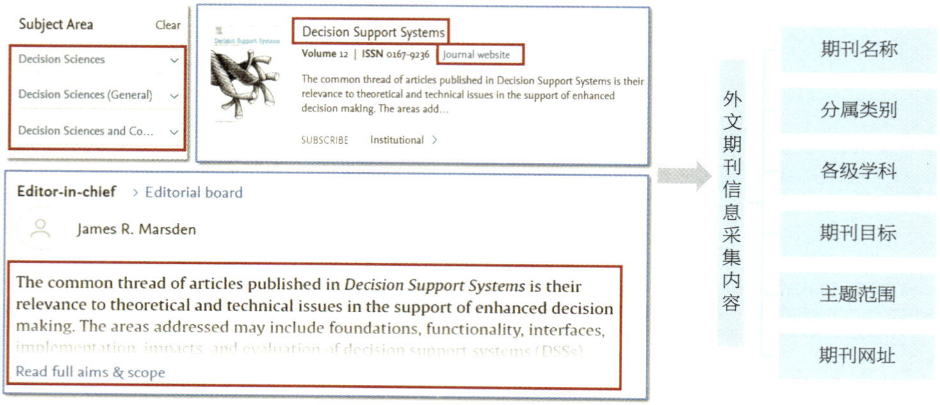

图3-7　英文期刊信息采集内容

选期刊库，采集内容包括期刊名称、学科分类、主题分类、主办单位、期刊栏目、期刊简介等（图 3-8）。

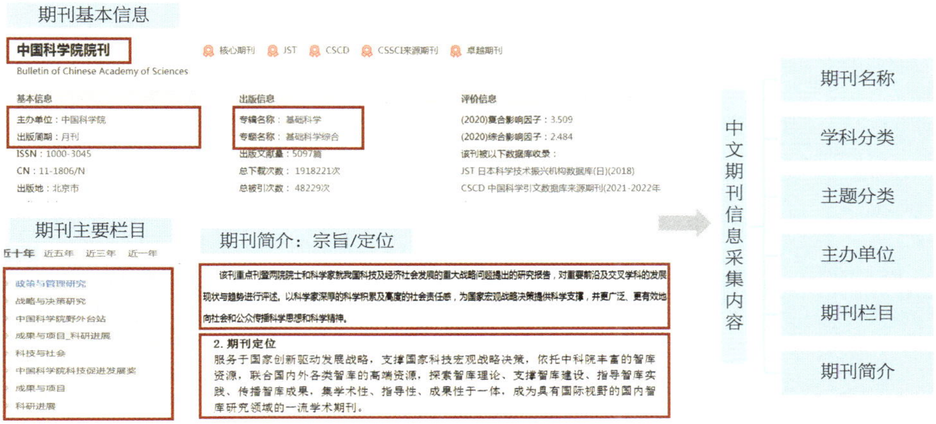

图3-8　中文期刊信息采集内容

（2）期刊待匹配项

基于中英期刊信息采集内容，统一中英期刊待匹配项标准，经专家研讨，确定选择三项内容作为待匹配项，分别为期刊名称、相关介绍和主题分类（图 3-9）。

图3-9　中英期刊待匹配项示例

英文期刊以*Decision Support Systems*为例，① Title 包括的文本信息为：Decision Support Systems；② Aims & Scope 包括的文本信息为：The common thread of articles published in Decision Support Systems is their relevance to theoretical and technical issues in the support of enhanced decision making. The areas addressed may include foundations, functionality, interfaces, implementation, impacts, and evaluation of decision support systems (DSSs) 等；③ Class 的文本信息由其所属一级学科、二级学科和三级学科组成，包括：Business, Management and Accounting, Computer Science, Decision Science, Management Information Systems, Information Systems and Management, Decision Sciences (General), Computer Science Applications, Information Systems 等。

中文期刊以《中国科学院院刊》为例，①期刊名称包括的文本信息为：中国科学院院刊；②办刊宗旨和栏目包括的文本信息为：该刊重点刊登两院院士和科学家就我国科技及经济社会发展的重大战略问题提出的研究报告，对重要前沿及交叉学科的发展现状与趋势进行评述。以科学家深厚的科学积累及高度的社会责任感，为国家宏观战略决策提供科学支撑，并更广泛、更有效地向社会和公众传播科学思想和科学精神。常设栏目有：社评、特稿、重大专题、建设世界科技强国、科技支撑"一带一路"、战略与决策研究、政策与管理研究、院士与学部、学科发展、科技与社会、智库观点、新青年新思想、科技成果与产业化、论坛、科学家访谈、合作与交流等；③期刊各级主题包括的文本信息为：基础科学、基础科学综合等。

3.2.2.3 期刊匹配度计算

（1）计算方法

以智库关键词选取和期刊待匹配项信息采集工作为基础，经过科学定量分析方法，计算各期刊与智库研究的匹配度。

1）关键词提取。对智库词文本和期刊文本分别进行清洗、分词和词干提取，获取用于后续计算的关键词集合。

2）词向量生成。包括两方面：①基于智库词文本关键词集合生成智库词向量 $\boldsymbol{V}_{\mathrm{tk}}$。②基于期刊 i 文本关键词集合生成期刊词向量，共包括三类：期刊标题词向量 $\boldsymbol{V}_{\mathrm{t}_i}$；期刊相关介绍词向量 $\boldsymbol{V}_{\mathrm{s}_i}$；期刊主题词向量 $\boldsymbol{V}_{\mathrm{k}_i}$。

3）相似度计算。结合三类期刊文本特征，在具体计算时采取两类计算方法。

①智库词与期刊相关介绍相似度计算，即智库词 - 期刊 i 简介相似度（S_{ts_i}）。

$$S_{\mathrm{ts}_i}=\frac{\left|\boldsymbol{V}_{\mathrm{tk}} \cap \boldsymbol{V}_{\mathrm{s}_i}\right|}{\left|\boldsymbol{V}_{\mathrm{tk}} \cup \boldsymbol{V}_{\mathrm{s}_i}\right|} \tag{3-1}$$

②智库词与期刊标题和期刊主题分类的相似度，即智库词 - 期刊 i 标题和主题相似度（S_{tt_i} 和 S_{tk_i}）。

$$S_{\mathrm{tt}_i}=\frac{\left|\boldsymbol{V}_{\mathrm{tk}} \cap \boldsymbol{V}_{\mathrm{t}_i}\right|}{\left|\boldsymbol{V}_{\mathrm{t}_i}\right|} \tag{3-2}$$

$$S_{\mathrm{tk}_i}=\frac{\left|\boldsymbol{V}_{\mathrm{tk}} \cap \boldsymbol{V}_{\mathrm{k}_i}\right|}{\left|\boldsymbol{V}_{\mathrm{k}_i}\right|} \tag{3-3}$$

4）匹配度计算。融合上述三类相似度得到期刊 i 的智库研究匹配度。

$$\mathrm{TK}_i=\boldsymbol{\alpha} * \mathrm{Scaler}(S_{\mathrm{ts}_i})+\boldsymbol{\beta} * \mathrm{Scaler}(S_{\mathrm{tt}_i})+\boldsymbol{\gamma} * \mathrm{Scaler}(S_{\mathrm{tk}_i}) \tag{3-4}$$

其中，Scaler( ) 为 maxmin 归一化操作，并设定参数值为 $\boldsymbol{\alpha}=0.50$，$\boldsymbol{\beta}=0.25$，$\boldsymbol{\gamma}=0.25$。

5）遴选标准确定。经过专家研讨，“智库期刊群（1.0 版）”遴选标准设定为匹配度高于 0.60，英文和中文期刊遴选标准统一。

（2）遴选原则

科学计算获取各期刊匹配度后，结合各期刊主办单位情况，并征询每个期刊加入意愿，本着期刊自愿、主要遴选国家级期刊的原则，最终选定中文期刊群的入选期刊。

从中文期刊的主办单位来看，主要分为科研机构、高等院校、国家决策部门的研究机构、国家一级学会和出版社等。例如，科研机构包括中国科学院、中国社会科学院等；高等院校包括清华大学、北京大学、中国人民大学等；国家决策部门包括国务院发展研究中心、国家发展和改革委员会等；国家一级学会包括中国系统工程学会、中国优选法统筹法与经济数学研究会等；出版社包括中国社会科学出版社、科学技术文献出版社等。

3.2.2.4 “智库期刊群（1.0 版）”遴选结果

（1）“智库期刊群（1.0 版）”英文期刊

研究遴选出入选“智库期刊群（1.0 版）”的英文期刊共有 66 种，具体如表 3-2 所示（期刊按 A → Z 排序）。

表3-2 入选“智库期刊群（1.0版）”英文期刊（共66种）

A → I	I → Z
Accounting, Organizations and Society	*International Journal of Information Management Data Insights*
Case Studies on Transport Policy	*International Journal of Production Economics*
Climate Risk Management	*Journal of Development Economics*
Cognitive Systems Research	*Journal of Engineering and Technology Management*
Computers & Operations Research	*Journal of Environmental Economics and Management*
Data & Knowledge Engineering	*Journal of Family Business Strategy*
Decision Analytics Journal	*Journal of Innovation & Knowledge*

续表

A→I	I→Z
Decision Support Systems	*Journal of Policy Modeling*
Development Engineering	*Journal of Rail Transport Planning & Management*
Digital Business	*Journal of Urban Management*
Economic Systems	*Journal of World Business*
Economics of Education Review	*Land Use Policy*
Energy	*Library & Information Science Research*
Energy Conversion and Management	*Long Range Planning*
Energy Economics	*Operations Research for Health Care*
Energy Research & Social Science	*Operations Research Perspectives*
Energy Strategy Reviews	*Process Safety and Environmental Protection*
Environmental Science & Policy	*Project Leadership and Society*
EURO Journal on Decision Processes	*Research Policy*
Evaluation and Program Planning	*Resources Policy*
Expert Systems with Applications	*Safety and Health at Work*
Food Policy	*Safety Science*
Futures	*Social Networks*
Fuzzy Sets and Systems	*Socio-Economic Planning Sciences*
Global Environmental Change	*Technological Forecasting and Social Change*
Health Policy	*Technology in Society*
Information & Management	*Technovation*
Information and Organization	*The Journal of High Technology Management Research*

续表

A → I	I → Z
Information Processing & Management	*The Journal of Strategic Information Systems*
Information Sciences	*Transport Policy*
International Journal of Accounting Information Systems	*Utilities Policy*
International Journal of Approximate Reasoning	*World Development*
International Journal of Information Management	*World Development Sustainability*

（2）“智库期刊群（1.0 版）”中文期刊

研究遴选出入选“智库期刊群（1.0 版）”的中文期刊共有 62 种，具体如表 3-3 所示（期刊按汉语拼音 A → Z 排序）。

表3-3　入选“智库期刊群（1.0版）”中文期刊（共62种）

A → K	K → Z
标准科学	科研管理
财经智库	南亚研究
财贸经济	农业科研经济管理
财政科学	清华金融评论
产业经济评论	情报理论与实践
城市发展研究	情报学报
当代世界与社会主义	情报资料工作
发展研究	全球科技经济瞭望
管理科学学报	上海经济

续表

A→K	K→Z
管理评论	上海经济研究
管理世界	社会学研究
国际关系研究	世界经济
国际石油经济	世界经济研究
海峡科技与产业	世界科技研究与发展
宏观经济管理	世界社会主义研究
宏观经济研究	数量经济技术经济研究
技术经济	图书情报工作
经济管理	系统工程理论与实践
经济科学	系统工程学报
经济理论与经济管理	智库理论与实践
经济学动态	中国工业和信息化
经济研究	中国管理科学
经济研究参考	中国国土资源经济
开发性金融研究	中国经济史研究
科技促进发展	中国科技论坛
科技导报	中国科技史杂志
科学观察	中国科学院院刊
科学决策	中国能源
科学学研究	中国软科学
科学学与科学技术管理	中国社会科学
科学与社会	资源科学

3.2.3 “智库期刊群（1.0 版）”与智库双螺旋法匹配度分析

3.2.3.1 “智库期刊群（1.0 版）”与智库双螺旋法匹配度计算

以智库双螺旋法为指导，分别在收集数据（D）、揭示信息（I）、综合研判（I）、形成方案（S），机理分析（M）、影响分析（I）、政策分析（P）各研究环节选取代表性关键词为匹配项（图 3-10），与“智库期刊群（1.0 版）”所对应中英期刊的期刊标题、相关介绍、主题分类等进行匹配度计算，计算过程相同（这里省略），从而得出“智库期刊群（1.0 版）”中各期刊与智库双螺旋法各研究环节的匹配度。

D	I	I	S	P	I	M
数据	信息	专家	建议	政策	影响	机理
资料	挖掘	趋势	战略	干预	关系	规律
经验	揭示	预判	决策	情景	预测	趋势
案例	客观	智慧	对策	风险	前瞻	理论
调查	价值发现	共识	解决方案	应急	效应	原因
知识	整理	集成	研究报告	政策专家	不确定	方法
……	……	……	……	……	……	……

图3-10　智库双螺旋法各研究环节代表性关键词示例

3.2.3.2 “智库期刊群（1.0 版）”与智库双螺旋法匹配度全景分析

基于“智库期刊群（1.0 版）”与智库双螺旋法的匹配度数值，绘制热力图，进行匹配度全景分析。其中，圆圈大小和颜色深浅代表匹配度的强度：匹配度越强，圆圈越大、颜色越深；反之，匹配度越弱，圆圈越小、颜色越浅。

从“智库期刊群（1.0 版）”英文期刊与智库双螺旋法匹配度（图 3-11）可以看出，英文期刊与智库双螺旋法匹配度较高的体现在影响分析（I）、揭

图3-11 “智库期刊群（1.0版）”英文期刊与智库双螺旋法匹配度全景分析

示信息（I）、形成方案（S）。在影响分析（I）环节，匹配度较高的期刊是 *Technology in Society*，*International Journal of Accounting Information Systems*，*Technological Forecasting and Social Change* 等；在揭示信息（I）环节，匹配度较高的期刊是 *Library & Information Science Research*，*Information & Management*，*International Journal of Information Management Data Insights* 等；在形成方案（S）环节，匹配度较高的期刊是 *Technological Forecasting and Social Change*，*Energy Strategy Reviews*，*Research Policy* 等。

从“智库期刊群（1.0 版）”中文期刊与智库双螺旋法匹配度（图 3-12）可以看出，中文期刊与智库双螺旋法匹配度较高的体现在机理分析（M）、影响分析（I）、政策分析（P）。在机理分析（M）环节，匹配度较高的期刊是《系统工程理论与实践》《资源科学》《数量经济技术经济研究》等；在影响分析（I）环节，匹配度较高的期刊是《管理世界》《科学学与科学技术管理》《科研管理》等；在政策分析（P）环节，匹配度较高的期刊是《管理评论》《科研管理》《上海经济研究》等。

3.2.3.3 “智库期刊群（1.0 版）”与智库双螺旋法匹配度 Top10 期刊分析

基于“智库期刊群（1.0 版）”与智库双螺旋法的匹配度数值，可以选取匹配度 Top10 中英文期刊，绘制雷达图，进行匹配差异性分析。

从雷达图结果来看，在收集数据（D）（图 3-13）、综合研判（I）（图 3-15）、机理分析（M）（图 3-19）环节，中英文期刊与智库双螺旋法的匹配差异都比较大，雷达图呈不规则多边形。

在揭示信息（I）（图 3-14）、形成方案（S）（图 3-16）、政策分析（P）（图 3-17）、影响分析（I）（图 3-18）环节，Top10 英文期刊匹配比较均衡，中文期刊匹配差异较大。

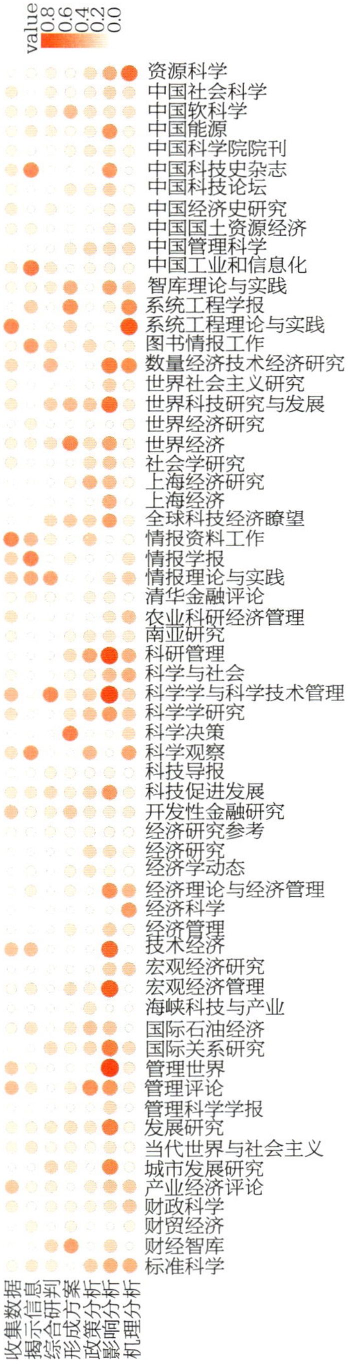

图3-12 “智库期刊群（1.0版）”中文期刊与智库双螺旋法匹配度全景分析

通过对“智库期刊群（1.0 版）”所有期刊与智库双螺旋法各个环节匹配度的分析发现，不同期刊结合自身研究领域或办刊目标等在不同环节上有所侧重。

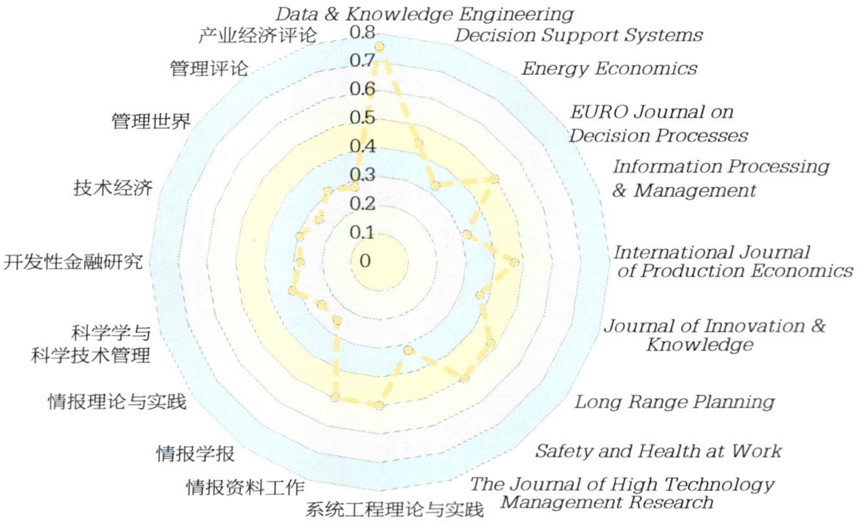

图3-13　在收集数据（D）环节中英文Top10期刊与智库双螺旋法匹配雷达图

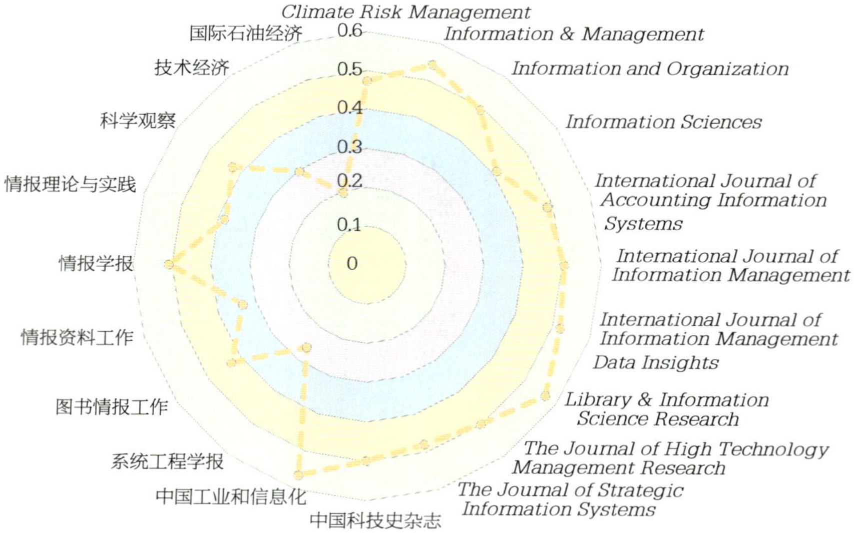

图3-14　在揭示信息（I）环节中英文Top10期刊与智库双螺旋法匹配雷达图

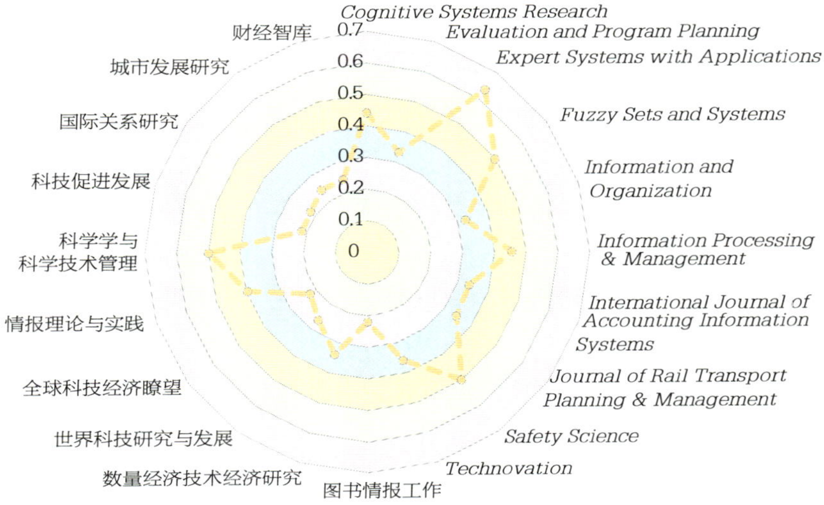

图3-15　在综合研判（I）环节中英文Top10期刊与智库双螺旋法匹配雷达图

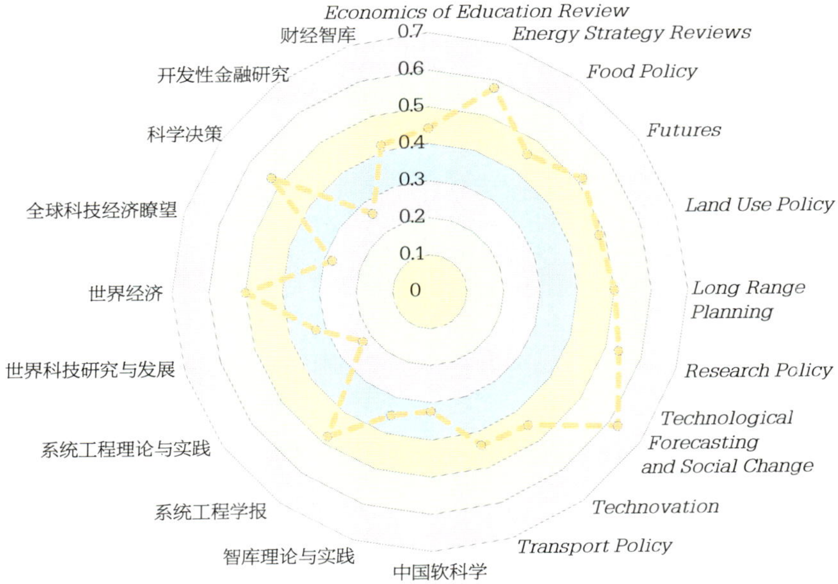

图3-16　在形成方案（S）环节中英文Top10期刊与智库双螺旋法匹配雷达图

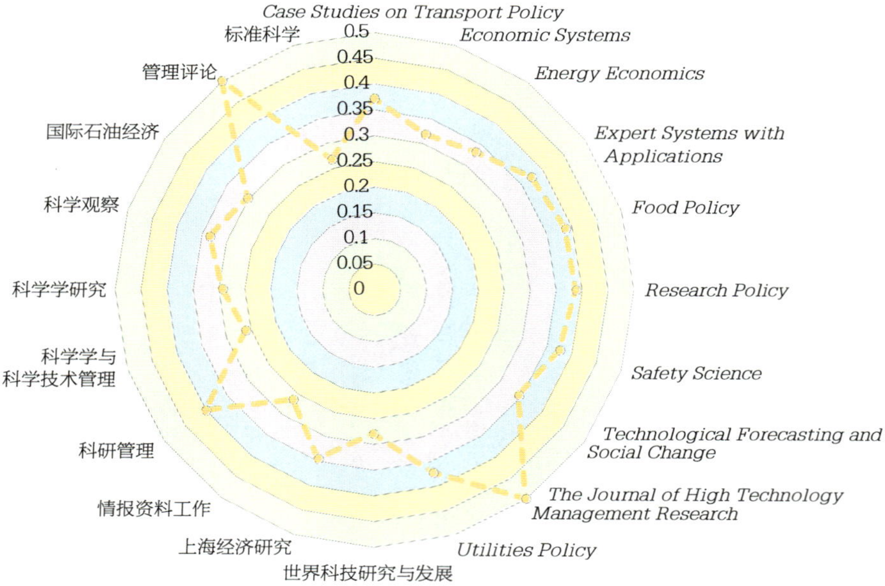

图3-17　在政策分析（P）环节中英文Top10期刊与智库双螺旋法匹配雷达图

图3-18　在影响分析（I）环节中英文Top10期刊与智库双螺旋法匹配雷达图

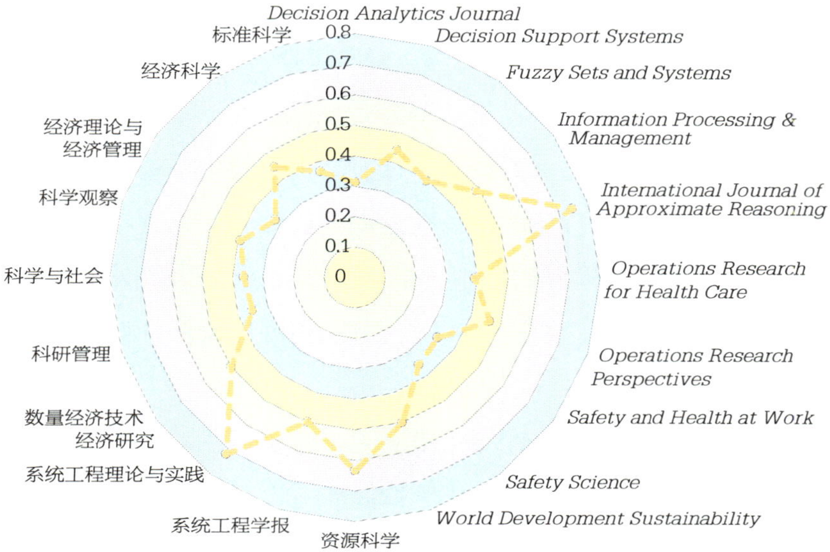

图3-19　机理分析（M）环节中英文Top10期刊与智库双螺旋法匹配雷达图

3.2.4　“智库期刊群（1.0 版）”的遴选结果验证

“智库期刊群（1.0 版）”从宏观角度“自上而下”进行遴选，期刊影响因子等评价类指标不作为遴选依据。本节分别应用爱思唯尔 Scopus 数据库和中国知网期刊政策影响力等，从微观角度“自下而上”进行验证。

3.2.4.1　“智库期刊群（1.0 版）”英文期刊验证

（1）爱思唯尔 Scopus 数据库介绍

爱思唯尔 Scopus 是一个覆盖面广、内容详尽的文献摘要和引文数据库，收录的文献均经同行评议，包括科学期刊、图书和会议论文集。Scopus 数据库使用不同类型的多元指标，从期刊、文献、研究者三个指标角度评估文章与期刊的影响力。

在期刊指标中，使用期刊的引用分、标准化影响系数、SCImago 期刊排名，以评估期刊的影响力。引用分以 4 年区间为基准来计算每种期刊的平均被引用次数，并提供期刊领域排名、期刊分区的相关信息，可以了解期刊在其领域的重要性和发展趋势。标准化影响系数是由荷兰莱顿大学Henk Moed教授提出，其根据某个主题领域的总引用次数给予引用权重，进而衡量上下文引用所造成的影响。该方法通过找出每篇论文中期刊引用的数目与主题领域内引用的可能性之间的比例，可以直接比较不同主题领域内的文献。SCImago 期刊排名利用 Google PageRank 算法，以 Scopus 数据库中包含的期刊为基础，对期刊的综合评价指标进行质量分析。

在文献指标中，使用领域权重引用影响力指数和 Plum Metrics，以评估文献的影响力。领域权重引用影响力指数是显示一篇文献与类似文献相比之下的引用频率，考虑的因素为出版年份、文件类型及与出处相关的学科。世界平均值为 1，高于 1 则表示文献表现优于世界水平。Plum Metrics 是一个新兴的文献评价指标，用于评估文献的关注度分享情况。Plum Metrics 不同于传统的影响因子（impact factor，IF）等指标，强调文献的社会化分享效能，利用主流媒体、学术社交媒体以及大众社交媒体的曝光程度来分析研究文献的媒体影响力。

在研究者指标中，使用 H-index 分析研究者的学术产出与学术影响力。H 代表高引用次数，H-index 通过对同一个研究者所发表的文章个数及每篇文章他引的次数不低于发表文章个数进行计算。例如，H-index 为 10，意味着该研究者发表了至少 10 篇论文，且每篇论文被引用了至少 10 次。H-index 能够比较准确地反映一个人的学术成就，一个研究者的 H 指数越高，表明其论文影响力越大。

（2）“智库期刊群（1.0 版）”英文期刊入选爱思唯尔 Scopus 数据库分析

“智库期刊群（1.0 版）”中 66 种英文期刊入选爱思唯尔 Scopus 数

据库的有61种，占期刊群英文期刊数量的92%。从一级学科分类统计来看（图3-20），占比排名前5位的分别是Business，Management and Accounting；Social Sciences；Decision Sciences；Computer Science和Economics，Econometrics and Finance，分类占比分别为20%、19%、19%、12%和11%。

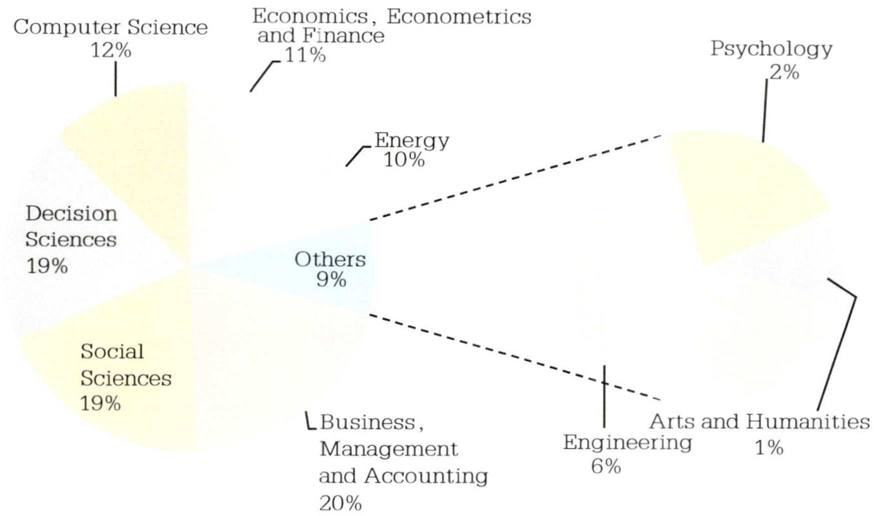

图3-20 入选爱思唯尔Scopus数据库期刊“一级学科”情况

从二级学科分类统计来看（图3-21），占比排名前10位的分别是Economics，Econometrics and Finance（General）；Decision Science（General）；Energy（General）；Artificial Intelligence；Strategy and Management；Management Science and Operations Research；Management Information Systems；Sociology and Political Science；Information Systems and Management；Geography，Planning and Development。

图3-21　入选爱思唯尔Scopus数据库期刊“二级学科”情况

3.2.4.2 “智库期刊群（1.0 版）”中文期刊验证

（1）中国知网“期刊政策影响力”介绍

中国知网提出的“期刊政策影响力”是指期刊以具有思想性、前瞻性、独创性、知识性的成果内容为政策制定者、实施者、参与者等提供相关支撑信息，在政策的制定、传播和实施过程中，影响受众的思想、决策、行为的能力和作用。“期刊政策影响力”内涵包括政策研究力、政策传播力和决策影响力三个维度：政策研究力指政策发布前，期刊刊载的相关前瞻性研究内容获得党和政府决策主体或智库等决策参与者关注，并引发其思考、甚至影响决策行为的潜在能力；政策传播力指期刊刊载的相关研究成果体现出对已出台政策的宣传报道、解读评论、舆论引导的传播能力；决策影响力指期刊吸引政策制定者、政策实施者、政策参与者发表观点、引用期刊文章内容，传播决策层思考、见解或为决策层提供决策思维的能力。

（2）“智库期刊群（1.0 版）”中文期刊入选中国知网“期刊政策影响力”分析

“智库期刊群（1.0 版）”62 种中文期刊入选中国知网“期刊政策影响力”的有 61 种，入选比例为期刊群中文期刊数量的 98%。从“期刊政策影响力”得分的分区情况来看（图 3-22），进入 Q1 分区的比例约为 67%，进入 Q2

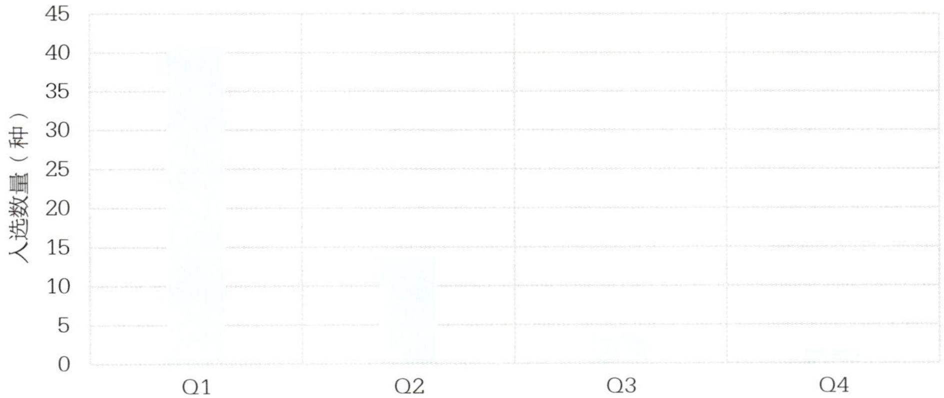

图3-22　中国知网“期刊政策影响力”得分分区情况

分区的比例约为23%。从入选“期刊政策影响力”的主题分布来看（图3-23），主要集中在经济、综合及文化领域，占比分别约为69%、13%和10%。

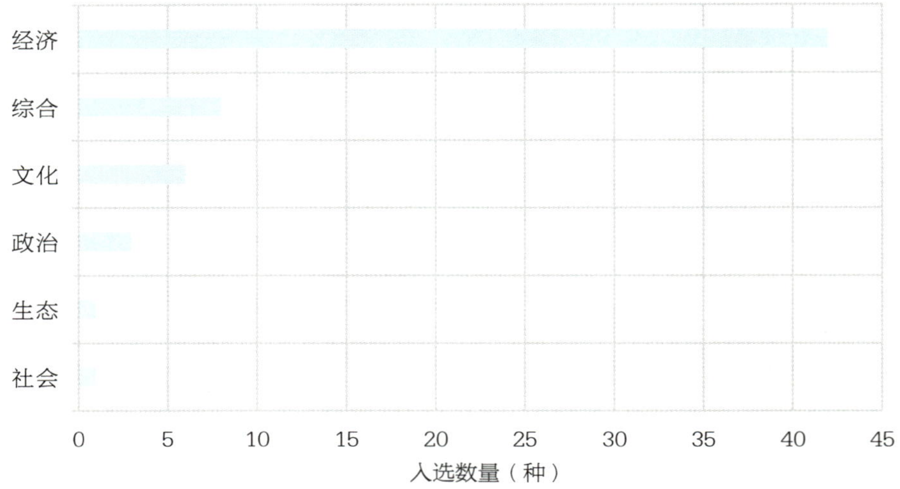

图3-23　中国知网“期刊政策影响力”主题分布情况

3.2.5　小结

3.2.5.1　“智库期刊群（1.0版）”发布的社会影响

“智库期刊群（1.0版）”发布后在社会上产生了广泛影响，媒体竞相报道。

1）主流媒体积极报道“《智库期刊群（1.0版）》发布暨研讨会召开”信息，并高度评价“智库期刊群”的学术价值。《中国网》发表《〈智库期刊群（1.0版）〉发布 寻学术之根筑科学之基》文章，称“‘智库期刊群（1.0版）发布暨研讨会’旨在促进我国智库研究的科学化发展和智库研究共同体的形成”。《中国日报网》《科学网》《光明日报》等报道了智库双螺旋法及智库期刊群遴选工作，称“《智库期刊群（1.0版）》的发布，用智库双螺旋法找到智库研究学术方向，形成智库期刊群，将以智库期刊群凝聚学术共同体，促进智库科学化发展”。

2）多家科技类媒体刊文评价“智库期刊群”将促进智库科学化发展，

破除“经验式、偏学术”的智库研究局限。《科技日报》等报道称“智库双螺旋法是推动智库科学化发展的奠基性工作”，基于智库双螺旋法的“《智库期刊群（1.0 版）》的发布，对以智库期刊群凝聚学术共同体，促进智库科学化发展意义重大”。

3）入选“智库期刊群（1.0 版）”的期刊也纷纷宣介其在智库研究的学术影响力和领域竞争力等。例如，《清华金融评论》撰文称其为“金融领域”两种入选期刊之一；《产业经济评论》称其为“经济领域”22 种入选刊物之一。

3.2.5.2 “智库期刊群（1.0 版）”研究的学术价值

期刊作为主要学术成果载体，对于建立智库学术共同体，推动智库科学化发展具有重要意义。

1）建立智库学术共同体，引导“智库期刊群（1.0 版）”入选期刊重视智库研究成果。以“智库期刊群（1.0 版）”遴选为切入点，体现了“寻智库学术之根，筑智库科学之基”的学术价值。依托“智库期刊群”研究，可以构建会聚国家科研机构、高等院校、国家决策部门研究机构、国家一级学会等的“智库学术共同体”。这些机构和组织大部分已经是智库单位或有决策部门背景。借助智库双螺旋法可以进一步界定智库成果属性和成果受众，引导期刊重视发布智库成果，形成与决策效能之间的正向反馈。

2）推动智库学者构建从学术理论研究到智库决策研究的创新链。智库研究既需要以扎实的学术研究为基础，也需要面向决策实践，形成贯通理论到实证再到政策的创新链，及时发表源于智库研究的学术成果。“智库期刊群（1.0 版）”入选期刊借由该平台，可以面向期刊联系的广大学者完善征稿、荐稿等机制。智库研究成果基于 MIPS 逻辑层次法在内涵上打通从学术性的机理分析到影响分析、政策分析再到解决方案的创新链；基于 DIIS 过程融合法从研究过程上打通理论研究与基于数据和专家判断的实证研究，从而形成从理论到实证再到解决方案的创新链。

3.2.5.3 智库期刊群研究的未来展望

目前对“智库期刊群（1.0 版）”的研究以期刊为载体，这只是智库成果发表的一种形式。研究报告、咨询建议等也是智库研究成果的主要形式，未来可将重要智库单位的研究报告纳入遴选范畴，填补智库成果的学术和决策鸿沟，从而提升智库研究公信力和凝聚力。此外，未来应依托智库期刊群研究，系统分析国内外对智库单位的评价导向，及时跟踪全球智库研究前沿，不断深化智库双螺旋法理论与实践，建立智库双螺旋法动态迭代更新机制等，定期发布“智库期刊群”研究成果，推动我国智库科学化发展。

3.3 为智库学科建设提供思路和方向

中央高度重视高端智库建设。2015 年 1 月，中共中央办公厅、国务院办公厅印发了《关于加强中国特色新型智库建设的意见》，指出要切实加强中国特色新型智库建设，充分发挥智库在治国理政中的重要作用。2017 年 2 月，中央全面深化改革领导小组第三十二次会议审议通过了《国家科技决策咨询制度建设方案》，明确我国将建立科技决策最高智库。2017 年 10 月，习近平总书记在党的十九大报告中明确指出，“要加强中国特色新型智库建设”。为深入贯彻党中央精神，2015 年 12 月，国家高端智库建设试点工作启动会议指出，要精心组织高端智库建设试点工作。中国科学院被确定为党中央、国务院、中央军委直属的首批 25 家高端智库建设试点单位，并明确试点的重点任务是建设中国科学院科技战略咨询研究院。可以看出，高端智库建设已上升到国家战略高度，是国家治理体系和治理能力现代化的制度性安排，迫切需要智库通过科学的理论方法体系洞悉未来科技发展趋势，提供前瞻咨询建议和系统解决方案，推进我国科技创新驱动发展。

总体来看，智库已成为国家治理体系和治理能力现代化的制度安排，迫切需要理论方法创新，迫切需要智库专业人才培养。2022 年，中国科学院科技战略咨询研究院获教育部批准设立“高端科技智库人才培养”专项，成为国内首个设置智库理论与方法专业的研究机构。同时，中国科学院大学公共政策与管理学院将“智库理论与方法”特色方向纳入公共管理课程体系。这些人才培养举措开创了国内科研院所和高等院校智库学科建设的先河。

3.3.1 实践案例：中国科学院大学公共政策与管理学院设置智库理论与方法方向课程

综观科技发达国家高等院校课程体系的设置，一般分为以下五类课程：基础课、专业课、方法课、实践课（跨学科课程）以及案例课。高等院校院系围绕以上五类课程，设计部署相应的课程体系。借鉴国际先进经验，从智库人才培养的特点出发，智库理论与方法方向课程基本分类如下。

（1）基础课

重在教授智库理论与方法的相关知识基础。从系统科学、决策科学、科学学和逻辑学以及智库在国家决策体系中的定位和功能等角度设计课程，体现智库理论与方法的多学科交叉融合的知识基础和特性。相关知识基础包括系统科学、决策科学、战略管理、运筹学、政策科学、科学学、逻辑学以及国内外关于智库本身的研究和讨论。

（2）专业课

围绕 DIIS 过程融合法和 MIPS 逻辑层次法，从智库理论方法的专业角度系统阐释智库双螺旋法的知识框架。相关知识基础包括《智库 DIIS 理论方法》和《智库双螺旋法理论》等。

（3）方法课

基于智库双螺旋法“四层模型”中的方法集工具箱层，教授代表性的智库方法工具。例如，智库方法的演进与分类、定性研究方法、定量研究方法等。相关知识基础包括《智库 DIIS 理论方法》和《智库双螺旋法理论》的方法工具相关章节。

（4）实践课

基于智库双螺旋法，围绕中国科学院科技战略咨询研究院若干重点研究主题或课题，教授智库双螺旋法在多领域多主题上的应用和实践。例如，科技前瞻双螺旋法、科技评估双螺旋法等。相关知识基础包括《智库 DIIS 理论方法》中的主题研究部分和《智库双螺旋法应用》等。

（5）案例课

遴选若干有代表性的国际知名智库，深入解剖其创新活动组织、研究流程和方法体系、质量保障体系等，教授国际知名智库的实践，与研究生展开讨论从而学习国际知名智库的具体实践。相关知识基础包括代表性的国际知名智库案例的实践调研。

3.3.2 与中国科学院大学课程体系框架的衔接

根据国际通行的五类课程以及中国科学院大学相关要求，智库理论与方法方向课程体系设置如下。

智库理论与方法方向博士研究生培养目标：在智库研究领域，围绕关键科学问题深入开展学术研究、发展新的智库方法工具、培养专业型人才。博士研究生课程体系设置如表 3-4 所示。

智库理论与方法方向硕士研究生培养目标：在智库研究领域，深入学习智库研究基本范式和相关研究方法，围绕智库关键科学问题展开学术研究和实践活动，培养复合型人才。硕士研究生课程体系设置如表 3-5 所示。

表3-4　博士研究生课程体系设置

课程类别	课程名称	已有 / 新设	学时 / 学分
学科核心课	智库双螺旋法	新设	60/3
智库理论与方法方向专业核心课	智库 DIIS 理论方法（II）	新设	40/2
	政策模拟方法	新设	40/2
智库理论与方法方向专业课	系统不确定性分析方法	新设	40/2
	大数据驱动的决策分析	新设	40/2
	科技战略与规划方法	新设	40/2
	社会计算与治理	新设	40/2
	博弈论	新设	40/2
智库理论与方法方向研讨课	科学前瞻与技术预见方法前沿	新设	20/1
	智库研究能力	新设	20/1

表3-5　硕士研究生课程体系设置

课程类别	课程名称	已有 / 新设	学时 / 学分
学科核心课	系统工程理论与应用	新设	60/3
智库理论与方法方向专业核心课	智库 DIIS 理论方法（I）	新设	40/2
	智库双螺旋法导论	新设	40/2
智库理论与方法方向专业课	情景分析方法	新设	40/2
	循证科学方法	新设	40/2
	智能决策系统	新设	40/2
	社会网络分析	新设	40/2
	区域规划方法	新设	40/2
智库理论与方法方向研讨课	智库问题解析方法与实践	新设	20/1
	专家组织与决策支持方法前沿	新设	20/1
	智库情报工具方法前沿	新设	20/1
	智库研究方法前沿	新设	20/1

3.4 小结

智库双螺旋法是以智库研究为对象，基于大量的智库研究实例和智库研究组织经验，通过不断归纳和演绎，在智库研究范式上的创新，从而在理论和方法上有效帮助智库面对复杂的研究问题，构建多元化的研究团队，发挥多重性影响作用。智库双螺旋法具有深刻的理论意义和价值，同时也兼备实践作用和影响，能够推动实现智库研究的“六个转变”；构建智库研究的学术基础，阐明与已有知识体系学科之间的链接；为智库的人才培养和学科化建设提供思路和方向，为智库研究提供从理论到方法的范式创新。

智库作为现代社会知识生产和实践的新型主体，既需要承担基于学科领域的专业研究工作，也需要开展基于问题研究和专家智慧的综合集成工作，更需要具有系统性、工程性的组织管理工作，其本身就是一门需要不断学习的大学问。随着智库研究问题的尺度、涉及领域的跨度、前瞻方向的远度和洞悉发展的深度不断拓展，会聚的实证科学、政策科学和新兴科学的种类日渐繁多。只有不断探究智库研究规律，发展新的智库理论方法，构建智库研究范式，以高水平的学术研究及科学的方法工具支撑智库研究，才能形成有创新性和科学性的智库成果。

第2篇

智库

双螺旋法

关键问题

“十个关键问题”不仅是智库双螺旋法在实践运用过程中所需要重点考虑和克服的关键复杂问题，也是智库研究面临的重要难题。本篇将剥丝抽茧，做进一步阐述。

智库双螺旋法的“十个关键问题”研究存在两条路径。一方面，在运用智库双螺旋法解决具体智库问题的过程中，如何将各关键问题嵌入到其所涉及的主要环节和侧重的时空域，在总论中对此已有阐述；另一方面，智库双螺旋法能够牵引、带动、丰富、发展“十个关键问题”中那些已经具备良好的研究基础和广泛应用的方法，如情景分析法、不确定性分析等。本篇力图结合两条路径对“十个关键问题”进行初步探索和有益尝试，既运用领域研究经验对各关键问题进行已有方法的介绍、应用流程的开发，也运用智库双螺旋法牵引相关方法研究，企及在认识论和方法论层面有更深入的思考。

理论方法的研究是认识不断凝练、深化、升华的过程，是极具艰巨性和开拓性的创新工作。值得指出的是，“十个关键问题”是十个重要研究方向，其研究需要相关学科学术研究的积累与源于智库问题的学术创新相生相长、融合会聚，形成智库科学与工程的研究分支领域和方向，从而推动智库研究走向科学化，未来这需要智库界和学界共同努力探索。

第4章　智库问题的解析

面对复杂的智库问题，尤其是国家重大需求问题，如何正确地解析问题，对提出科学有效的问题解决方案具有重要意义。智库双螺旋法中的关键问题之一是需要从“解析—融合—还原”的过程对智库问题进行解析，将其分解为一系列子问题，然后结合各类知识对子问题进行融合研究，最后进行综合还原，提出解决问题的方案。在解决问题的过程中，解析问题是开启任务的第一步，也是关键的一步。本章内容就智库问题的解析展开讨论，在智库双螺旋法框架下，提出解析问题的四个步骤（定义问题—描述问题—构建框架—形成子问题集），拟提供一套切实可行的解析问题的方法，并以科技规划理论与实践问题研究为案例进行分析。

解析问题的目标是将一个复杂的问题分解为子问题，形成子问题集。解析问题可以分为界定问题和分解问题两个层面，其中，界定问题又可以分为定义问题、描述问题两个步骤；分解问题又可以分为构建框架、形成子问题集两个步骤。如图 4-1 所示。

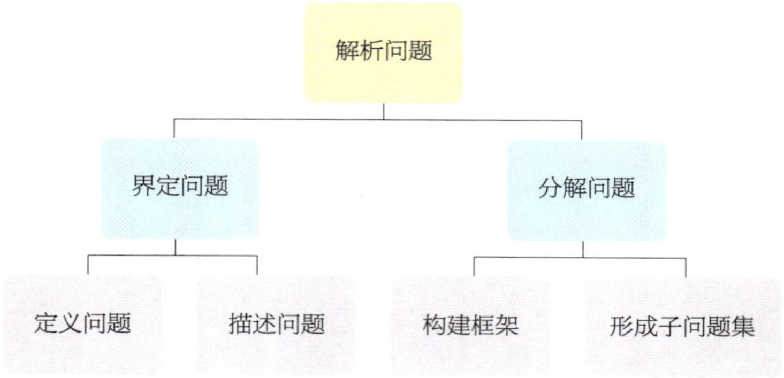

图4-1　解析问题的步骤

4.1 定义问题

解析问题的第一步是定义问题，定义问题的关键是要保证参与解决问题的各方对问题有一致的理解。需要对问题中涉及的主题词进行概念化处理，明确概念的内涵及边界，并提出相关的关键词辅助理解。如果说解析问题是要将一个宏大的议题拆解为若干部分，进行模块化处理，那么问题中的主题词就是这些模块中的最小单元，相当于建筑中的砖块。将主题词概念化，就是将这些砖块标准化，标准化的概念再组合成模块，为准确解析问题奠定基础，通常是一个问题研究的起点。尤其是对于复杂的问题而言，其涉及的主题词较多，范围较广，后期参与问题研究的人员背景多样，因此，更有必要将主题词概念化，确保决策者及其他参与问题研究人员理解一致，不至于得出无关答案，甚至是有误导效果的答案。

首先要做的是定义概念，对于定义相对来说已经明确的名词术语，也要重新申明其含义。对于本来就比较模糊或者没有达成统一认识的主题词，则应该在研究的初始阶段确定其内涵，明确其边界。对于一个词语，每个人各有自己的理解，这就是所谓的观念（conception），即便有约定俗成的理解，也就是大家的观念有一定的趋同性，但往往也是模糊的，会有细微的差异。而在一个问题的解决过程中，即便是最细微的差异，也可能导致结果出现偏差。因此，要让所有参与者对问题主题词的理解达成共识，形成概念（concept），这个达成共识的过程，就是概念化（conceptualization）的过程（巴比，2009）。相对于观念来说，概念具有明确性和共识性的特征。定义概念除了要明确概念的内涵之外，还要从不同维度、不同方面确定概念的边界，用概念化的方式，将所要研究和解决的问题框定在一定的范围之内，尽量避免得出无关答案。另外，列举关键词也是定义问题的主要工作，围绕问题尽量穷尽列举所有可能关键词，对每一个关键词进行概念化处理之后，再剔除非关键词，在相似的关键词中，保留最能精准表达问题的关键词，保留下来的关键词组，构成问题主题词的注脚，从而加强相关研究人员对问题的理解和判断。

在定义问题阶段，可以用到的方法大致分为以收集、处理和分析资料为主的方法以及以专家判断为主的方法。①收集、处理和分析资料可以用到的方法包括资料采集方法、文献调研方法、文献计量法、文本内容分析方法等。具体应用过程为：收集分析和解释主题词的相关资料，将相关资料整理为便于统计和处理的形式，对得到的信息进行分析。②利用专家判断的方法包括头脑风暴法和德尔菲法等。具体的应用过程为：完整记录专家发言，将记录转化为便于统计和处理的形式，对相关信息进行分析。向相关专家发放问卷，整理出结果再反馈给专家，直到得到专家确认的结果。最后，整合两种方法的分析结果，得出最终结论。需要指出的是，在定义问题阶段，需要更多智库专家而不是学科专家的参与，或者说，至少应由智库专家主导这个阶段，并得出定义问题的最终结论。定义问题阶段的主要任务、研究方法和主导专家如表 4-1 所示。

表4-1　定义问题阶段的主要任务、研究方法和主导专家

主要任务	研究方法	主导专家
收集、处理和分析资料	资料采集方法、文献调研方法、文献计量法、文本内容分析方法	学科专家
得出定义问题的结论	头脑风暴法、德尔菲法	智库专家

本章所称学科专家是指专注于某一学科领域研究的科研人员，对本领域的研究现状和未来发展趋势有一定的把握。管理专家是专注于研究科研管理规律的科研人员。政策专家是专注于政策研究和参与制定的专家。智库专家是具有前瞻性、洞察力、组织力、集成力、多学科背景，注重问题导向与智

库问题解决的特殊政策参与者（潘教峰，2020）。

4.2 描述问题

描述问题与定义问题一样，其目的都是为了准确理解问题，为最终正确解析问题奠定基础。按照战略思维的指导，在研究一个问题之前，首先应该明白为什么要研究这个问题，而不是一头扎进具体的问题研究中。从某种意义上讲，回答为什么要研究这个问题比问题本身更加重要。这决定了在后续的研究中，是否能够坚持目标导向；并且，了解研究这个问题的原因以及所要达成的核心目标，有助于在研究过程中不断纠正偏差，保证研究围绕核心的目标进行。

描述问题是从战略思维的角度出发，回答关于“问题”的问题。如果说定义问题是为了明确问题，那对问题的描述则更多是为了理解问题。描述问题主要包括提出这个问题的原因、研究这个问题的背景及现状，以及研究这个问题的影响因素等方面的内容。

在描述问题阶段需要回答为什么要研究这个“问题”的问题，需要挖掘出专家头脑中的隐性知识，用到专家判断的结果，可以选用的方法包括头脑风暴法和德尔菲法等。头脑风暴法需要将专家聚集到一起，在讨论开始之前，明确告知其讨论的主题，实施此方法的重点在于营造轻松自由的讨论氛围，组织者或者主持人一般不发表见解。德尔菲法是收集专家意见的重要方法，能有效避免专家面对面研讨而对彼此意见产生的影响，是头脑风暴法的有益补充。应用德尔菲法的具体步骤是将明确的问题制作成调查问卷征询专家意见，收集意见后汇总，将结果再次反馈给专家，如此多轮调查，直至得到相对客观完备的调查结论。

描述问题有很多可以借助的工具和方法。世界上很多咨询公司和优秀企业开发过有助于描述问题的工具方法，但这些工具和方法最初的设计是针对企业决策。在科学研究和决策领域，可以选择性吸收借鉴这些方法。描述问题阶段适用于界定问题的 SMART 原则和 SWOT 分析方法，同时配合专家研讨，以回答与这个问题相关的原因、现状、影响因素等方面的问题。

SMART 原则主要是指：具体性原则（specific）、可衡量原则（measurable）、可实施原则（action-oriented）、相关性原则（relevant）、时限性原则（time-bound）（周国元，2021）。在 SMART 原则的指导下，描述一个问题主要包含以下方面的内容：背景、成功标准、边界、限制条件、责任人及相关人员和资源。SWOT 分析应用了系统分析的思想，按照矩阵形式，匹配分析多种因素。分析的主要选项包括优势（strength）、劣势（weakness）、机会（opportunity）、威胁（threat）。在描述科学研究问题时，SWOT 分析更适用于协助分析该问题研究面临的内外部环境，也就是背景分析。应用 SWOT 分析问题所处的内部环境方面的优势，主要是指现有的研究基础、可调用的资源；劣势主要是指内部有哪些限制条件。外部环境方面的机会主要包括有哪些可以借鉴的成果、哪些创新空白点；面临的威胁主要是指外部有哪些限制条件。去掉已经用 SWOT 分析过的背景等内容，应用 SMART 原则描述该问题的其他相关因素，主要包括现状概述、衡量标准、问题边界、责任人及相关人员。

此外，在背景分析阶段，还可以选用技术路线图方法、情景分析法等。技术路线图是一种结构化的管理和规划方法，可以清晰呈现问题的背景和现状，供相关决策人员参考。同样地，情景分析法适用于在问题明确的情况下，列出问题的主要影响因素，对其进行组合，描述未来的可能场景，为执行描述问题任务的相关人员提供决策支持。需要指出的是，描述问题阶段的三个主要任务应分别由智库专家、政策专家和学科专家来主导。描述问题阶段的主要任务、研究方法和主导专家如表 4-2 所示。

表4-2　描述问题阶段的主要任务、研究方法和主导专家

主要任务	研究方法	主导专家
回答为什么要研究这个问题	头脑风暴法、德尔菲法等	智库专家、政策专家
背景分析	SWOT 分析、技术路线图方法、情景分析法等	政策专家、学科专家
影响因素分析	SMART 原则	学科专家

4.3　构建框架

构建逻辑框架是解析问题的关键步骤，在界定问题的基础上，构建问题框架，再以框架为指导，形成子问题集。因此，构建框架实际上是解析问题过程中承上启下的步骤。

构建框架就是在系统思想的指导下，按照一定的逻辑关系对总问题进行分解，以达到最终合理解析问题的目标。构建框架需要遵循一定的原则，即目标导向原则、全面性原则、逻辑性原则。①目标导向原则是指在构建框架的过程中，要始终以定义问题和描述问题的分析结论为基础，不能偏离问题的主旨。虽然本章主要聚焦在问题解析阶段，但最终的目的仍是为解决问题服务，而非为了解析问题而解析。②全面性原则与目标导向原则是相对的，构建框架既不能偏离问题的中心，同时也不能遗漏问题的关键要素。解析问题过程的最后一步是形成清晰可解的子问题集，但这一步是建立在构建框架的基础之上的。如在构建框架阶段没有列举的要素，就不会出现在子问题集中，这样就会导致整个问题解决方案的遗漏。③逻辑性原则是指构建框架要以一定的逻辑关系为依据，列举与总问题相关的要素。厘清要素之间的关系，可以使问题解析更加清晰，对子问题的形成至关重要。

系统论的思想认为，一个系统内的各个要素是相互联系、相互作用的。这些联系和作用的方式，会直接影响整个系统的功能。在系统思想的指导下，

构建框架将是问题解析的重要一步，其主要任务是在模块之间建立关联。在运筹学和控制论等融入了系统思想的领域，系统论的核心是使用统计学方法和数学方法对各要素之间的关系进行准确建模，通过大量的模型对系统进行描绘（魏宏森和王伟，1993）。系统论的方法被广泛应用于科学研究与社会管理的各个领域。区别于更适用于解决计算机等自然科学与工程领域的硬系统方法论，有学者提出了更适用于人类活动系统中的管理与社会问题的软系统方法论。根据软系统方法论，将问题的分析和解决过程分为七个步骤，即分析复杂系统、描述复杂系统、建立系统活动的根定义、根据定义建模、比较理论模型与现实活动、系统期望与现实可行的统一、采取行动改善（杨建梅，1994）。

本章主要聚焦在问题解析，相应地，软系统方法论中的第三个步骤——建立系统活动的根定义能为问题解析的构建框架步骤提供指导，旨在更好地理解子问题，以及子问题与总问题、子问题之间的逻辑关系。在软系统方法论中，建立系统活动的根定义阶段主要涉及六个要素，用来保证根定义逻辑上的完整性、严谨性。研究者将六个要素概括为CATWOE：C指顾客（customer），即系统的受益人，也就是提出解决问题需求的委托方；A是执行者（actor），是解析和分配问题的受托方；T是指转变过程（transformation process），是系统的变化过程；W是指世界观（weltanschauung），指系统活动所具有的价值和伦理意义；O是指所有者（owner），即有权决定系统开关的人；E是指环境限制（environmental constraints），即来自上一级系统的制约。在建立子问题与总问题、子问题之间的逻辑关系阶段可以借用CATWOE分析。

在构建框架阶段，主要需要提取专家的意见，并加以分析汇总。因此，仍然需要沿用专家判断的方法，具体可选用研讨会方法、头脑风暴法或者德尔菲法，三种方法可以互为补充。研讨会方法的主要特征是主题明确，专家能够在做好充足准备的前提下，全面系统地阐释自己的观点。头脑风暴法应用时气氛相对轻松，专家可以互相讨论，激发彼此的灵感，产生更多具有创新性的想法。德尔菲法则通过数轮收集和反馈意见的过程征集专家意见，得到更加成熟、具体的专家观点。本阶段具体分析的主导专家为学科专家；构建总框架的主导专家为智库专家，层级框架的主导专家可以是学科专家。构建框架阶段的主要任务、研究方法和主导专家如表 4-3 所示。

表4-3　构建框架阶段的主要任务、研究方法和主导专家

主要任务	研究方法	主导专家
厘清逻辑关系	CATWOE 方法	学科专家
完成框架构建	研讨会方法、头脑风暴法、德尔菲法	智库专家、学科专家

4.4　形成子问题集

问题解析的第四个步骤是在框架的基础上形成子问题集。所谓子问题集，就是由某一层框架下不可再分的子问题形成的集合。在框架的基础上，根据问题的复杂程度，对子问题持续分解，直至将问题分解成独立的、便于求解的问题为止（周国元，2021）。形成子问题集是解析问题的最后一步，清晰、可操作的子问题集有助于在后续的问题解决阶段，对问题解决方案中的子任务进行分配，从而各个击破，最终达到解决总问题的目的。同时，对问题进行分解之后，更有助于识别出其中的核心任务，确定任务的优先次序，从而集中优势资源，提高解决问题的效率。

分解问题需要遵循一定的原则，即独立性原则、粒度适中原则、优先级原则（蔡力钢和李培根，1998）。问题集中的子问题之间应该相对独立，减少交叉和相互依赖的情况。问题分解的粒度适中是指最小层级的子问题应结

合目标的复杂程度和可用资源统筹考虑，兼顾降低问题复杂度和便于任务的分配、控制和管理。子问题集形成之后，应能从中确定核心问题，确定不同子问题研究的重要程度和研究的优先次序。

在对问题进行分解时，可以应用两种方法：①MECE（mutually exclusive collectively exhaustive）方法。遵循“相互独立、完全穷尽”的原则。虽然，在面对一个复杂的现实问题时，很难做到子问题之间的完全独立和穷尽，但是，至少应保证子问题中的核心概念是独立的，问题中的所有元素都在子问题中有所体现。对这个原则执行得越好，就越有利于后续研究问题任务的分配，最终也越有利于问题的解决。②逻辑树分析法。逻辑树分析法是展示问题的不同层次的常用方法。分解问题阶段，在逻辑树分析法的指导下，一个总问题下生发出多个子问题，子问题下面又可以生出子问题，所有子问题折叠回去，就能回到最初的总问题，实现问题的还原。逻辑树分析法有助于保证分解问题的全面性以及子问题之间的关联性，最后形成的逻辑树能够相对清晰地展现出总问题的逻辑框架。

确定子问题的优先级也是分解问题阶段的重要任务。确定优先级可以选用矩阵分析方法，或者其他排序的方法。以矩阵分析方法为例，需要确定研究问题重要性的两个维度（如基础性、源头性和对总目标完成的影响程度，替代方案难易程度），按重要程度划分为四个象限，将所有子问题标注到象限图中，最终确认问题的优先级次序。除了应用矩阵分析方法，落在统一矩阵范围内的问题，想要确定其相对优先次序，可以选用对比分析方法。应用对比分析方法，将两个需要比较的子问题放在同一维度内，从设定的因素出发，通过对相应的指标数据进行比较，进而确定其相对的优先次序。需要指出的是，在分解问题阶段，学科专家和管理专家在分解问题时发挥主导作用；智库专家和政策专家在确定问题优先级时发挥主导作用。形成子问题集阶段的主要任务、研究方法和主导专家如表 4-4 所示。

表4-4　形成子问题集阶段的主要任务、研究方法和主导专家

主要任务	研究方法	主导专家
完成分解问题	MECE、逻辑树分析法	学科专家、管理专家
确定优先级	矩阵分析方法、对比分析方法	智库专家、政策专家

4.5　案例分析

科技规划理论与实践问题研究是一个复杂的问题，涉及的范围广，需要的专家多。本章中解析问题的步骤与方法适用于这个问题的解析，并在科技规划理论与实践研究的启动阶段发挥了很大作用。本案例将聚焦于如何将“定义问题—描述问题—构建框架—形成子问题集”四个步骤及每个步骤相对应的方法与专家应用于科技规划理论与实践问题的解析当中。

1）定义问题阶段。科技规划理论与实践问题解析的第一步是定义问题。在对该问题的研究中，最关键的问题是“科技规划”这个主题词的概念定义。本阶段的研究工作由文献计量领域和科技政策研究领域的专家主导。在文献及其他资料的收集整理与分析基础上，由智库专家综合分析结果并判断，最终确认“科技规划”这个概念的定义——一个国家（或地区）根据现实情况及预期目标，为本国（本地区）科学技术发展和相关问题制定的指导性纲领，据此实施并进行评估的动态政策过程（杨国梁，2020）。同时，运用头脑风暴法，组织智库专家研讨，确定科技规划理论与实践问题研究的边界和范畴。

2）描述问题阶段。智库专家和政策专家在这个阶段回答科技规划理论与实践问题研究的必要性问题。科技规划对一个国家的发展至关重要，曾在快速提高我国科学技术发展的规模和水平上发挥了主导作用。我国科技规划在理论积累和实践发展方面有一定基础，但缺乏系统梳理与研究，因此系统研究科技规划的理论方法与最新实践案例是我国发展的现实需求。明确研究问题的必要性是问题研究开始的前提。明确研究问题的必要性之后，应用 SWOT 分析方

法组织政策专家和学科专家做背景和影响因素分析。该问题研究在内部环境方面的优势（strength）主要表现为：研究的主导与组织者作为智库专家，已有一定的研究基础。该问题研究在内部环境方面的劣势（weakness）主要表现为：专家选择的不确定性以及学术水平和知识层面的不足。该问题研究在外部环境方面的机会（opportunity）主要表现为：科技规划方面的已有理论以及实践案例研究成果丰富，但按照流程系统梳理科技规划理论与实践问题研究并配合最新案例讲解是该研究方向的一个空白点。该问题研究面临的外部限制条件（threat）主要表现为：一些内部资料和灰色文献的获取存在一定困难。

3）构建框架阶段。明确科技规划理论与实践问题研究的主要任务，并据此构建框架。其中，构建研究问题总框架的主导专家为智库专家，层级框架的主导专家是学科专家。科技规划理论与实践问题研究的主要任务包括科技规划流程的确定、各个流程的相关理论与方法研究、实践案例的选取。根据以上任务安排，构建科技规划理论与实践问题研究框架，如图 4-2 所示。

4）形成子问题集阶段。依据框架收集学科专家意见，采用逻辑树分析等研究方法对问题进行细分，形成子问题集，具体如图 4-3 所示。此外，确定优先级也是这一阶段的主要任务之一。在智库专家和政策专家的主导下，采用矩阵分析方法和对比分析方法等，确定科技规划编制框架下的子问题“优先资助领域遴选”为重点和优先解决的问题。

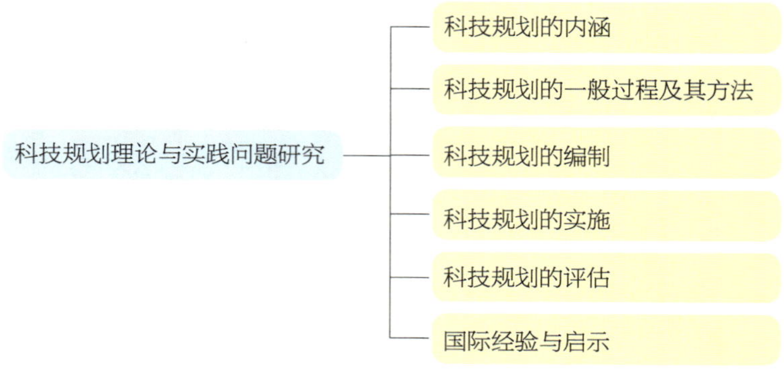

图4-2　科技规划理论与实践问题研究框架

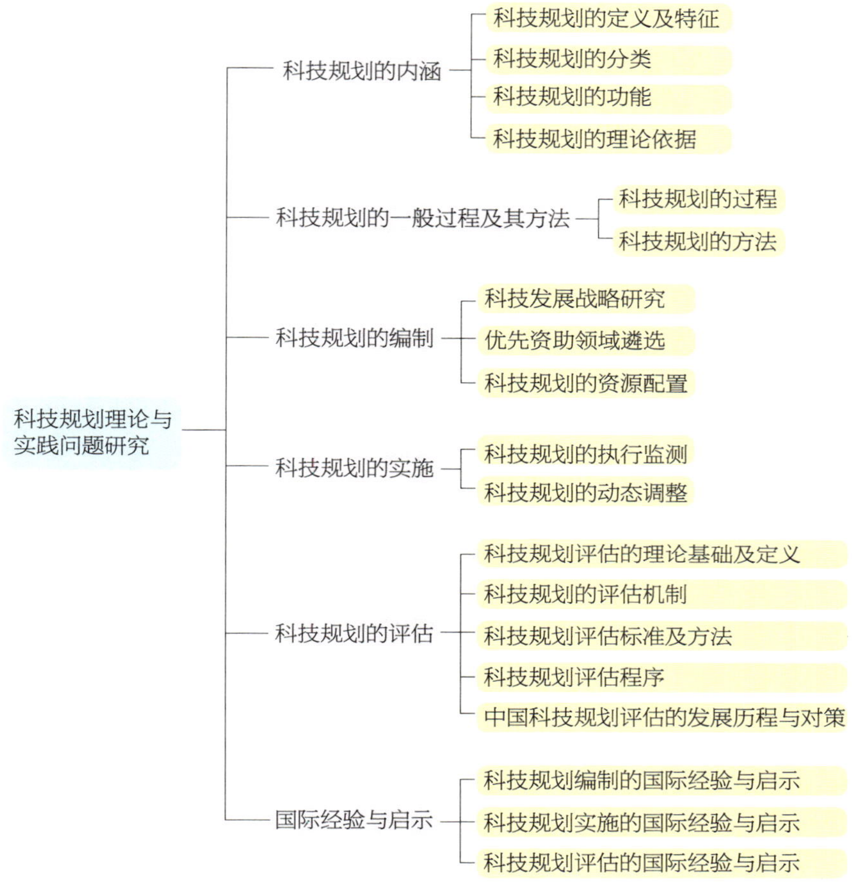

图4-3　科技规划理论与实践问题研究子问题集

4.6　小结

由以上分析可以看出，解析问题的四个步骤为“定义问题—描述问题—构建框架—形成子问题集”。其中定义问题阶段的主要任务是收集、处理和分析资料以及得出定义问题的结论。完成收集、处理和分析资料任务所采用的研究方法为资料采集方法、文献调研方法、文献计量法、文本内容分析方法等，主导专家为学科专家。完成定义问题任务可选用的研究方法为头脑风暴法、德尔菲法等，主导专家为智库专家。描述问题阶段主要完成三个任务，即回答为什么要研究这个问题、完成背景分析和影响因素分析。其中，回答为什么要研究这个问题，可以应用的研究方法为头脑风暴法、德尔菲法等，主导专家为智库专家、政策专家。完成背景分析任务可选用的方法为SWOT分析、技术路线图方法、情景分析法等，主导专家为政策专家、学科专家。完成影响因素分析任务的研究方法可应用SMART原则，主导专家为学科专家。构建框架阶段的两个主要任务为厘清逻辑关系、完成框架构建。在厘清逻辑关系阶段，可以选用的研究方法为CATWOE方法，主导专家为学科专家。在完成框架构建阶段，主要应用的研究方法为研讨会方法、头脑风暴法、德尔菲法，主导专家为智库专家、学科专家。形成子问题集阶段的主要任务为分解问题和确定优先级。其中，完成分解问题任务可选用的研究方法为MECE、逻辑树分析法，主导专家为学科专家、管理专家。完成确定优先级任务可选用的研究方法为矩阵分析方法、对比分析方法，主导专家为智库专家、政策专家（图4-4）。

正确地解析问题是成功解决问题的基础。尤其是对于复杂的问题而言，有效地分解问题有助于厘清问题相关影响因素，进而对问题各个击破。在具体应用层面，面对复杂重大的国家需求，将问题分解为目标具体、边界清晰的子问题集，由总问题研究受托方进行研究部署，具体子问题研究受托方只需要关注本层次问题的解决，最后由复杂智库问题研究受托方将所有子问题的解决方案进行还原或“组装”，融合形成总问题解决方案，从而提高问题解决的效率与成功率。

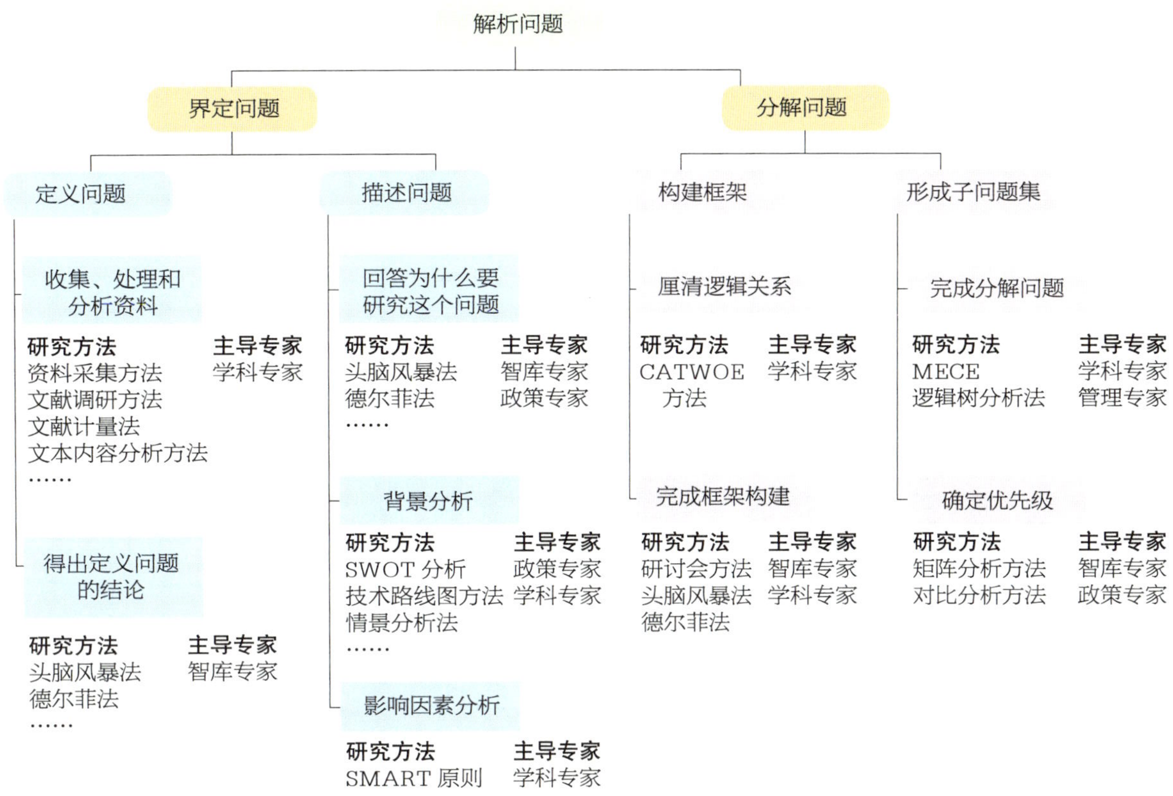

图4-4 解析问题的主要任务、研究方法和主导专家

第5章　智库问题牵引下的情景分析

情景分析法起源于为国家军事战略服务的场景，后来一直存在于各个国家的学术机构、政府部门和智库等的数据建模、政策制定以及长期规划等活动中。情景分析在智库问题的分析中有重要的作用，智库双螺旋法中的 DIIS 过程融合法可以为情景分析提供思维原料以及方法技术，智库双螺旋法中的 MIPS 逻辑层次法可以为情景分析提供思维结果与目标任务。本章将探讨智库双螺旋法引导的情景分析法的要点与操作流程。

5.1　情景分析在智库问题研究中的地位

近半个世纪以来，各个国家的学术机构、政府部门和智库中广泛应用情景分析法支持长远决策和战略谋定。众多公共政策制定者使用情景作为交流和协调平台，让多个机构和利益相关者参与决策，共同分析问题，以协助政策制定。2021 年国际能源署发布《全球能源行业 2050 年净零排放路线图》，探讨社会各主要部门应该在未来为实现 2050 年零排放情景需要采取的行动（International Energy Agency，2021）。英国政府科学办公室于 2018 年发布了新版《未来预见研究方法体系》报告，情景分析法贯穿其方法流程体系中。美国国家情报委员会 2021 年发布《全球趋势 2040：激烈竞争的世界》，此项基于情景分析的系列报告每四年发布一次，评估未来 20 年可能塑造全球安全环境、发展趋势和未来世界形态的力量以及未来世界的五种可能情景（US National Intelligence Council，2021）。日本政府在《能源 2030：日本政府中期能源规划》等研究报告中使用情景分析展现未来情景，用以支持决策。日本科学与技术政策研究所在多次技术预见中将情景分析作为重要研究方法（National Institute of Science and Technology Policy，2019）。

以《全球趋势 2040：激烈竞争的世界》报告为例，其发布机构——美国国家情报委员会，是美国国家情报的长期战略分析中心，自 1979 年成立以来，一直是情报界和政策界之间的桥梁，代表了情报界的专业与权威，也是国际情报委员会合作和外联的促进者。该报告描绘了 2040 年全世界竞争性的共存、分离的孤岛和悲剧与转移等几个情景；对未来 20 年可能塑造国家安全环境的几个方面做了预测与评估。同时，内容还包括：①未来全球趋势五大关键主题：全球挑战，分散，失衡，争论，适应。②塑造未来的四种结构性力量：人口、环境、经济和技术，并评估它们如何影响决策和结果。③未来 20 年的全球新兴动态，通过社会、国家、国际层面，呈现不同的趋势与特点。

虽然现在情景分析法在模拟未来危机状况、科学研究中的数据建模、公共政策制定、未来预见，以及长期规划商业活动中皆有广泛应用，但情景分析法最早诞生于为国家军事战略服务的场景中。情景分析法在军事中根深蒂固，纵观历史，军事战略家们一直在以战争模拟的形式使用这种方法。第二次世界大战后，美国国防部需要决定为新武器系统的开发提供哪些项目资金，决策者需要在新武器开发结果不确定、苏联的情况不确定、开发出的武器的有效性不确定等难题下作出为哪些武器项目提供资金的决定。美国兰德公司在 20 世纪 50 年代开发了综合专家意见的德尔菲法和以模拟模型为主的系统分析法，以应对武器开发的不确定性，情景分析在这之后才正式广泛发展起来。兰德公司由美国空军和道格拉斯飞机公司 1946 年的联合项目演变而来，在初期专门从事美国空军的国防管理研究。50 年代，兰德公司民防和战略规划方面的权威专家 Kahn 开始为大规模预警系统防空系统导弹司令部开发情景。随后，Kahn 与 Wiener 共同撰写并于 1967 年出版了《2000 年：未来 33 年的推测框架》。该书被誉为情景分析领域的里程碑，书中将情景分析作为一种在复杂和不确定的环境中进行政策规划和决策的方法工具进行了推广。

情景分析法作为政策规划和决策分析的方法论在智库研究中一直占据重要地位，并且在不断发展。美国帕蒂兰德研究生院将情景分析法作为其不确定决策研究中心的核心方法论之一持续运用和改进，其代表性方法论工具——《在盒子里思考——一种参与性、计算机辅助的情景发现方法》（Bryant and Lempert，2010）等一系列论文中有详尽阐释（Trutnevyte et al.，2016；Gong et al.，2017）。美国布鲁金斯学会常年就世界重要政治、经济问题发布情景分析报告，其讨论内容涉及外交政策、公共健康、宏观经济和大国竞争等各方面的未来可能性，比如《良好的压力测试情景设计对金融稳定的重要性》。情景分析在布鲁金斯学会的使用形式多种多样，从专家座谈小组，到定性的分析报告，再到宏观经济数据建模，智库专家针对不同智库问题特点采取不同的情景分析进行研究设计。

5.2 情景分析在智库问题研究中的作用

情景分析在公共部门中的使用有悠久的历史。政府政策制定者经常被迫作出具有较大不确定性的战略决策，以预测其决策的未来结果。在面临较大不确定性的情况下，为决策者服务的情景分析具有三个功能。第一，有别于其他只提供较为单一的视角的方法，多情景的分析有助于政策制定者根据不断变化的外部环境更好地作出决策，并发现重大剧变的信号。第二，它可以作为一种方法，通过寻找共同点来管理对立利益之间新出现的冲突，从而进一步推动政策制定过程。第三，从长远来看，它可以奠定重要的文化和认知基础，并激励组织学习，在政府部门中的使用能变得更适应外部环境并且更具弹性（Kharrazi and Kakuwa，2017）。情景分析的这几个功能都可以在智库支撑政府决策分析的过程中得到实现。

情景分析在智库研究中频繁地发挥作用。智库有别于政府部门的特点之一是智库可以将复杂不确定性展现为着眼于未来的多个情景，在未来有可能发生的事件框架下提出多重情景假设，而非只关注目前的现实情况，所以情景分析很适合智库问题的研究。情景分析法能够比较方便地从一个故事叙述中向各领域的人传达大量的带有高度不确定性的信息。研究表明，情景之所以有效，是因为情景具有很强的记忆性、对话性和叙事性。认知科学研究告诉我们，比起那些仍处于无意识状态且无法从记忆中提取的信息，人们更有可能对可记住的记忆信息采取行动（Swap et al.，2001；Van，2011）。因此，任何倾向于让信息更容易被记住的事情都具有重要意义。所以情景分析所重视的故事叙述有几个优点：可激发多个开放性视角，有助于应对复杂性，赋予事件以意义。这些优点对于分析具有较大不确定性、较高复杂程度，且数据不完备的智库问题有较大的帮助。

虽然情景分析在公共政策规划和决策分析中被广泛使用，但与公共政策、智库相关的情景分析评述性文献却较少，难以进行归纳和总结。而公共行政过程中往往有大量与情景相关的默会知识，但对这些过程却鲜有报道和分析。因此，在公共政策中负责情景分析的专家及在公共政策方面的情景分析研究人员，只能依靠较少的实证证据来评论这种方法论（Volkery and Ribeiro，2009）。尽管如此，在各个国家政府和智库公布的国际形势预测、国家政府能源及城市规划预测和未来技术预见等报告中，情景分析的使用随处可见。本章描述了在一定程度上被学者、专家和决策者所认可的共识。

5.3 情景分析的主要内容和方法

情景分析法被运用于多个领域，对情景的解释有很多，但研究者们对情景的基本意义通常能够达成共识。情景可以被认为是用文字和数字描述的连贯而可信的故事，通常包括对问题边界的定义、对推动变革的当前条件和过程的描述、对关键的不确定性的识别、对如何解决这些不确定性的假设，以及对未来的展望。大部分情景分析都包含这几个步骤：① 识别情景领域和情景问题；② 情景关键因素分析；③ 情景生成；④ 情景转移。

研究者普遍认可的情景分析包括以下几种典型的范式。

（1）创造性叙事情景分析：直觉逻辑方法

该方法由美国斯坦福研究院、全球商业网络和壳牌公司从 20 世纪 70 年代开始开发。这类情景分析的特点是注重决策过程，它不仅考虑不可预测性，而且还考虑关于未来的决策过程的每一个细节，以便识别问题的内在结构并产生新的想法。这种方法被称为“直觉”，因为除了“客观”的数据及其分析之外，它还明确考虑了估计、直觉和不确定性评估。它以“专家”的直觉为参照点，即那些积极参与和最熟悉情景领域的人的直觉。

（2）基于趋势外推的情景分析：趋势分析

基于趋势外推的情景分析法基于一个基本假设，此假设为对未来发展进行判断的最合适方式是对现有发展进行外推。这种因果关系中的“趋势”应被理解为一段时间内的发展，即相关因素（例如，平均预期寿命）增减的长期发展向量。有代表性的分析方法除了基本的定量趋势分析、定性趋势分析以外，还有最有可能的情景分析和趋势影响分析。

定量趋势分析最先用于人口学、经济学和技术等领域，其前提是有足够多的可靠数据集合。典型的流程是收集和处理数据，确定逻辑或系统的发展过程，并对这些过程进行未来的统计预测。这种外推包含了从线性逻辑到复杂 S 曲线的运用。

定性趋势分析，在没有量化数据或不能充分地定量描述各趋势的情况下使用。如果要探究社会方面（标准和价值观）或制度和政治方面等“软”因素的发展，往往会使用这种方法。

（3）系统化情景分析：影响分析

这类情景分析的基本特征是从明确定义关键因素开始，然后调整关键因素并将它们相互结合，以扩大关键因素特征在未来投射的丰富程度，并在其中生成不同的情景。这都是以系统化的方式进行的。影响分析指系统地识别因素的相互作用和其动态发展的方法。在列和行的矩阵中列出已经识别的因素，并在列和行中都以相同的顺序排列，每个因素都与其他因素并列在一起。对于每一对因素，都提出问题："这些因素之间的直接关系在多大程度上起作用？"为了量化影响，通常使用以下量表：0= 无影响；1= 弱关系；2= 中关系；3= 强关系。计算所有组合，并且使矩阵的中心对角线保持为空，之后就可以计算行和列的总和，将其作为网络化相互关系程度的衡量标准。任何因素的"行和"代表"主动和"（active sum），并表明该因素对其他因素的影响程度；任何因素的"列和"代表"被动和"（passive sum），它表明该因素受其他因素的影响有多大。

智库双螺旋法是在长期智库决策分析实践中总结凝练出的智库理论方法体系，在情景分析的使用过程中可以很好地引导研究者根据智库问题特点设计研究方案。情景分析在长期作为智库问题分析方法的实践中衍生出纷繁复杂的步骤及工具，除上述之外，还有美国斯坦福研究院的六步情景分析法、La Prospective 情景分析法、交叉影响情景分析法等。可能没有哪个方法像情景分析一样如此富于变化，而这些方法和工具一直在不断地革新和演进。情景分析法通常没有固定的流程、范式、使用范畴和目的。研究者和决策者需要在丰富多变的情景分析方法库中挑选出适合于智库问题的步骤，并将其调整为适用于某智库问题的研究方案。所以智库问题研究者和政策制定者在设计研究方案的时候，如果将智库双螺旋法作为智库问题研究的思维范式，用 DIIS 过程融合法来强调某具体问题的情景分析流程和技术方面的规范，用 MIPS 逻辑层次法来制定分析此问题的方向和目标，则既能够加强方案选择的针对性，增强研究的科学性和系统性，又能保留情景分析法在具体使用中的灵活性和创造性，达到对智库问题研究的质量控制和拓展研究者思维视野的目的。智库双螺旋法引导的情景分析如图 5-1 所示。

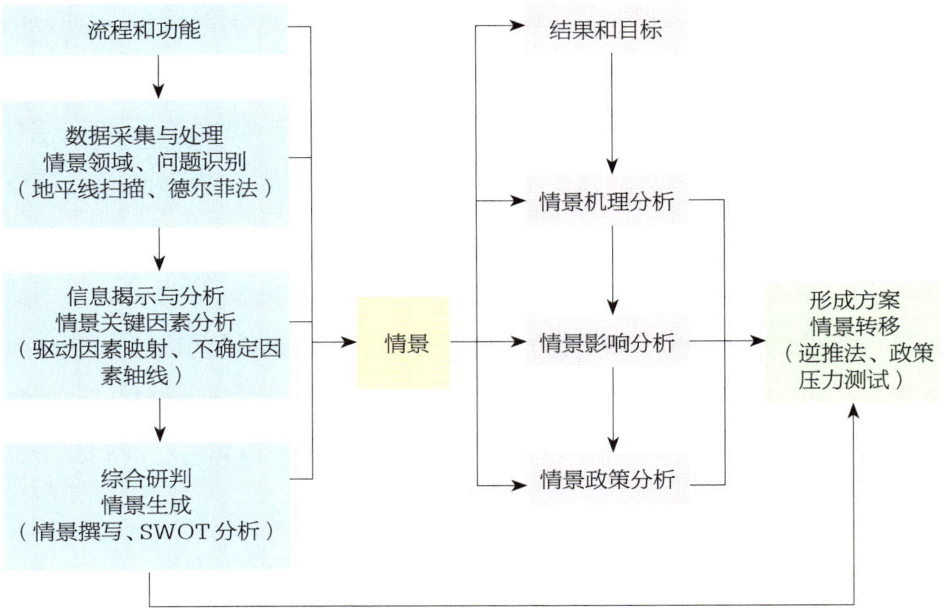

图5-1　智库双螺旋法引导的情景分析

5.4　DIIS框架下情景分析的流程和功能

智库双螺旋法中的DIIS过程融合法提供了智库问题情景分析的思维原料以及方法技术的操作要点。智库双螺旋法中的MIPS逻辑层次法为智库问题导向的情景分析提供了思维结果和目标任务。情景分析的操作方式和模式种类较多，以下选取对智库问题比较有帮助，同时具备较强可操作性的典型流程做示范阐释。

5.4.1　情景问题识别中的数据采集与处理

此为智库问题情景分析的第一步。通过围绕所研究的问题全面收集各类相关数据，以此来进行情景领域和问题的识别。数据既可以包括定量数据，也可以涵盖人的认知、经验等定性数据。识别情景领域问题的数据应该保证可靠，经得住检验，保证数据的权威性。用以进行趋势外推的量化数据应该充分合理，而主观数据应该采集证据充分。在选择专家时应该充分考虑专家背景的权威性和其在前沿工作中的基础。

情景领域识别的部分往往要弄清楚这些问题：具体的智库问题是什么？如何定义情景所在的领域？问题的界限在哪里？系统和科学的智库问题研究需要进行案头调研，或者需要收集几轮专业人士的想法。第一种方式可以为每个问题建立一个坚实的理论基础，并且可以进行深入的分析。第二种方式专注于相关人员的直观或隐晦的了解，并可以依赖相关人员概述和综合的能力。这一步需要学者、政策制定者、企业界人士和利益相关者参加。这些资料和意见收集方法可以有效地为智库问题情景领域的识别提供科学证据和数据支撑。

（1）地平线扫描法

地平线扫描法提供了将案头调研和多轮讨论结合的数据资料收集方法。让 10 人左右参与智库问题的讨论，收集他们有关塑造未来的趋势和事件的想法以及他们遴选的资料，以此来确定情景问题的边界。首先，让他们每周完成一篇短文（包含原文资料），这篇短文描述以下内容：扫描的领域是什么？它与智库问题研究有何关系？为什么这些领域很重要？对这些领域的扫描激发了与智库问题相关的哪些想法？整个扫描过程可以持续六周。几十份单独的扫描结果可以汇总成一份智库问题扫描报告，参与者也可在此过程中通过阅读大量新文章培养长远的视角。地平线扫描形成的报告可以用在情景规划之后的步骤中，用以给学者或者政策制定者在研讨开始之前阅读，可以丰富与会者的想法，促使他们在之后的情景设计中产生创见。

（2）德尔菲法

设置一个专家小组进行几轮讨论，以确定具有战略重要性的问题并确定其优先顺序。讨论通常是匿名的，参与者互不知道还有谁参与其中，也不知道他们说了什么。匿名确保了意见被独立听取，没有偏见，有助于避免群体思维。德尔菲法也可以通过电子邮件、在线会议或使用专业软件进行。德尔菲法有七个步骤：① 设定一个与情景领域相关的宽泛的问题，比如“50 年后的城市设计将如何创造社会和经济福利？”② 任命一名协调人，并与专家小组接洽；③ 收集合并第一轮产生的回应；④ 确定最重要的关键问题；⑤ 对最重要的关键问题进行排名；⑥ 检查排名并确定优先的关键问题；⑦ 展示之前德尔菲法的结果，并请该小组继续探讨已经产生的关键问题。使用德尔菲法可以列出一个对此政策领域的未来情景非常重要的问题列表。此方法往往也会持续几周。

5.4.2 情景关键因素分析中的信息揭示

此为智库问题情景分析的第二步。通过专业化的数据挖掘、整理、标识，来分析影响情景的关键驱动因素。关键驱动因素是智库问题的变量、参数、趋势、发展和方法，它们可以描述未来情景。识别和分析这些关键因素需要了解情景领域本身及其与各种关键因素的相互作用。这一步要整理和分析相关数据，对关键问题和关键因素进行深入研究，形成初步情景。研究的过程要保证关键因素的原有信息不掺杂主观意志，要明确关键因素与其他因素的关系，要使用最新的可靠信息来分析关键因素。

与关键因素相关的分析可使用案头调研和召开头脑风暴研讨会的办法产生。在案头调研过程中，因素的遴选很重要（要关注哪些因素，为什么），而头脑风暴研讨会更注重参与者共同产生的协同效应，同时发展参与者“主人翁”意识，由此让智库研究具有跨学科的合理性。

（1）驱动因素映射

驱动因素映射在智库问题导向的情景分析中，用于确定影响未来的政治、经济、社会、技术、立法和环境等驱动因素。步骤包括：① 分小组组织研讨会，介绍驱动因素映射方法。② 对智库问题的关键驱动因素进行头脑风暴。

③ 要求每个小组分析这些关键驱动因素对智库问题的重要性以及每个关键驱动因素结果的确定性程度，将这些驱动因素映射到重要性和确定性矩阵上。挑出最重要同时确定性最高的和最重要但不确定性最高的关键驱动因素。从中找出 3—5 个最重要的关键驱动因素。

（2）不确定因素轴线

不确定因素轴线被用来定义智库问题领域的关键不确定因素，并确定方案的框架。步骤包括：① 列出一个很长的对智库问题很重要但结果不确定的驱动因素清单（可从驱动因素映射中得到），这个清单可以包含十几个不确定因素。② 从中筛选出 8—10 个关键不确定因素。③ 将这些轴线两两画成矩阵，每两个轴线可以产生四种情景。

5.4.3　情景生成中的综合研判

此为智库问题情景分析的第三步。需要对以上得到的关键问题和关键驱动因素进行研判，得到新框架、新思路和新情景。这一步要系统地整合各关键驱动因素，综合专家意见。遴选的专家应在智库问题涉及的领域具有资深的研究经历，并且结合多背景的专家意见，才能综合关键驱动因素来形成有说服力的情景。

（1）情景撰写

情景思维的目的是确定政策领域的重要战略不确定性，并探索它们在未来可能会如何发挥作用。情景故事做到了这一点，帮助政策制定者预测未来可能与现在有何不同，以及如何制定对一系列可能的未来具有弹性的政策。步骤包括：①描述这个世界是什么样的；② 描述中国是什么样的；③ 对情景中的策略或战略问题进行 SWOT 分析；④ 画出情景事件时间线；⑤ 命名场景；⑥ 确定制定政策或战略的主要建议和问题。

（2）情景撰写中的 SWOT 分析

SWOT 分析是一种实用的方法，可以用来找出对政策或战略是否成功产生影响的问题。在具体操作中可以询问：中国在政策或战略领域的优势是什么？中国在政策或战略领域的弱点是什么？在政策或战略方面中国遇到的机会是什么？在政策或战略方面中国面临的威胁是什么？这一步有助于在情境中判断研究主体的状况，有利于情景生成。

5.4.4　情景转移中的咨政方案设计

此为智库问题情景分析的第四步。需要在问题导向、证据导向和科学导向下，对已生成的情景，提出解决方案或政策建议，最终为宏观决策提供高质量、有建设性的智库研究报告。方案设计要在前几步研究基础上建立不同情景下的解决方案；方案要满足情景和真实情况的实际需求，符合逻辑和证据，并给出情景说明；方案要符合情景逻辑，研究方法选取要科学和得当。

（1）政策压力测试

政策压力测试可以用来看某项或多项政策或政策目标在多大程度上经得起一系列实际场景条件的考验。这些目标可能已经存在，目的是测试它们是否足够稳健，足以在未来的一系列环境下实现。步骤包括：① 介绍已经生成的情景；② 介绍正在考虑的政策或战略目标；③ 针对所有情景测试目标，分小组讨论，每小组设置一个情景，分析在此情景中实现每一个政策目标的优势或者劣势，讨论每个政策目标是否稳健或者多余；④ 回顾调查结果并讨论其影响。

（2）逆推法

逆推法可以将给定的未来情景与现在联系起来，并确定现在需要做些什么来实现它。往往用在人们所期待发生的未来情景中，可以是已经生成的多个情景中的一个。步骤包括：① 介绍最期待的情景；② 找出现在和此情景的主要区别；③ 画出一条时间线，在时间线上标出从现在的现实到理想的未来所需要的实际变化；④ 找出哪些实际变化在可行的范围内，哪些不在可行的范围内；⑤ 列出能够实现这些可行的实际变化的步骤；⑥ 思考如何影响或促进目前看来不可行的步骤。逆推法也可以使用德尔菲法进行具体操作，即德尔菲逆推法，以使专家不受干扰地探讨能够通向未来某个情景的道路。

5.5 情景分析在MIPS目标任务实现中的角色

MIPS 为智库问题导向的情景分析提供了思维结果与目标任务。情景分析在 MIPS 四个目标任务实现中扮演不同的角色，分别实现不同的功能。以机理分析为思维结果和目标的情景分析，侧重于分析描述社会经济技术趋势及其治理情景。以影响分析为思维结果和目标的情景分析，侧重于分析描述情景中所引发的人、自然和社会变化的情景。以政策分析为思维结果和目标的情景分析，侧重于分析未来治理情景下的压力情景。这三种情景分析可单独分析某个智库问题的子问题，如果条件允许，也可共同使用，用来全面系统地分析某个涉及面比较广的智库问题。

智库研究是对研究问题进行系统认知和预见、预判的分析过程。从研究内容和逻辑角度来看，以 MIPS 为导向的情景分析，既需要挖掘关键因素及了解其规律，又需要对关键因素具体的影响进行分析和测度；既需要对已有政策进行研究，又需要提出在未来情景中可使用的政策工具和解决方案。这样多层次、多维度的系统性情景分析需要包含机理分析、影响分析、政策分析、形成方案四个结果和目标。情景分析法在智库问题的解析中，以前三个结果目标为导向，可产出契合于智库问题研究的丰富成果。综合以上各个目标的多维度的情景分析，与 DIIS 分析方式结合，为智库问题提供全方位透视性的方案。

5.5.1 分析描述社会经济技术趋势及其治理情景——以机理分析为思维结果和目标

以机理分析为思维结果和目标的情景分析，应以认识情景本体以及情景中的规律为关键。在寻找关键不确定因素的时候，要对事物的演进与发展进行历史回溯，查找问题产生的关键因素。通过关联各类知识和实践经验，挖掘事物的本质规律，找出影响关键不确定因素的关键驱动力。结合专家的经验知识，评估关键驱动力，对问题的发展趋势和方向进行前瞻预判，识别不确定因素轴线，描述可能的社会经济技术趋势的未来可能图景，以及其治理情况。

在不确定因素轴线的具体操作中，将参与者分成 6 人一组，并要求他们挑选关键不确定性，由他们起草出或者挑选出优先考虑的不确定性因素。需要每个小组优先考虑 2 或 3 个不确定性因素。如果这是一个单独的研讨会，并且之前已经通过其他调研方法列举出来一些关键不确定性，则组成 6 人一组，并给每组 3 个关键不确定性。小组通过描述某个事项的不同的发展来定义一个不确定因素轴。

例如，小组讨论结果可能会将“全球安全”的不确定性因素轴定义为：世界是不安全和不稳定的——世界是安全稳定的。对“全球安全”的持续讨论可能会衍生出如下不确定性因素轴：世界是不安全、不稳定的——世界是安全、稳定的；恐怖主义是一个持续不断的全球问题——各国携手应对恐怖主义；国家是封闭、保护主义的——国家是开放的；资源不安全干扰英国经济增长——获得资源维持安全和英国经济增长。如图 5-2 所示。

在挑选出的不确定因素轴列表中，选出两个最有价值的不确定因素轴，来形成情景矩阵，因此可以形成四个情景。如图 5-3 所示。

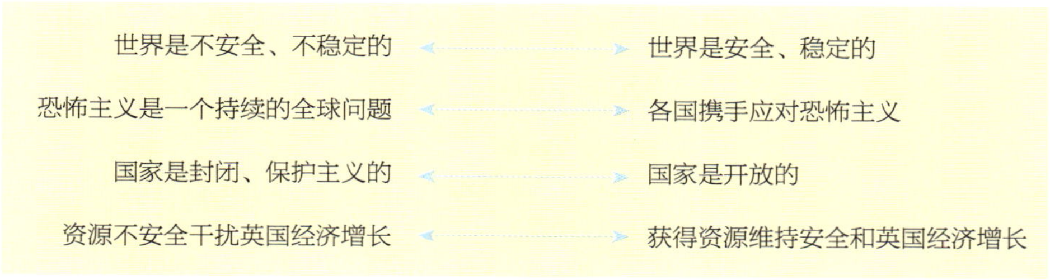

图5-2　“全球安全”不确定因素轴线

资料来源：UK Government Office for Science，2017.

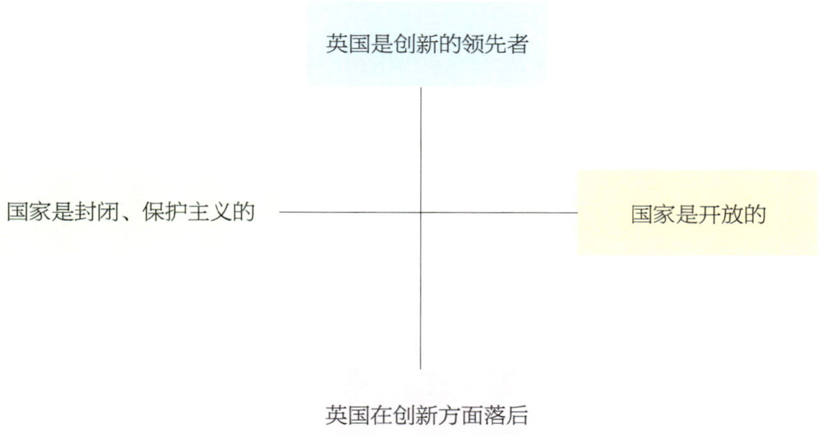

图5-3　“全球安全”不确定因素轴线形成的四个情景

资料来源：UK Government Office for Science，2017.

5.5.2　分析描述情景中所引发的人、自然和社会变化的情景——以影响分析为思维结果和目标

以影响分析为思维结果和目标的情景分析，以厘清情景中事物的相互关系，分析情景对其他方面产生的影响为关键。在影响分析中，系统性地观察世界的发展变化，分析未来情景可能产生的影响，包括经济、社会、科技、安全等多重影响。首先，对情景的关键驱动因素以往产生的影响进行归纳分析；对驱动因素与周围其他事物之间的相互影响关系进行现状分析；估计关

键驱动因素之间以及各个事件对关键因素趋势的影响，然后在产生的情景中分析情景对智库问题研究的主体带来的影响。

分析智库问题的多个未来情景影响的方法，可以是定性的，也可以是定量的。定性的趋势影响分析可以用来探讨定量数据不够的状况，或者是与文化、价值观这些较难量化的因素相关的议题。步骤包括：① 描述未来某个社会中的人、自然和社会的情景，分解成为多个子问题；② 为每个情景建立时间线，找出在未来时间线上会对情景产生影响的事件；③ 用有创意的方法给这些场景取名字；④ 分析这些场景可能对某个智库问题所关心的主体在未来的情况带来的影响；⑤ 针对情景或者情景带来的影响提出政策建议。

未来情景的影响分析也可以用定量趋势影响分析进行推演。定量趋势分析最早用于人口学、经济学和技术等领域，使用的前提是有足够多的可靠数据，可靠的前提是这些数据可以追溯到历史的某个点。趋势影响分析起源于20 世纪 70 年代，是为了弥补趋势外推的弱点而发展起来的，因为后者没有考虑到意想不到的未来事件。该技术可以在情景分析中实现，以定义各种因素的不同可能性。在传统的趋势影响分析中，该方法首先计算趋势外推的“无意外”过程；然后使用专家调查方法来定义一系列未来的事件，如果这些事件成为现实，每一项事件都能在趋势的进程中带来重大变化；最后通过考虑这些未来可能发生的事件、它们被估计出的概率，以及它们各自影响的强度，来计算在不同趋势中不同事件发展的可能性。该技术将一种非常形式化的研究方式和创造性元素结合起来。在综合型的情景方法框架内，该技术非常适合借助对未来事件的假设，针对各个关键因素来体现出不同变化，从而识别出有显著不同的关键影响因素。然后，将变化了的关键因素与其他保持不变的因素相结合，以观察在给定核心关键因素的不同事件过程的情况下，情景中可能会发生什么。

例如，一项发表在《环境科学与技术》期刊上题为《美中贸易战对全球和各国环境的影响》（Lu et al.，2020）的研究建立了一个多区域可计算的一般均衡模型，模拟了不同关税壁垒和非关税壁垒情景美中贸易战对环境的影响。研究发现，尽管贸易战将导致全球经济下滑，会减轻全球的环境压力，但全球碳排放预计将增加而不是下降。

根据美中贸易战的深度和广度，设定了三种关税和非关税壁垒的贸易政策冲击情景：情景 1，贸易战只涉及美国和中国；情景 2，这种情景也将美国与其他国家之间的新贸易协定考虑进去；情景 3，贸易战变得更加激烈，并扩大到其他经济体。

研究发现，贸易战带来的贸易限制将因经济损失而减少全球碳和污染物的排放。然而，这可能并不利于欠发达地区清洁能源的发展。所以全球碳排放预计将增加而不是下降。

5.5.3 分析未来治理情景下的压力情景——以政策分析为思维结果和目标

以政策分析为思维结果和目标的情景分析，以探讨对事物进行人为干预或政策调节后产生的政策效果为关键，分析在未来治理情景下的压力情景。智库问题的政策分析要对与情景有关的以往政策进行归纳分析；在现有政策层面上对问题或事物的政策干预效果进行分析；预测未来不同情景下对问题或事物加入不同的政策变量可能产生的政策效果。

分析未来治理情景的方法也可分为定性的和定量的。定性的政策压力测试，可以用小组讨论法和头脑风暴法在某个政策领域内测试政策选项。小组根据每种情景中存在的不同条件审核每个政策战略目标，并在每种情况下决定目标是否仍然相关或是否需要调整。步骤包括：① 与小组成员充分沟通一系列的政策目标；② 花 20—30 分钟，针对所有情景测试政策目标，分小组讨论，每小组设置一个情景，请组员分别阅读情景，分析在此情景中实现每一个政策目标的优势或者劣势，讨论每个政策目标是否稳健或者多余；③ 将结果汇总，填入一个竖列为不同政策目标、横行为不同情景的表格，并标出哪些目标在哪些情景中是可行或者不可行的。

定量的政策情景分析可使用政策干预分析和多情景趋势影响分析结合的方法。例如，发表在《管理评论》期刊上的一项《中美贸易摩擦对中国经济影响的系统分析》研究，构建了中国经济 42 部门可计算一般均衡模型，设计了中美贸易摩擦基准情景和升级情景两种情形，定量测算不同情景下中美贸易摩擦相关政策对中国经济系统的全面影响（鲍勤等，2020）。

5.6 小结

情景分析法作为一种历史悠久、运用广泛的问题分析方法，其具体步骤与专门解决智库问题的智库双螺旋法存在着较好的内部逻辑联系。运用机理分析可以分析描述社会经济技术趋势及其治理情景；运用影响分析可以分析描述情景中所引发的人、自然和社会变化的情景；运用政策分析可以分析未来治理情景下的压力情景。本章对在智库研究中广泛使用的情景方法进行总结，介绍情景分析在智库问题研究中的地位和作用，以及情景分析的主要内容和方法，并进一步阐明 DIIS 框架下情景分析的流程和功能及情景分析在 MIPS 目标任务实现中的角色。

结合智库双螺旋法的情景分析对智库问题解析有更好的针对性，能够快速、准确地捕捉问题的关键领域、关键影响因素，并就不同逻辑层面分析相应的情景。智库问题牵引下的情景分析拓展了智库问题、学术理论和政策咨询研究的边界，作为一种适应性较强的专业智库方法论为政治、经济和社会等各个领域的问题提供较为详细的解决步骤。

第6章　智库问题研究的不确定性分析

智库问题研究通常涉及经济、社会和科技等复杂系统，它们往往由大量具有极其复杂关系的要素组成。系统内部要素及其相互作用关系存在非线性和自组织性，系统自身与外部环境之间也存在复杂的影响关系。这不仅使得系统出现的问题很多都是出乎意料的，而且使得政策对于系统的作用变得更加不确定。这些在系统发展过程中存在的关系，给系统带来多方面不确定性影响，尤其是随着时代的发展、科技的进步、环境的变化以及工业化、现代化水平的不断提高，智库问题研究涉及的事物愈加复杂，人们不能认识事物的全部，不确定性更加突出地显现出来。本章将从不确定性的内涵、智库问题不确定性与智库双螺旋法、智库问题不确定性分析方法等方面对智库问题不确定性进行分析，总结智库双螺旋法在智库问题不确定性研究中的作用。

6.1　不确定性的内涵

一般来讲，不确定性涵盖了很多概念，其产生原因或许是信息不完全，或许是信息来源的不一致性，或许是语言表述的不精确，或许是所描述的内容具有变化性。不确定性体现了人类对过去、现在以及未来所发生事件认知的有限。从本质属性和来源来看，有些不确定性是客观存在的，有些却是主观认知的不确定性，而现实世界中的不确定性往往是两者的共同交织。例如，不确定性在量子力学中被定义为测量物理量的不确定性。不同时期测量的力学量值可能是不同的，只有在本征态测量才能得到确切的值。对于决策者来讲，不确定性体现了决策者的已有知识和作出最佳决定所需的知识之间的差距。

人类把不确定性定义为认知的有限，最早可追溯到古希腊先哲关于认知论的讨论。而在现代历史中则开始于1921年左右，不确定性概念由芝加哥经济学派的先驱奈特首次在《风险、不确定性和利润》一书中提出。奈特将风险定义为未知事物中可估算并可控的部分，将不确定性定义为不可估算和不可控的部分。那么风险可以被看作是一种低程度的、可用各种结果及其发生概率量化的不确定性，更多用来描述事件可能产生的损失；而对于不确定性，事先只知道所采取行动的所有可能后果，而不知道它们出现的可能性，或者两者均不知道，只能对两者做些粗略的估计，因此不确定性是难以计量的（Keynes，1921；Bloom，2014）。

人类对于事物的认知水平存在不同等级范围，包括从完全认知到完全无知，即已知的已知，已知的未知，以及未知的未知。已知的已知是完全认知，表示明确事物发生的各种情况，并对发生的可能性和影响有准确了解。已知的未知表示明确事物发生的各种情况，但对发生的可能性和影响程度并不了解。未知的未知则表示不了解事物会发生什么情况，因而也不了解发生的可能性及其影响。

有学者对于特定领域的不确定性开展大量研究。例如，科技不确定性被定义为科技理论的不确定性、科技功能的不确定性、科技研究的不确定性和主观意志的不确定性（叶立国，2018）。从科技发展的历史看，科学技术一直在不断发展变化，新的科技理论不断更替旧的科技理论，促进着人类社会的进步。科学史揭示了一个道理，科技理论都是某一时代的产物，科技在理论层面是具有不确定性的，任何科学技术都会随着时代发展而不断进步。既然科技理论存在不确定性，那么其必然会引起科技研究的不确定性和科技功能的不确定性。伴随科技发展，学科体系日趋分化和复杂化，形成一套分工严密、交互促进的现代科技知识体系。每个学科本身不断深化，并向专门化发展。与此同时，不同学科间的关系也日益复杂化。科技的研发和应用是由科技创新人员以及科技成果使用人员来具体实施的，由于不同个体存在的思维差异性，以及每个个体在不同时期或不同情境下思想行为的动态性，使得个体主观意志存在不确定性，这也是引起科技不确定性的重要原因。

经济不确定性和政治不确定性也是被广泛研究的两类不确定性。前者被定义为未来经济结果及其影响的无法预知，包括市场波动率的无法预测、经济系统的影响无法预判，以及政府经济决策及其影响的不确定性等（奈特，2010）；后者被定义为政府政治行为及其行为结果的不确定性，包含政府决策不确定性（Baker et al.，2016），以及政府人员选举或任职变动等带来的不确定性（张礼卿和蔡思颖，2020）。

6.2 智库问题不确定性与智库双螺旋法

智库研究的对象通常是复杂而综合的战略、政策及策略问题，涉及经济、社会、政治、科技、文化、生态、环境、安全等诸多方面，往往跨领域、跨学科、综合交叉。无论是分析国家或区域的综合发展，还是研究安全和竞争问题，智库的作用在于对已有的数据、信息和知识进行加工，结合经济社会发展最新态势和要求，进而生产出新的公共知识，提出新的政策建议。智库问题涉及的事物或系统，由于其组成要素的多样性、要素之间作用关系的错综性，以及事物或系统之间关联的交互复杂性，造成智库问题及其决策的不确定性。

作为一种重要理论工具，智库双螺旋法为智库问题研究提出解决思路的同时，充分考虑到智库问题不确定性及其未来影响，试图帮助智库问题研究者更全面、系统、准确地把握研究问题，提出科学的建议，进而帮助决策者作出适应面更广、更具韧性的决策。基于智库双螺旋法，可以将智库问题不确定性定义为：智库问题研究者对智库问题涉及的系统（或事物）及其未来发展状况无法确知，对系统发展造成的外部影响无法确知，或对决策（或政策）的效果无法确知。从此定义出发，在空间维度上，智库问题不确定性存在于系统内部和外部，即系统自身运作和发展的不确定性、系统与外部之间相互影响的不确定性；在时间维度上，智库问题不确定性包括历史、当前和未来三个阶段的不确定性，即历史状况中已知的不确定性、当前正在发生的不确定性，以及未来发展的不确定性。

类似于人类认知水平的分级，智库问题不确定性按照不确定程度，大致可分为四个等级，可以从未来情形认知、未来结果预测等方面对各等级进行描述（表6-1）。其中，未来情形认知是指研究者对于未来可能情形的把握；未来结果预测用于刻画各种未来情形下系统所产生的各种结果。

表6-1　智库问题不确定性等级分类

情形	第一级	第二级	第三级	第四级
未来情形认知	已知概率的场景	有限可能场景	有一定变化范围的场景	未知的场景
未来结果预测	结果以一定概率出现	明确的离散结果（不知道概率）	较大范围内的结果	未知结果

第一级智库问题不确定性：一般存在于短期决策问题中，对应未来可能的情形可以被清晰预测，各种情形的概率是明确的。研究者可以借助概率论和统计学的知识和工具来分析该等级不确定性，用期望结果和可接受的风险水平来选择最佳的策略。第二级智库问题不确定性：研究者虽然对各种未来情形发生可能性无法预知，但是在有限的可能情景下，可以试图找到具备较好鲁棒性的策略。第三级智库问题不确定性：研究者可以确定未来可能发生的一些变化范围，这个变化范围是由一些有限的变量确定的，但实际结果可能存在于此范围的某一点，不存在离散的场景。第四级智库问题不确定性：研究者唯一的已知是对系统的未知。这种不确定性一方面源于人们缺乏对系

统运作原理的认知，同时也可归因于一些意外事件（“黑天鹅”事件）的发生。

智库问题不确定性存在于智库研究的机理分析、影响分析和政策分析过程中，面对不同等级不确定性，智库双螺旋法提供了一套系统分析思路。在机理分析阶段，系统自身的复杂构成、要素之间的交互作用关系等造成了系统自身运作及其未来发展的不确定性。智库双螺旋法以问题为导向，通过对智库问题的解析，促使研究者尽可能认清系统内部影响要素在一定环境条件下相互联系、相互作用的运行规则和原理，有助于对系统的发展和演变趋势的准确预测，从而消减系统内部运作的不确定性和决策者对不确定性的错误判断，减少由系统内部不确定性造成的决策失误或偏差。在影响分析阶段，对于由系统自身发展的外部影响以及外部变化对系统的反作用等复杂关系造成的不确定性，智库双螺旋法通过系统内外部相互作用规律分析，使得智库问题研究范围更为广泛、全面，有助于研究者更加准确把握系统内外部的未来协同发展，减少智库决策的局部性、片面性。在政策分析阶段，针对政策对系统自身发展以及对系统内外部影响形成促进作用时存在的不确定性，智库双螺旋法帮助研究者充分总结历史政策经验，对未来可能的政策应用情景充分论证，充分考虑智库问题本身的不确定性以及政策施效的不确定性，有利于研究者准确预估新政策的适用场景、实施效果，以及有效期，减少政策不确定性影响。

6.3 智库问题不确定性分析方法

智库问题不确定性分析方法主要包括不确定性度量方法和不确定性决策方法，可应用于智库双螺旋法的各个环节，对智库问题不确定性进行量化评价和决策分析。

6.3.1 不确定性度量方法

不确定性遍布所有领域，不同领域对不确定性的度量方式有所不同。下面主要介绍三种不确定性的常用度量方式，即虚拟变量、单项指标以及综合指数。

（1）虚拟变量

虚拟变量是指一种以离散结构来描述所研究变量的发展的特殊度量方式，是用以反映“质”的属性的人工变量，通常取值为 0 或 1。对政治不确定性的衡量一般采用虚拟变量，例如，政府换届选举不确定性、人员任职变动不确定性等（Julio and Yook，2012；Tanoos，2012）；又如，战争、革命、政治危机等大型政治事件的不确定性（Alberto and Roberto，1996）。

采用虚拟变量来度量政治不确定性，具有强外生性以及可针对性量化不确定政治环境的优势。同时，其缺点是缺乏连续性，当未出现政府换届、人员任职变动或其他政治事件时，该类度量方式失效；此外，虚拟变量还存在一个明显不足，即它能够度量不稳定状态，却不能度量不稳定程度。

（2）单项指标

单项指标是指能够反映分析对象某一特征的指标，在本章特指能够反映政策或事件不确定的变量指标。例如，官员变动人数、预测意见分歧、信用利差、预测误差波动、股票隐含收益波动等（Bloom，2009；Valencia，2017）。

单项指标常用于测度某一类政策不确定性。例如，货币政策不确定性，包括货币政策目标不确定性、货币政策工具不确定性和货币政策传导机制不确定性，一般用货币政策变量预测偏离度或波动率来量化，如人民币兑换美元汇率、利率、再贴现、存款准备金率、银行间同业拆借利率、国债期限利差等。

单项指标的不确定测度方式相对直观且有针对性，数据获取和处理较为简单。但是，对不确定性的测度要求变量指标与不确定性强相关，而单项指标多数情况下无法满足。此外，单项指标往往是事后指标，用以反映不确定性产生的影响，无法满足对不确定性未来预期的度量需求（Leahy and Whited，1996）。

（3）综合指数

综合指数是指多项个体指标的综合，一般由较多的个体指标（或指标值）经过对比和变换而得，可用于表明事物的综合变动。例如，经济政策不确定性（economic policy uncertainty，EPU）指数是 Baker 等以文本分析法为基础首次构建的综合指数，在实证分析中得到广泛应用。又如，采用类似方式构造的全球政策不确定性指数、货币政策不确定性指数、贸易政策不确定性指数等其他类型的 EPU 指数（Baker et al.，2016；Davis，2016）。

与单项指标和虚拟变量相比，综合指数对不确定性的刻画更加全面和客观；但是，由于综合指数是由多个内容构成，往往很难与具体事件建立紧密联系，也就很难直观判断其变动影响因素。

6.3.2 不确定性决策方法

面对智库问题未来无法确知的情形，为尽可能减少因不确定性造成的不利影响，研究者需要借助理论分析工具，开展科学有效的不确定性分析，这是智库双螺旋法中处理智库问题不确定性最重要的工作。

不确定性决策分析方法有很多，如概率统计、模糊数学、粗糙集理论、灰色系统理论和决策分析等。其中，概率统计研究的是随机现象的统计规律，一般基于大样本数据，侧重于对历史规律的统计和分析，要求统计对象历史数据服从一定的概率分布。伴随着现代工农业、近代科技的不断发展，概率统计形成了随机过程、信息论等许多分支。模糊数学研究的是模糊性现象，侧重于以精确数学方法解决模糊不确定问题。其研究对象往往内涵较为明确，但外延不明确，比如如何界定人口老龄化所指的老年人。每个人都十分清楚老年人的内涵，但若是确切划定一个年龄，使得该年龄以上为老年人，其他都不是，则很困难。对于这类问题，模糊数学有别于经典集合论中属于或不属于的严格关系，利用隶属函数进行处理。与模糊数学不同，灰色系统理论的研究对象往往内涵不明确，而外延很明确。灰色系统理论擅长基于少量数据建模、解决贫信息不确定性的问题。以下主要介绍灰色系统理论和深度不确定性环境下的决策分析方法。

（1）灰色系统理论

灰色系统介于白色系统（所有信息明确）和黑色系统（所有信息不明确）之间，即为部分信息明确、部分信息不明确的系统。灰色系统理论源于控制理论，也是一类不确定性系统研究方法。基于部分信息已知的少量数据样本，灰色系统理论经过分析，获取有价值信息，进而帮助决策者有效掌握系统的运行规律。

灰色系统理论相较于概率统计和模糊数学等不确定性分析理论，其优势在于能解决“小样本、贫信息”的不确定性问题。现实世界中，灰色系统大量存在，经济、社会、科技、政治、文化等系统都属于灰色系统，它们没有明确的内外部边界。灰色系统理论的应用遍布自然科学和社会经济的众多领域，随着该理论的发展，成功解决了大量现实问题，产生了显著的社会经济效益。

（2）深度不确定性环境下的决策分析方法

深度不确定性属于第三级和第四级智库问题不确定性，该名词是由诺贝尔经济学奖获得者 Arrow 首次在演讲中提到，其概念后来由 Bankes（2002）正式提出。该类不确定性或源于人类对系统运行缺乏认知，或源于一些无法预测的意外事件（“黑天鹅”事件），其特征主要体现为：情景不确定、决策方案不确定以及决策后果不确定。典型的深度不确定性事件有金融危机、气候变化、突发公共事件等，其中，突发公共事件具有明显的情景不确定性。

首先，事件发生的时间和地点难以预测，甚至无法预测，其表现形式也呈现不确定性；其次，当事件发生时，由于现实情况与现有应急预案设定情景有所差异，可能导致预案无法直接实施，决策方案存在很大不确定性；此外，同样的方案在不同的环境下，可能产生不同的应急处置效果，导致决策后果难以准确事前评估。

以下主要介绍四类深度不确定环境下的决策分析方法：探索性分析方法、鲁棒决策方法、信息差距决策方法和决策图法。这些方法的侧重点、基本介绍和应用场景如表 6-2 所示。

表6-2　四类深度不确定环境下的决策分析方法

名称	侧重点	基本介绍	应用场景
探索性分析方法	决策分析框架	对决策问题进行系统分析，针对复杂的不确定性构建模型并运行，对比各种可能不确定条件下的决策结果，形成满意的决策方案	军事政策等
鲁棒决策方法	决策分析框架	通过构建未来可能情景，评估决策方案在各种情景下的表现，反复迭代并不断改进决策方案，形成鲁棒性足够好的最终决策方案	环境政策、气候政策等
信息差距决策方法	深度不确定信息决策	通过不确定参数描述已知信息与决策所需信息之间的差距，构建奖惩函数并计算，基于机会性和鲁棒性之间的平衡寻求满意方案	自然保护区选择、生态养护管理、洪水风险管理等
决策图法	分布式推理	包含因果图和属性树，前者刻画不同情景构建过程，后者通过多属性决策方法计算决策方案的效用值	应急管理等

探索性分析的概念是美国兰德公司最早提出的。该方法广泛应用于军事咨询项目，如兰德战略评估系统和联合一体化应急模型等。鲁棒决策方法由 Lempert 最早提出，从不确定角度，针对未来可能出现的情景，获取在

尽可能多的情景下都满意的决策方案。该方法广泛应用于环境和气候政策分析中。信息差距决策方法起源于机械系统可靠性的研究（Ben-Haim，2006），该方法主要应用于自然保护区的选择决策、生态养护管理、洪水风险管理、温室气体排放政策的评估与决策等。决策图是一种决策问题分布式推理工具，该方法广泛应用于应急管理领域。

6.4 小结

经济、社会和科技的快速发展，加大了智库问题的不确定性，给智库问题研究带来了困难。中国智库需要不断地探索和应对不确定性给智库问题研究带来的挑战，才能更好地服务公共决策、引领社会方向。

作为系统开展智库研究的理论方法，智库双螺旋法在其各个环节，通过不确定性的识别、测度和决策分析，为智库问题的不确定性应对提供了科学工具。在机理分析环节，智库双螺旋法重在分析智库问题本身（系统内部）所涉及的因素及因素间的复杂影响关系，从而为智库问题研究者对智库问题自身不确定性的识别提供帮助；在影响分析环节，智库双螺旋法重在厘清智库问题与外部环境之间的相互影响关系，以及智库问题的解决所带来的效果，从而更好把握外部影响的不确定性；在政策分析环节，智库双螺旋法通过分析政策应用情景的不确定性，为决策者制定更具韧性的政策提供支撑，从而消减政策实施过程中的不确定性和实施效果的不确定性的影响。同时，在智库双螺旋法的每个逻辑层，需要 DIIS 过程融合法提供支撑（潘教峰等，2017；潘教峰等，2019a），充分体现证据导向和科学导向。通过收集数据，确保支撑分析未来不确定性的证据尽可能丰富，通过信息揭示和综合研判，对未来可能的政策应用情景准确推演，最终形成的方案是尽可能考虑不确定性的方案，其鲁棒性将得到较好的保障。

第7章　智库问题研究的政策模拟分析

政策模拟将实现针对智库问题研究的“虚拟实验室”构建。在多领域专家的充分协作下，政策模拟以计算机技术为支撑，以多学科知识为核心，将现实世界中的问题映射到数字世界中，支撑专家、学者、决策者在“虚拟实验室”中开展情景分析和政策评估，优化智库问题的解决方案。本章将在分析智库问题研究与政策模拟关系的基础上，解析基于 DIIS 过程融合法、MIPS 逻辑层次法的智库问题政策模拟构建过程，并结合典型政策模拟方法进行探讨，为智库问题研究的政策模拟提供参考。

7.1　智库问题研究中的政策模拟

在现实世界中，决策者在进行政策决策时往往需对政策实施的预期效果作出研判，基于政策实施后可能发生的最佳和最坏情况的预测，权衡适当的政策决策。但实际上，政策决策者要对政策影响作出准确的预判存在极大的困难，主要原因在于政策影响的四大特性：①长周期性。一般而言，政策的制定不能朝令夕改，一项政策的执行周期往往在数十年，其影响是深远的，政策决策者需要在一个很长的时间范围内对政策影响作出研判。②不可逆性。由于政策长周期性，导致了政策产生的影响更加深远和不可逆转。③复杂性。在经济社会系统中，政策问题所涉及因素的复杂多样性，导致政策分析所需要综合考虑的因素极其繁杂，同时政策出台所产生的影响也直接或间接作用于经济社会系统的方方面面，这就要求政策决策者在研判政策影响时具有宏观全局的视野，极具挑战性。④不确定性。在经济社会系统非线性相互作用的情况下，仅凭决策者经验判断难以把握系统影响的演变方向，其影响具有高度不确定性。政策决策影响的长周期性、不可逆性、复杂性和不确定性挑战倒逼智库问题研究者需要对政策实施可能产生的经济社会影响开展充分评估和论证，为决策者提供有科学依据、数据支撑、专家参与的辅助支撑。政策模拟在智库问题研究中应运而生，成为智库问题研究的重要辅助工具之一，在提高智库问题研究科学性、系统性、综合性、前瞻性中发挥重要作用。

政策模拟是在不同理论以及定性或定量模型和技术的支撑下，分析评价社会政策的过去成因和未来影响的学术研究与经验研究（Estrada and Arturo，2011）。从模拟对象上说，政策模拟可以模拟实验多种政策，分析确定政策的最优解，也可能是模拟多种政策环境下的单一政策作用，认识政策的有效性。但必须承认的是“所有模型都不是完美的”。1976 年，英国统计学家 Box 写下了关于模拟模型的名言：“所有模型都是错误的，但有些是有用的。”从复杂性上看，政策模拟不可能百分百还原现实世界，从这个意义上讲，所有模拟模型都是错误的；但是基于现实的合理抽象所构建的模拟模型又可以为人们决策提供近似性判断的辅助支撑，因此模拟模型又是有用的。政策模拟是一种研究范式，是针对政策问题开展的建模、计算分析和基于计算机的政策虚拟实验，凡是遵循上述研究范式的方法均可视为政策模拟研究，其涵盖一系列方法集。

近年来，随着经济学、社会学以及自然科学理论不断发展，数据基础更加丰富，算法、算力更加强大，政策模拟得到了长足的发展。然而，需要注意的是，智库研究中的政策模拟方法与一般学术研究中的政策模拟方法存在一定的差异。学术研究主要聚焦政策作用机理与建模分析，以及政策模拟的求解算法实现。与之相比，智库研究中的政策模拟具有两个特征：①问题实用性。智库研究政策模拟必须紧密围绕切实需要解决的问题，以政策模拟为工具，开展以问题解决为目标的、有强烈针对性的模拟研究。②要素融合性。

智库研究政策模拟不仅在学科知识上具有高度融合性，往往需要融合经济、管理、政策等多领域知识；同时，在参与人员上也表现出高度融合性，需要充分发挥行业专家、政策专家、学科专家等多领域专家对模拟过程和模拟结果的把控和指导作用。当然，随着决策部门对科学决策需求日益重视，学术界基于理论与实证的研究不断向下游延伸，越来越注重扮演智库的政策咨询角色；而智库在决策科学性的要求下，也不断在政策模拟方法上加强探索，很多国际知名智库均建立了自己的政策模拟方法中心。学术界与智库界在政策模拟方法开发与使用上呈现日益融合贯通的趋势。

7.2 国内外智库问题研究中的政策模拟进展

7.2.1 国内外主要智库的政策模拟

国内外有影响力的一流智库在政策模拟研究范式下都非常注重研究方法的创新应用。由于全球智库超过万家，且在不同领域各有所长、不一而足，为此我们选择较有代表性的加以介绍，从中可以看出政策模拟方法在智库研究中的应用情况。

美国兰德公司从创立之初就具有方法创新的基因，将方法的创新性研究作为一项重要研究任务，在其帕蒂兰德研究生院下特别设有方法中心以及六个不同领域的分中心：①应用网络分析中心。关注社交媒体网络影响以及青少年健康等社会政策模拟研究。②因果推理中心。侧重政策的归因分析从而准确识别关键政策影响路径。③不确定性下的决策中心。探讨如何在不确定性下进行决策，支持在气候变化、风险管理等方面的政策分析。④博弈中心。探索人类决策背后不可预测的驱动因素以应对人类决策的复杂性挑战，主要用于军事战略与国家安全政策模拟领域。⑤定性与混合方法中心。专注应对各种数据收集技术产生的半结构化和非结构数据，从中发现规律提出应对政策。⑥可扩展计算和分析中心。利用大数据和高性能计算模拟进行行为推断并作出信息预测与政策分析。上述六个分中心虽然在方法创新上各有侧重，但都是在问题机理分析与政策模拟分析基础上开展的智库政策研究。例如，2012 年，兰德团队使用稳健决策方法对科罗拉多河流域进行脆弱性分析，并比较缓解流域州供水和需求之间差距的策略。作为稳健决策过程的一部分，兰德团队还开发了交互式可视化系统，以显示场景结果、比较选项并与盆地研究团队及其利益相关者权衡最终策略。

欧盟联合研究中心是为欧盟政策提供独立科学咨询的科学与知识服务机构，其使命是通过为整个政策过程提供证据以支撑欧盟的政策制定。欧盟联合研究中心开发了一系列科学工具和数据库，形成了多个软件和建模工具用于帮助决策制定。具体包括 iMAP、DataM（农业经济建模数据门户）、GM、POLES、ENSEMBLE（用于环境模拟的大气化学传输和扩散模型）、EFDM（用于森林生态系统和林业政策模拟的林业动力学模型）等，这些不同领域专门模型的开发和模拟，可以帮助决策者确定不同政策情景的优势和劣势，起到科学辅助决策的作用。

中国在政策模拟领域的工作始于 20 世纪 90 年代，主要的研究机构包括：①中国科学院科技战略咨询研究院（原中国科学院科技政策与管理科学研究所），先后开展了气候变化政策、能源政策、宏观经济政策、创新政策、区域发展政策的建模与模拟研究，开发完成了一系列政策模拟系统，为推动中国多学科交叉的政策模拟科学发展，以及定量模拟研究中国面临的气候变化经济学问题、宏观经济安全问题和区域经济与社会平衡发展问题奠定了重要基础。②中国科学院国家数学与交叉科学中心聚焦宏观经济监测与金融问题开展政策模拟，在多维经济预警、宏观经济数据挖掘、复杂经济系统模拟与政策仿真等前沿模型方法研究基础上，先后研发了全球经济监测与政策模拟仿真平台、宏观经济监测预警与政策模拟仿真平台，为国家宏观经济决策分析的科学性提供了重要支撑。③国家信息中心经济预测部，主要就宏观经济与世界经济开展监测预测，在数量模型（分析工具）开发与宏观政策仿真等决策支持任务方面开展了大量工作。

纵观当前国内外智库政策模拟研究工作，多主要以研究团队的学术积淀、经验积累，以及团队主要负责人的默会知识和系统把控为指导，尚未形成规范化、可供广泛借鉴的智库政策模拟研究范式。同时，在面向智库问题解决中，也尚缺乏不同领域专家的深度参与，政策模拟团队多自始至终扮演了模型设计、开发、模拟、分析、研判等多重角色，未能形成专业化的智库政策模拟应用范式。这也成为阻碍政策模拟被深度应用和发挥实质性支撑作用的主要原因之一。

7.2.2 国内外主要智库期刊研究热点分析

基于中国科学院科技战略咨询研究院“智库期刊群（1.0 版）”，检索政策模拟相关研究，在 66 种英文期刊中，15 种期刊涉及政策模拟主题的论文发表，共计 416 篇。其中 *Journal of Policy Modeling* 期刊中政策模拟相关论文数量最多。通过主题词共现知识图谱，共形成 31 个主题词聚类。

知识图谱中较为显著的主题词集合可归为四类：①宏观经济政策相关的政策模拟，涉及的主题词包括增长、影响、税收、贸易、货币政策、公共债务、全球化、生产率、CGE 模型、就业等；②环境政策模拟，涉及的主题词包括二氧化碳排放、气候变化、能源政策、电力、环境、税收优化、CGE 模型、平等、可再生能源、可持续发展等；③全球金融政策模拟分析，涉及的主题词包括全球金融危机、政策协调、金融市场、失业、COVID-19、信用评级等；④劳动力市场政策模拟，涉及的主题词包括投资、劳动力市场、技能、分配、教育等。从研究前沿看，目前智库政策模拟的前沿热点主要聚焦于基于模型的经济增长研究。

7.2.3 智库双螺旋法与政策模拟

从本质上看，智库研究的政策模拟是现实世界与抽象世界的连接桥梁。政策模拟一端连接现实世界，是现实世界实践的一种形式化描述和体现，反映问题相关的应用因素及其相互作用，是客观事物运行规律和变化发展趋势的刻画。政策模拟另一端连接抽象世界，是问题深层次逻辑关系或相关理论在具体问题上的应用实践。如在 CGE 的建模中，它既是 Walras 提出的一般均衡理论的具象化实现，也是基于投入产出表数据对现实部门经济关系的抽象刻画。应该说，在政策模拟中理论逻辑是骨架，实践观测是血肉，两者缺一不可。

因此，政策模拟一方面需要将客观现实归纳为具体问题的结构化形式，DIIS 过程融合法正是基于现实世界海量数据提炼信息、归纳知识的一般化方法路径的指引；另一方面需要将抽象逻辑演绎为具体问题的描述，MIPS 逻辑层次法是政策模拟针对问题开展逻辑分析的普适化思路。智库双螺旋法符合智库研究中开展政策模拟的内在需求，为智库问题的政策模拟提供了完整的、科学的思维指引和方法指引（图 7-1）。

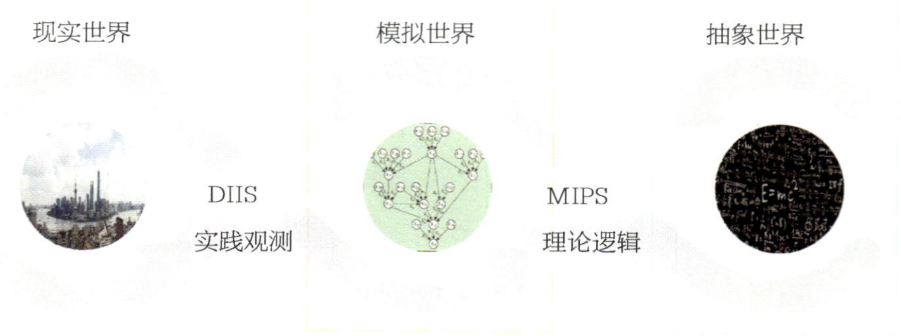

图7-1 智库双螺旋法支撑下的政策模拟

更为重要的是，智库双螺旋法以MIPS为逻辑主线，以DIIS为方法支撑，为智库专家深度参与智库政策模拟提供了规范化的、有明确阶段产出的组织指引。

7.3 基于DIIS过程融合法、MIPS逻辑层次法的政策模拟过程分解

7.3.1 政策模拟的智库双螺旋法外循环

在智库双螺旋法外循环结构下，面对复杂的智库研究问题，问题解析是第一步。政策模拟也是如此。在面对需要建模的复杂问题时，首先需要根据问题机理，充分认识问题，把握问题逻辑，将复杂问题分解为若干子问题。在政策模拟中，子问题具有两个重要的特征：①关联性。子问题之间总是具有基于不同变量耦合的紧密联系。②独立性。每个子问题均具有相对清晰的边界，子问题之间不存在模型功能的重叠。如在应对气候变化的政策模拟中，大而复杂的气候变化政策模拟被分解为经济子问题、能源子问题、排放子问题、政策措施子问题、减排技术子问题等，这些子问题间又通过国内生产总值（gross domestic product，GDP）、能源使用量、碳排放量等关键变量相互影响作用。值得注意的是，政策模拟问题的解析具有多层次嵌套性，需要在问题机理分析的基础上，从大问题开始层层解析，层层剥离，开展“剥洋葱”式的问题解构，直至可以在一定领域范畴内开展有针对性的、有学科基础支撑下的模拟分析。

从政策模拟技术实现的角度而言，问题的分解也就是软件工程中的系统模块化，每个子问题对应为一个具有高内聚、低耦合特征的系统模块，模块间以接口数据进行对接，如此确保每个模块具有明确的内部功能和输入输出，以各子模块耦合解决复杂的大问题，如图7-2所示。

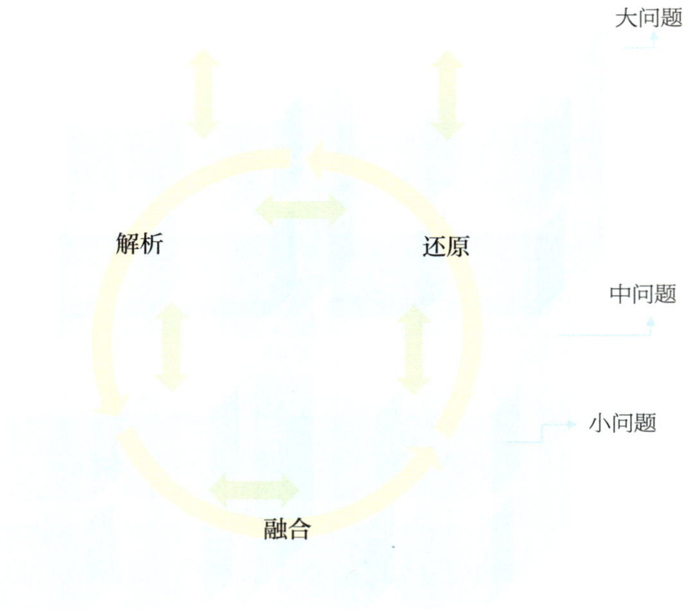

图7-2 基于智库双螺旋法的政策模拟问题解析

问题解析为下一个阶段针对各子问题的“融合研究”奠定了基础。融合研究是针对解析得到的子问题组织不同学科背景的专业研究人员综合多种研究方法开展数据收集、调查研究、模型计算的过程（潘教峰，2020）。政策模拟具有典型的融合研究特征，往往需要数学、计算机科学、经济学、管理学、公共政策学、运筹学、地理学、信息学等多学科知识与技术交叉融合。在多学科知识的支撑下，政策模拟分别就各子问题开展政策模拟和问题解决，最终基于智库双螺旋法外循环的还原论，整合形成解决大问题的，具有逻辑自洽、操作可行的复杂问题解决方案，完成智库研究始于政策模拟问题界定，终于政策模拟方案解决的完整流程。

7.3.2 政策模拟的智库双螺旋法内循环

智库双螺旋法外循环以完整的“解析—融合—还原”过程指导智库政策模拟实现从大问题到小问题的双向贯通。在此基础上，针对各个子问题，DIIS 和 MIPS 始终贯穿于政策模拟过程的关键环节，即“问题界定—模型构建—模拟分析—解决方案”，每个环节包含若干子任务。DIIS 为政策模拟各步骤提供了过程融合方法支撑，MIPS 为各步骤问题解决提供了逻辑层次指导，如图 7-3 所示。

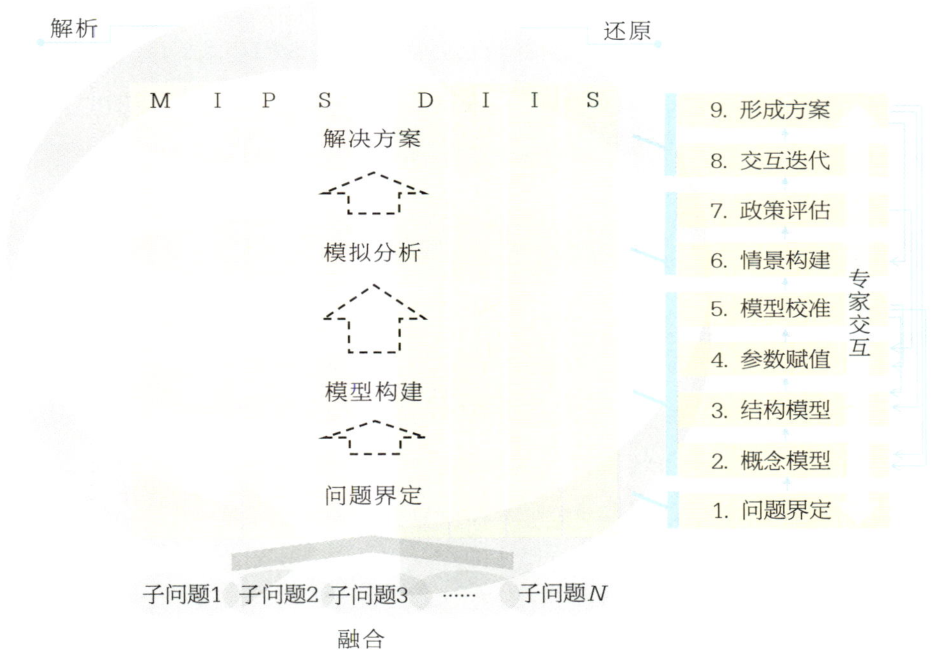

图7-3 智库双螺旋法与政策模拟过程耦合概念图

7.3.2.1 问题界定

政策模拟问题界定需要明确三个问题：①模拟的目标，即明确要解决的问题是什么？目标的确定不是凭空“拍脑袋”的产物，需要以现实案例、实践经验、数据分析为基础，发现现行政策实施中存在的问题，厘清问题的概念体系，从而发现现行政策存在的不足，开展针对现实问题解决的政策模拟。②模拟的学科识别，即明确问题应从哪个视角切入展开政策模拟。通常即使是同一个问题，从不同学科切入，其分析的重点、内在机制、涉及的主体也存在很大的差异。③模拟的边界。现实世界是极其复杂的巨系统，当面对一个需要开展政策模拟的智库问题，不可能做到面面俱到，这就要求针对模拟目标，开展有针对性的主要影响因素的筛选和提炼。正如爱因斯坦曾经告诫的“一个好的理论（模型），应该尽可能简单，但不能过于简单”，在 DIIS 过程融合法、MIPS 逻辑层次法支撑下，政策模拟问题界定将根据实践案例、经验、数据，归纳总结对模拟目标有贡献的核心要素和基本构成，构成模拟问题的边界。这里需要强调的是，任何模拟模型都是针对具体问题的核心要素的提炼，这也就隐含了一个基本前提，即每个模型都有自身的假设条件，而政策模拟最终给出的解决方案也是在假设条件为前提下的模拟输出，否则模拟结果不具有可比性。

7.3.2.2　模型构建

在明确问题边界的前提下，政策模拟进入模型构建环节。该环节将在 DIIS 过程融合法、MIPS 逻辑层次法指引下完成概念模型、结构模型、参数赋值和模型校准，是从系统抽象到系统实现的推进过程。

（1）概念模型

概念模型是政策模拟围绕问题目标形成的逻辑结构基础，是问题界定的进一步模块化。与智库问题解析一样，概念模型的建立也具有突出的层次性，在大问题的概念模型构建中需要有跨学科、跨领域知识作为支撑，梳理出大问题下各个中问题、小问题的逻辑关系；最终，针对小问题，收集问题相关前沿学科知识、实践案例等数据，形成针对小目标问题解决的概念模型。

概念模型构建的核心是针对问题厘清其内在逻辑机理。这包含两个层次的机理分析：①基础问题的机理分析，即构建针对问题本身的模块逻辑关系，如在应对气候变化的政策模拟中，基于文献、数据，可将繁杂的气候变化应对问题提炼为由经济模块、能源模块、气候模块、损失模块等多个模块耦合而成的概念模型，如图 7-4 所示。在概念模型阶段并不关注每个模块内部的结构，主要工作是梳理模块与模块之间的逻辑关系。②影响问题的机理分析，即需要针对智库问题解决中的影响要素或政策开展其与基础问题之间的逻辑关系分析，构建影响问题与基础问题的模块耦合，将政策转化为可纳入模拟模型的变量，为后续开展影响评估奠定模型基础。在应对气候变化政策中，在基础的经济、能源、气候模型架构下，可以针对碳排放权交易政策构建独立的模块，并把碳价和碳交易量与经济模块、能源模块进行耦合，从而为衡量碳排放权交易政策的实施影响评估提供模型基础。

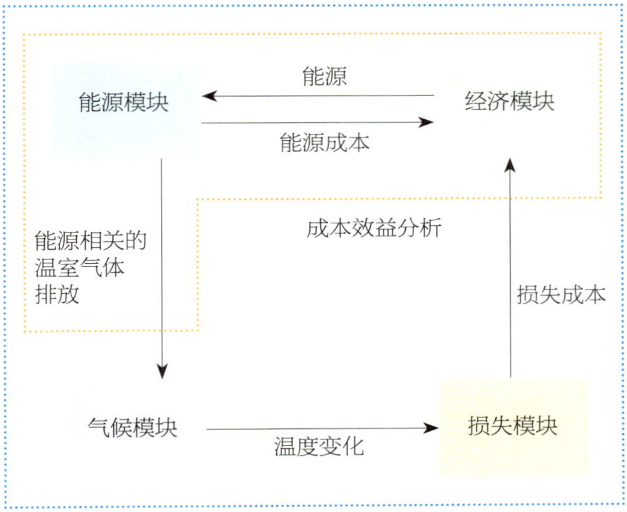

图7-4　应对气候变化政策模拟概念模型图

资料来源：Susandi，2003.

（2）结构模型

结构模型的构建是概念模型在模拟操作层面的细化，需要将概念模型落实到具体的方程体系或规则体系。在操作层面，结构模型的构建包括模拟方法选择和模型构建两个步骤。

首先，在模拟方法选择中，围绕概念模型需要解决的核心问题，基于DIIS-MIPS 展开模拟问题机理分析和文献调研，选择符合问题解决逻辑的模拟方法。在政策模拟领域，目前大致有两类模拟方法：①“自上而下”的模型。该类模型在宏观层面针对系统宏观观测变量构建模型体系，如 CGE 模型。②“自下而上”的模型。该类模型聚焦微观个体在系统演化中的重要性，以微观个体建模入手，从而观察系统宏观涌现，如 ABM。两类方法在建模或问题解决思维上存在差异，前者从宏观变量入手梳理问题逻辑关系，模型构建以宏观变量间的数学方程表达为主要途径，系统由一组方程构成，系统执行即是对方程的求解；而后者从微观个体行为入手，强调微观个体在系统中的交互过程及其对系统演化的贡献，系统由一系列具有特定行为规则的 agent 构成，模型的运行基于 agent 的属性及其行为演化仿真构成，一定程度上摆脱了经典方程的构建和求解约束。当然，在智库问题研究中，对究竟应该选择“自上而下”模型还是“自下而上”模型的判断，则需要紧密围绕问题的机理侧重点不同而展开。

其次，在模型构建中，不论是“自上而下”模型还是“自下而上”模型，都需要进一步将在概念模型阶段得到的影响分析机理融入基础模型中。也就是说，需要在基础模型之上，将要分析的政策转化为模型变量，构建其与基础模型其他变量之间的联系，实现政策变量在模型中的有机耦合。

（3）参数赋值

政策模拟是对现实经济、社会、自然等系统运行的虚拟重现。因此，在模型构建的基础上，需要将现实真实数据赋予模型中的不同参数、变量。在这一阶段，DIIS 过程融合法为参数值的确定提供两种类型的支撑：①直接数据采集与分析，即基于经济、社会、自然等各领域的观测数据、调研数据、统计数据，从中提取模型相关参数取值。②间接数据采集，即通过文献情报系统，从论文、专著、研究报告等已加工的数据中获得参数取值。而更为重要的是，参数赋值需要借助 MIPS 逻辑层次法从参数的内在本质出发，指导参数基本取值和变化趋势的科学性、合理性。实际上，模型中的参数都是现实世界运行的抽象表征，代表一定的经济、社会、自然等含义，这也就决定了参数应该如何取值。如在经济系统建模中，柯布 - 道格拉斯生产函数构建可以定义为其基本形式，如式（7-1）所示；而在具体问题研究中，将新生产要素纳入柯布 - 道格拉斯生产函数中（如知识资本），则柯布 - 道格拉斯生产函数变为式（7-2），那么此时式（7-1）中资本、劳动力的弹性参数取值与式（7-2）相应参数相比，存在本质的差异，并进一步决定具体的取值。这种差异实际上是由方程或参数本质的内涵差异导致的，因此需要从模型构建的机理和参数的含义出发选择参数取值。

$$Y=AK^{\alpha}L^{\beta} \tag{7-1}$$

$$Y=AK^{\alpha}L^{\beta}D^{\gamma} \tag{7-2}$$

式中，Y 为总产出；A 为全要素生产率；K 为资本投入量；L 为劳动力投入量；D 为知识资本投入量；α，β，γ 分别代表资本的产出弹性，劳动力的产出弹性，知识资本的产出弹性。

从智库研究的时空域看，参数选择过程反映了在参数机理下，从历史域、现实域中提取信息，辅助支撑未来域研判的内在特征。

（4）模型校准

模型校准是检验模型是否能真实反映现实世界运行状态、是否具有模拟可靠性的关键一步。通常的检验方法是在模型参数选择基础上，一方面以历史域、现实域为模拟期，以历史时期政策形式和政策强度为基准，开展模型模拟，形成历史域、现实域的模拟输出；另一方面以 DIIS 过程融合法为支撑，提取模型关键输出变量的观测数据，从而比较历史域、现实域的模型模拟结果与实际观测数据的差异。需要特别注意两个维度下变量的极值、突变点是否吻合。若存在冲突，就需要以 MIPS 逻辑层次法为指导，分析导致模拟与现实冲突的内在机理，确定模型在概念模型、结构模型等前序阶段是否与现实存在本质的差异，从而回溯到机理层面做出相应的调整，如确定究竟是缺少了哪一个核心影响因素，或是针对问题解决的逻辑关系存在缺陷。由这个过程可以看到，政策模拟不是一蹴而就的工作，需要开展 DIIS 过程融合法、MIPS 逻辑层次法的反复迭代，使模型模拟从机理到数据到结果，各环节均真实反映现实世界运行特征。

7.3.2.3 模拟分析

（1）情景构建

政策影响的长周期性、不可逆性、复杂性和不确定性，决定了政策实施前，决策者需要通过情景分析对政策未来影响路径、影响范围、影响程度作出全面综合研判。情景分析可用于估计系统响应意外事件的行为，并可用于探索系统性能在理论上的最佳情况（乐观）或最坏情况（悲观）下的变化（Liu，2020），是政策模拟中从历史域、现实域到未来域分析的逻辑起点。

情景构建包括三方面条件的假设：①政策情景主题的选择。根据研究的不同需求，分析可能存在的潜在情景。例如，在政府间气候变化专门委员会（Intergovernmental Panel on Climate Change，IPCC）第四次评估报告中，根据未来全球化、经济、人口、治理、技术等五个维度不同发展趋势综合判定未来可能潜在四大类排放情景，如排放情景特别报告（Special Report on Emissions Scenarios，SRES）中的情景设置（图 7-5）。②政策驱动力假设。在情景主题下，选取模型中除政策变量以外的系统关键驱动力参数，如较为普遍的政策模拟分析驱动力包括经济、社会、人口、技术等，在通过 DIIS 过程融合法和 MIPS 逻辑层次法充分调研提取信息的基础上，根据不同参数的可行域、极值范围，设置不同演变趋势，给出几种替代性的系统演化路径，包括经济演变趋势、人口演变趋势等。③政策措施假设。根据政策类型、政策强度差异，在模型中为政策变量设置不同取值或变化路径，从而分析不同政策选择导致的不同结果。

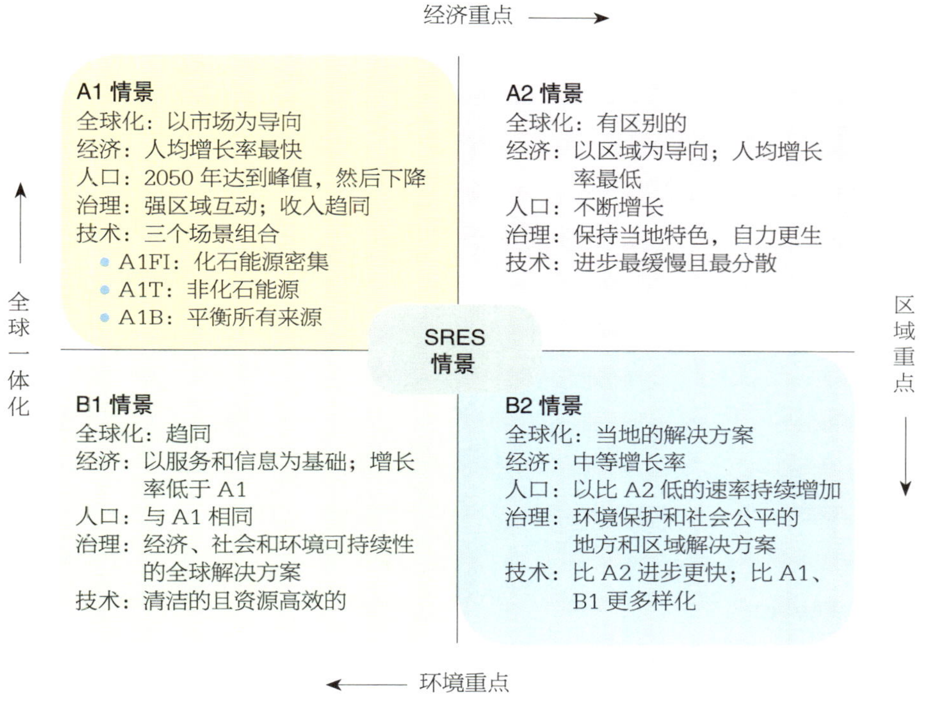

图7-5 IPCC SRES中的情景设置图

资料来源：Intergovernmental Panel on Climate Change （IPCC），2007.

在情景构建中（图 7-6），有一个特殊的情景，也是根本性的情景，即基准情景。基准情景是系统中所有参数按历史域、现实域的演化规律持续演化，在系统不受额外政策冲击情况下，系统自身迭代的发展路径，是系统在历史域、现实域基础上，对未来域的基本前瞻。基准情景是研判所有政策情景结果优劣的基准线。通过基准情景与政策情景的比较，协助政策决策者了解不同政策情景相对基准情景在系统核心指标各方面的发展趋势。但需要注意的是，政策模拟中情景构建仍然是有限数量或代表性情景的构建，不可能穷举所有情景，因此从这个意义上说，情景构建帮助政策决策者降低决策的不确定性，而不能消除不确定性。

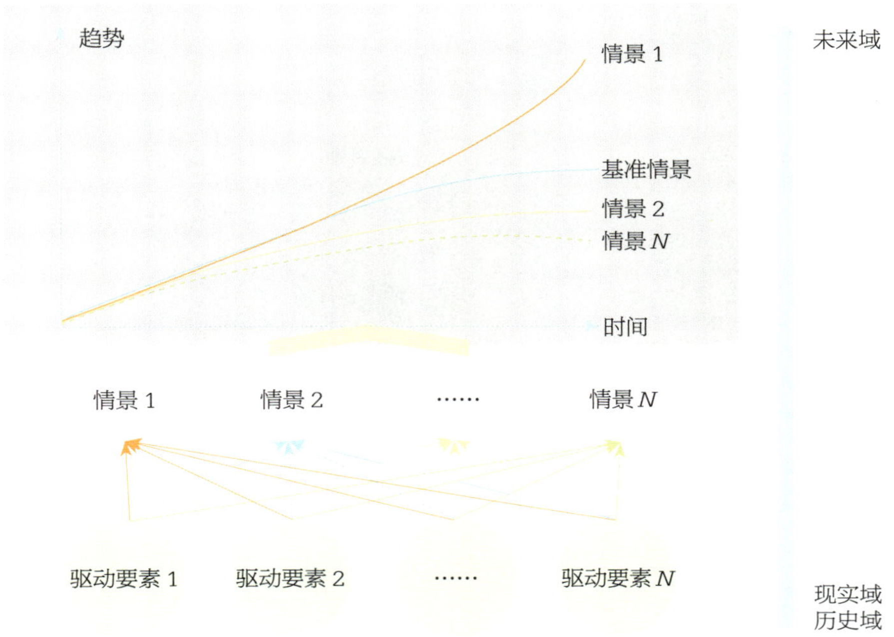

图7-6　情景构建

（2）政策评估

政策评估是针对情景假设下各情景中政策对经济、社会、自然各系统产生影响的分析，包括正面影响和负面影响。为了有效判别政策影响，大致可以从三个层面开展政策评估工作：①从政策目标层面评估政策有效性。任何的政策模拟都服务于一定的政策目标，这也是在政策模拟问题界定阶段解决的第一个问题。因此，在政策评估阶段，首先需要分析系统设置的政策情景是否达到了预期的政策目标，即是否通过政策解决了目标问题。如在开展全球应对气候变化的政策模拟中，一个核心目标即是看 2100 年全球升温是否控制在 2 摄氏度阈值内。②从政策约束层面评估政策可行性。政策的实施需要配套的资源匹配与支持，其中部分资源具有显著约束性，如劳动力供给具有总量约束性，不存在劳动力无限供给的经济系统。因此，针对不同问题，通过广泛的资料调研，把握约束条件的可行域，包括资源总量可行域、技术实现可行域。在政策目标达成的同时，特别关注约束条件是否满足。③从政策影响趋势层面评估政策可接受性。在同一政策目标下，可行的备选路径各有不同，体现在政策设置的时间、空间、强度等方面。那么如何辅助决策者找出较优的备选路径，就需要从政策影响趋势中，通过经济、社会、科技、生态、安全等维度开展全面的效益分析，剔除具有显著缺陷或产生负面影响的政策情景；同时结合政策评估的有效性、可行性，从政策评估多维空间中找到较优的备选解决方案（图 7-7）。如为了实现二氧化碳减排目标，若采取大幅减少生产的政策，显然其产生的经济冲击对于决策者来说是难以接受的。

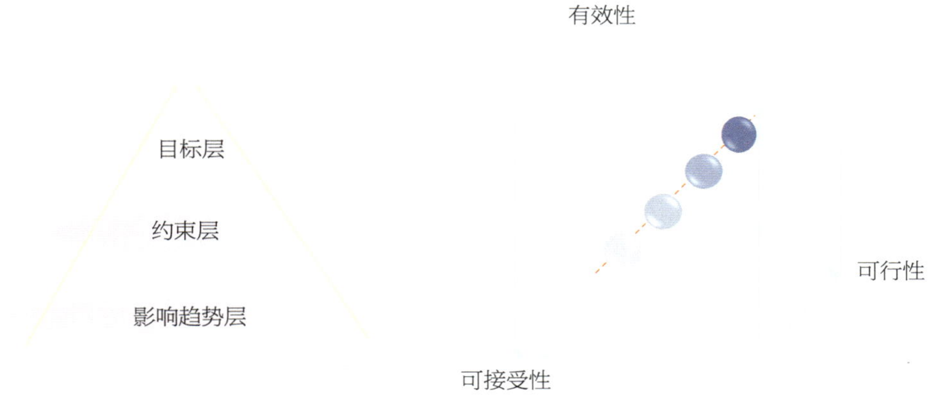

图7-7　政策评估透视图

7.3.2.4　解决方案

（1）交互迭代

智库研究问题的六大特征之一即政策实用性。这决定了智库政策模拟与单纯学术研究的模型模拟相比，更需关注模拟结果的可操作性，需要在领域专家、政策专家、技术专家交互作用下，形成具有可落地的解决方案。这也是智库双螺旋法中综合研判的内在要求。因此，在模拟评估筛选得到的备选方案基础上，不同类型专家将从不同角度，比较现实政策基础、技术基础、资金基础、人才基础等条件是否满足政策方案需求，分析方案的实操性。若模拟方案存在不足，则专家将对问题界定、概念模型、结构模型、参数赋值、模型校准、情景构建等前序环节进行相应的调节，回溯至政策模拟的第一步并开展相应的 MIPS 逻辑层次法迭代。智库政策模拟中，与专家交互的过程也是模型模拟贯彻智库研究问题导向的重要组成部分，需要在交互过程中迭代实现具有强针对性的结构模型、参数赋值、情景构建，将专家知识贯通于政策模拟各环节。

（2）形成方案

作为政策模拟的最终环节，解决方案的产出并不是一蹴而就的，当模拟评估结果与专家研判存在较大差距时，需开展模拟方案迭代，优化问题解决方案，最终在专家或决策群体的研讨下筛选得到一个优化的解决方案。在方案迭代的基础上，开展方案转译。一般情况下政策模拟得到的往往是一组数据或图表，这对政策决策者的专业素养提出了挑战，因此，需要在形成方案阶段将政策模拟得到的结果从经济学、管理学等维度解释其真实的政策学意义，并形成有模拟结果支撑下的政策建议报告。

7.4 智库问题研究中政策模拟的代表性方法

在政策模拟过程的结构模型构建中，选择具体的模拟方法是关键的一个步骤。这既是政策模拟从概念到具体的落实环节，也是政策模拟从历史域、现实域到未来域推演的衔接环节，是政策模拟中起到承上启下作用的关键一步。

如前文所述，目前主要的政策模拟方法可分为“自上而下”与“自下而上”两类模型，需要根据智库问题研究中的机理属性作出合理的选择。为了给读者一个更直观的认识，这里分别选取“自上而下”与“自下而上”的代表性模型，从 DIIS 过程融合法、MIPS 逻辑层次法与模型构建的融合做一些介绍。

7.4.1 “自上而下”的政策模拟方法：CGE 模型

CGE 模型是用一组方程对经济系统的一般均衡状态进行描述，当引入政策冲击后，通过分析政策实施前后各经济变量的变化，评估分析政策实施的效果。随着数据支撑能力和计算能力的提升，CGE 模型得到极大的发展，对宏观经济系统的刻画越来越详细：一方面表现为对产业部门和生产要素的刻画不断丰富，如经济系统包含的产业部门可以扩展至上百个，生产要素涵盖土地、资本、劳动力以及能源资源等，同时各种要素类型还可进一步细化，如熟练劳动力与非熟练劳动力、不同类型土地要素、不同化石能源与可再生能源等；另一方面对微观经济主体行为的刻画也更贴近现实，如反映利润最大化的企业生产行为、反映效用最大化的家庭消费行为等。经过多年发展，CGE 模型渐趋成熟，正从比较静态模型向动态模型演进、从单一区域向相互关联的多区域扩展、从单纯经济系统向与其他系统，如能源、气候、生态环境等耦合发展演变，从而使 CGE 模型具有更丰富的应用场景。这为智库开展基于 CGE 模型的政策模拟奠定了坚实的基础。

应该说，基础的 CGE 模型架构目前已发展较为成熟，模型变量、模型方程的关系已经有了相对公认的结构。在智库问题研究中，如何构建问题导向下的 CGE 模型是重点。从 DIIS 过程融合法、MIPS 逻辑层次法出发，一方面是需要根据研究问题机理，将问题的调节政策转化为可融入 CGE 模型结构的变量；另一方面是需要建立该政策变量与模型中其他变量之间的联系，即如何用方程表达政策变量与其他经济社会变量之间的耦合关系，这实际上也是问题机理的结构化表达，其核心仍然是问题的机理。例如，在开展基于 CGE 模型的碳税模拟时，一般化的 CGE 模型没有涵盖碳税变量，若要开展碳税政策模拟就需要从经济学角度分析碳税在企业、政府、家庭等主体经济活动中的影响机制，将碳税转化为 CGE 模型的变量，并以数学方程形式将碳税与 CGE 基础模型原有的生产、消费、收入、支出等方程进行关联，拓展具有碳税机制的CGE模型。

7.4.2 “自下而上”的政策模拟方法：ABM

基于agent建模是一种“自下而上”的建模方法。该方法以若干agent模拟客观世界个体，以微观层面agent的个体行为及其交互作用模拟系统宏观涌现过程。基于agent建模，其核心理论指导思想是Holland（1995）提出的复杂适应系统（complex adaptive systems，CAS）理论，即系统的复杂性起源于其中个体的适应性。在基于agent建模中，建模者按照“自下向上”的建模规则，把一个复杂问题分解为多个子问题分配给处于相同环境的若干个agent，每个个体agent功能相对独立，同时又通过个体agent之间的交互活动开展信息交流，从而解决复杂问题。ABM不是从业务流程而是从活动的角度来看待组织，即聚焦于组织内部人员实际做什么（Bonabeau，2002）。在高度复杂的系统中，通过个体的交互共同作用从而获得全局的结果，这种结果不能归功于任何一个个体，而又离不开任何一个个体。多个自主体相互作用的效用远远超过了这些自主体效用的简单累加和，因此，基于自主体模拟对解决复杂性问题的能力非常强大。当前，ABM在社会、政治和经济等领域得到了广泛的应用，如环境政策模拟、交通流量模拟、股票市场模拟、创新扩散等。

与CGE模型或其他基于方程的模型具有基本的方程结构不同，ABM提供的是一种解决问题和针对问题建模的思维方式，没有一个基础的ABM架构，而需要针对不同的具体问题开展问题导向下的问题分解与模拟。从DIIS过程融合法、MIPS逻辑层次法出发，在基于ABM的结构模型构建中，需要聚焦问题域所涉及的主体，对agent的行为开展基于DIIS的信息提炼和知识发现，同时将agent交互及其影响的机理作为推动系统演化的内在动力。例如，在针对新型冠状病毒肺炎（简称“新冠肺炎”）疫情的政策模拟中，传统的模拟方法多基于微分方程的 SIR 模型展开，由易感人群、传染者、康复者（或更多人群的分类）的宏观统计人数的相关性构建方程，并展开预测；而基于 ABM 对新冠肺炎疫情的模拟，则从微观人群在空间的流动、接触行为切入，模拟由于人群活动导致病毒在空间中的传播动态过程，进而观察宏观被感染人数的变化，并展开预测。在这个过程中，DIIS 过程融合法、MIPS 逻辑层次法将通过广泛的数据收集挖掘人群流动的空间方向、强度、趋势等信息指导 ABM 的 agent 行为特征描述，同时通过多学科融合构建病毒传播受到哪些外界因素影响的机理架构，通过 agent 行为与交互影响推动系统演化。ABM 在新冠肺炎疫情的模型中已得到了广泛的应用，图 7-8 为发表在 *Nature* 期刊上的一篇关于波士顿大都市区新冠肺炎疫情模拟的模型结构图。

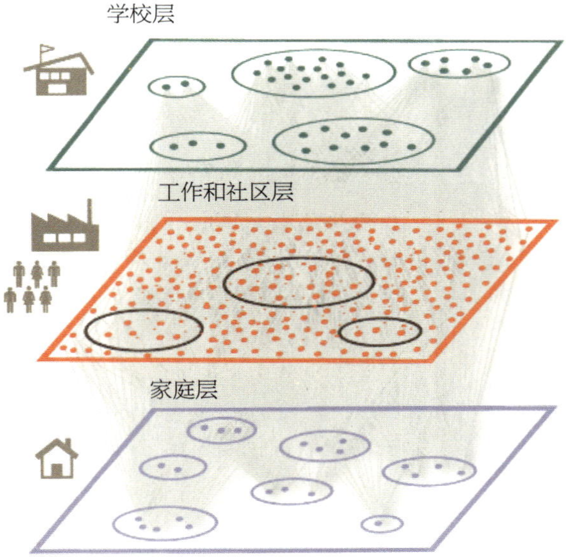

图7-8　基于ABM的波士顿大都市区新冠肺炎疫情模拟的模型结构图

资料来源：Aleta et al., 2020.

7.5 小结

DIIS 过程融合法、MIPS 逻辑层次法贯通于智库政策模拟的各个环节（表 7-1），是智库政策模拟从模型框架解析到模型数据支撑再到模型模拟分析的全面的思维指导、操作指导和组织指导。

表7-1 DIIS过程融合法、MIPS逻辑层次法与智库政策模拟

序号	主要阶段	政策模拟主要任务	政策模拟目标	DIIS 过程融合法	MIPS 逻辑层次法	时空域
1	问题界定	问题界定	明确问题目标和边界	基于历史域数据、案例、经验分析，研判现实政策运行中的问题所在	从机理层面，提炼问题核心驱动力，明确问题边界	以历史域、现实域为基础，提出未来域解决目标
2	模型构建	概念模型	厘清模型模块逻辑关系	基于学科理论、实践案例，发现针对问题目标问题的模拟解决方案	梳理问题本身的机理与影响机理，建立政策作用模块在系统中的联系	以历史域、现实域为基础，构建未来域问题解决方案
3		结构模型	构建基于变量的结构化模型	基于学科文献、知识、数据、案例，发现问题模拟的方法选择、模型选择	构建概念模型各子模块的结构化模型体系	以历史域、现实域为基础，细化未来域问题解决方法
4		参数赋值	确定模型参数取值	采集模型相关观测数据、调研数据、统计数据、文献等数据，提取信息	在模型结构框架下，基于参数机理，获取模型变量和参数取值	以历史域、现实域为基础，获取模型参数变量取值，为未来域模拟奠定基础
5		模型校准	检验模型可靠性	采集与模拟输入、输出相关观测数据、调研数据、统计数据，提取信息，形成历史域、现实域模拟结果	结合模型假设条件，从模型机理上分析模型历史域、现实域的模拟结果是否符合现实观测	以历史域、现实域为基准，研判模型可靠性，为未来域模拟奠定基础
6	模拟分析	情景构建	构建模型不同演化路径	基于对系统中的关键参数可行域的判断，形成对未来趋势的研判	形成各个变量的趋势预测的内在机理	以历史域、现实域为基准，对未来域发展路径作出预设

续表

序号	主要阶段	政策模拟主要任务	政策模拟目标	DIIS 过程融合法	MIPS 逻辑层次法	时空域
7	模拟分析	政策评估	评估各情景下的政策影响	通过广泛的资料调研，把握约束条件的可行域，包括资源总量可行域、技术实现可行域等	从模型构建机理出发，分析政策影响评估结果的合理性	以历史域、现实域为基准，评估政策情景有效性、可行性、可接受性
8	解决方案	交互迭代	基于专家知识迭代政策模拟全过程	实现内外部数据融合，形成专家支撑下的综合研判	从机理判断政策模拟方案的合理性，开展方案优化	以历史域、现实域为基础，融入专家知识，指导未来域研判
9		形成方案	与专家互动，优化方案	以广泛的资料和信息支撑最终解决方案	面向问题解决方案，保证方案逻辑自洽	以历史域、现实域为基础，提出优化的解决方案

第8章　智库研究的循环迭代

智库研究的循环迭代体现了认知的不断迭代、跃升过程，反映了认知的内在规律。智库研究也是一门循证科学，需要经过多轮循证论证，围绕智库问题，不断收集数据，获取信息，形成证据可靠、结论可信的智库研究结果，体现了循环上升、深化收敛、反复循证的过程。本章围绕智库研究的循环迭代这一关键问题开展研究，阐述智库研究循环迭代的内涵及意义，分析智库双螺旋法循环迭代的触发情形和涉及环节，在此基础上提出智库双螺旋法的循环迭代流程，通过案例说明循环迭代流程在实际中的应用。

8.1　智库研究循环迭代概述

8.1.1　智库研究循环迭代的内涵及意义

由于智库问题充满复杂性，在智库研究过程中可能会出现以下情形：智库问题未能一次性分解彻底；数据缺失或未收集全面；出现新的相关数据；未能一次性完全认识智库问题；专家意见未达成一致；主观判断和客观分析存在偏差；解决方案未能满足实际需求或缺乏操作性。

当在智库研究过程中出现上述情形时，如果不能结合实际情况开展多轮循环迭代研究，可能导致研究结果未必是解决问题的最佳方案，智库研究的准确性、科学性、合理性将会大为受限。因此，循环迭代在智库研究中具有非常关键的作用，可以避免由于事物形势发生变化、认知不充分、信息不完备、专家意见不一致、客观分析与主观判断存在偏差等因素对研究结果产生的影响，有利于提高智库研究的科学性和准确性。

从智库双螺旋法来看，外循环需要经过多轮的“解析—融合—还原”后才能形成解决问题的方案；内循环 DIIS 也需要经过多轮的收集各类相关数据、整理分析数据形成客观认知、专家对客观认知进行判断后才能形成解决问题的方案，内循环 MIPS 也需要经过多轮的认识问题本体及其自身规律、厘清问题产生的影响、分析问题的政策干预效果后才能形成解决问题的方案；同时在外循环和内循环各个环节的研究过程中也需要经过反复多轮的循环迭代。因此，智库研究的循环迭代是智库双螺旋法的关键问题之一，贯通历史域、现实域和未来域。智库双螺旋法的循环迭代是通过 DIIS 过程融合法和 MIPS 逻辑层次法，在研究过程和研究内涵上，不断收敛、持续循证、寻求解决方案的过程。重点关注：什么情况下要开始新一轮循环迭代的研究（即循环迭代的条件或触发点）？如何通过循环迭代实现研究过程的不断收敛、专家智慧的激发和最大共识的达成？

8.1.2 智库研究循环迭代的研究现状

从国内智库研究工作来看，现有智库研究大多聚焦于引介国外智库的经验做法和探索国内智库建设的路径，较少关于智库研究本身的探讨，关于智库研究循环迭代的思考更是甚少。从国外智库研究工作来看，国外智库非常重视对研究方法的创新开发，并在实践过程中不断地改进，目前一些智库的研究方法工具中涉及了“循环迭代”的内容。

例如，美国兰德公司提出的德尔菲法是依靠专家的知识和经验对问题作出判断的一种方法。该方法经过多轮征询和反馈，使得各专家的意见逐步趋于收敛，最终得到一致的集体判断结果。兰德公司还开发了分布式的群体决策支持系统 ExpertLens（RAND，2022b）。该工具是将定量数据与定性讨论相结合的在线迭代系统，可以反复从不同专家的意见中收集信息，利用统计数据建模得到一致的群体意见。ExpertLens 可以综合具有不同观点的利益相关者的意见来作出统一的决策，最早见于兰德公司 2011 年所发表的一篇文章（Siddhartha et al.，2011）中。ExpertLens 是一个在线迭代系统，使不同领域和专业的专家可以：独立地（通过回答开放式问题的方式）或协作地（通过参加在线讨论的方式）识别重要问题；评价方案的潜在问题和/或确定方案的优先级；通过部分或完全匿名的在线讨论方式来审核和讨论评分（RAND，2022c）。通过将定量数据与定性讨论相结合，ExpertLens 不仅可以识别大型专家群体中的共识区域，还可以了解专家的不同意见以及专家的观点为何不同。ExpertLens 的匿名性可以帮助专家更加诚实地表达想法，并根据专家自身而不是专家的社会地位或人际关系来评估其他专家的观点。ExpertLens 的主要特点是：可以吸引大量的利益相关者参与；征求不同领域专家的意见；节省进行面对面会议的相关成本；允许专家在方便的时间参加，从而最大限度地减轻专家的负担；允许专家修改其提供的原始意见；加快数据收集和分析；将定量分析和定性分析相结合（RAND，2022d）。

ExpertLens 的主要工作原理是对数据进行迭代收集和反馈，其工作程序（RAND，2022e）如下。第 0 轮：产生创意（可选）。专家首先回答一系列开放性问题，或参与有关问题的在线讨论，以便更好地理解问题，帮助设计后续步骤中涉及的假设情景。第 1 轮：评估。专家可以对问题进行评分或排名，并通过文本框提供反馈意见。通常，第 1 轮问题基于第 0 轮的结果，如要求专家基于上一轮收集的数据进行评分或要求专家评估可能出现的情景。第 2 轮：反馈与讨论。除了作为数据收集工具之外，ExpertLens 还内置了数据分析的功能。在第 2 轮开始之前，ExpertLens 将自动分析第 1 轮的所有数据，计算每个问题的均值或中位数以及四分位数。专家不仅可以看到小组如何回答第一轮问题，还可以将自己的答案与小组的答案进行比较。小组和个人的答案以表格和图形格式显示。此外，ExpertLens 还邀请专家参与有关他们观点的匿名在线讨论，讨论的主持人可以要求专家解释他们的答案为何与其他专家的答案有所不同，并进一步阐明他们的观点。第 3

轮：重新评估。专家根据小组反馈和讨论修改其原始答案，并对他们使用ExpertLens的体验进行评分。

再如，麦肯锡公司的七步分析法是一种基于事实的解决问题方法，可以帮助决策者厘清解决问题的思路，具体步骤（McKinsey & Company，2019）如下。① 定义问题。清晰描述要解决什么问题，重点阐述问题的背景、需要多久得到答复、成功解决问题的标准、可能的利益相关者、可能的限制条件、解决方案的作用范围。② 分解问题。分析问题的关键原因，利用逻辑树法对问题进行分解，将问题分解为一系列的子问题。③ 确定优先级。对分解后的子问题进行优先级排序，重点研究优先级靠前的子问题。④ 制订工作计划。根据问题优先级制订工作计划，并在研究过程中不断调整工作计划。⑤ 开展研究。收集相关证据，对问题进行建模分析，开展数据测试和反馈循环研究。⑥ 形成研究结果。分析每个步骤中可能的不确定性因素，形成问题的研究结果，阐述研究结果的不确定程度。⑦ 反复迭代。邀请利益相关者对问题的研究结果进行讨论，根据利益相关者的反馈信息，不断重复迭代，提出有说服力的解决问题方案。从麦肯锡公司提出的七步分析法来看，第五步是收集相关证据开展建模分析并不断地测试和反馈循环，第七步通过多轮收集利益相关者的意见进行重复迭代后形成解决方案。

可以看出，国外著名智库的研究方法中涉及的循环迭代，不仅仅局限于采用定性的方式进行循环迭代，也注重以基础性数据为基础、定量分析与专家意见相结合（如ExpertLens工具和七步分析法）进行循环迭代，但关于循环迭代的触发情形及具体方法未见深入探讨。

8.2　智库双螺旋法循环迭代的触发情形和涉及环节

8.2.1　智库双螺旋法循环迭代的触发情形和终止条件

面对任何的智库问题，运用智库双螺旋法开展研究，都不是一次性完成的线性过程，而是多轮循环迭代研究的螺旋式上升过程。从系统论、控制论的角度来看，当在智库双螺旋法研究过程中涌现出新的问题时（可视为触发点），将会触发循环迭代研究，开始新一轮的智库双螺旋法研究过程，产生相应的反馈结果，经过反复迭代、不断耦合，新问题不断得到解决，直至形成一个整体优化的解决方案。为便于理解，下面对智库双螺旋法研究过程中可能会触发循环迭代的情形以及终止循环迭代的条件进行分析（表8-1）。

表8-1　智库双螺旋法循环迭代的触发情形和终止条件

序号	循环迭代触发情形	循环迭代终止条件	涉及环节
1	问题未彻底分解	分解后的子问题已经具体到各学科领域，可以直接运用学科知识开展研究	外循环的解析问题环节
2	智库研究数据不全面或需要更新	未发现缺失的数据或未出现对智库研究有重要影响的新数据	内循环 DIIS 的收集数据环节
3	智库问题认知不完备	未发现对智库问题认识不全面的情况	内循环 DIIS 的揭示信息环节
4	专家意见不一致	专家对于研究结果达成统一观点	内循环 DIIS 的综合研判环节
5	客观分析与主观意见存在偏差	客观分析结果与专家的主观认知达成一致	内循环 DIIS 的综合研判环节
6	机理分析不彻底（未找到问题根本原因、事物发展规律和趋势）	对问题产生的根本原因、事物发展的本质规律和趋势有着清晰的认识	内循环 MIPS 的机理分析环节
7	影响分析不彻底（未完全认识智库问题产生的影响）	明确智库问题产生的经济、社会、科技、安全等影响	内循环 MIPS 的影响分析环节

续表

序号	循环迭代触发情形	循环迭代终止条件	涉及环节
8	政策分析不彻底（未能清晰判断智库问题的政策干预效果）	对智库问题的政策干预效果有着清晰的判断	内循环 MIPS 的政策分析环节
9	方案未解决问题	解决方案可以满足实际需求、具有可操作性	外循环的还原问题环节 / 内循环 DIIS 的形成方案环节 / 内循环 MIPS 的形成方案环节

（1）问题未彻底分解

触发情形：智库研究需要充分运用相关知识将复杂的智库问题分解为一组清晰、可操作的子问题集，由于智库研究是涉及多学科的综合性研究，所需的信息非常广泛和知识量非常大，很难一次性将智库问题分解彻底，当在研究过程中发现智库问题未彻底分解时将会触发循环迭代研究，需要对问题进行继续分解。

终止条件：当分解后的子问题已经具体到各学科领域，可以直接运用学科知识开展研究时，问题才算分解得更具体、细致和彻底，此时可以终止循环迭代研究。

（2）智库研究数据不全面或需要更新

触发情形：智库问题通常具有复杂性，所涉及的相关数据往往难以一次性全面收集或存在数据缺失的情况；此外，由于智库研究所面临的形势是不断发展变化的，也会有新的数据出现，当出现数据不全面或需要更新数据的情形时，将会触发循环迭代研究，需要补充数据后开展新一轮的研究。

终止条件：当未发现缺失的数据或未出现对智库研究有重要影响的新数据时，所收集的数据才具有完整性和时效性，此时可以终止循环迭代研究。

（3）智库问题认知不完备

触发情形：由于智库问题的复杂性和多学科交叉性，在研究过程中很难一次性认识到智库问题的全部，当发现智库问题认知不完备时，将会触发循环迭代研究，需要补充新知识对智库问题所构建的认知框架进行完善后开展新一轮的研究。

终止条件：当未发现对智库问题认识不全面的情况时，智库问题的各个方面才算认知完备，此时可以终止循环迭代研究。

（4）专家意见不一致

触发情形：由于每位专家是结合其专业领域知识和自身认知经验对智库问题进行研判，各位专家的研判意见都具有一定的主观性，专家们对于研究结果难免会出现未能达成一致的情况，当出现这种情形时，将会触发循环迭代研究，需要不断地征求专家意见，开展新一轮的研究。

终止条件：当专家对于研究结果达成统一观点时，可以终止循环迭代研究。

（5）客观分析与主观意见存在偏差

触发情形：智库研究往往是定量分析与定性分析相结合的研究，当客观分析结果与专家的主观认知出现偏差时，将会触发循环迭代研究，需要补充知识开展新一轮的研究。

终止条件：当客观分析结果与专家的主观认知达成一致时，可以终止循环迭代研究。

（6）机理分析不彻底（未找到问题的根本原因、事物发展规律和趋势）

触发情形：由于智库问题的复杂性和多学科交叉性，在研究过程中很难一次性找到问题产生的根本原因、事物发展的本质规律和趋势等机理，当出现这种情形时，将会触发循环迭代研究，需要补充知识开展新一轮的研究。

终止条件：当对问题产生的根本原因、事物发展的本质规律和趋势有着清晰的认识时，机理分析才算彻底，此时可以终止循环迭代研究。

（7）影响分析不彻底（未完全认识智库问题产生的影响）

触发情形：由于智库问题通常不是独立产生的，而是相互联系和影响的一系列问题，在研究过程中很难一次性完全认识智库问题产生的经济、社会、科技、安全等多重影响，当出现这种情形时，将会触发循环迭代研究，需要补充知识开展新一轮的研究。

终止条件：当明确智库问题产生的经济、社会、科技、安全等影响时，影响分析才算彻底，此时可以终止循环迭代研究。

（8）政策分析不彻底（未能清晰判断智库问题的政策干预效果）

触发情形：在研究过程中很难一次性判断智库问题的政策干预效果，当出现这种情形时，将会触发循环迭代研究，需要补充知识开展新一轮的研究。

终止条件：当对智库问题的政策干预效果有着清晰的判断时，智库问题的政策分析才算彻底，此时可以终止循环迭代研究。

（9）方案未解决问题

触发情形：研究结果需要满足实际的需求，当智库研究形成的解决方案未能满足实际需求或缺乏操作性时，将会触发循环迭代研究，需要补充知识开展新一轮的研究。

终止条件：当解决方案可以满足实际需求、具有可操作性时，解决方案才算合理，此时可以终止循环迭代研究。

8.2.2 智库双螺旋法循环迭代涉及的环节

从智库双螺旋法的循环迭代触发情形来看，智库研究循环迭代不仅涉及智库双螺旋法外循环的各个环节，同时也涉及内循环 DIIS 和 MIPS 的各个环节。

（1）外循环各个环节的循环迭代

从智库双螺旋法外循环的解析问题、融合研究、还原问题环节来看，解析问题环节需要经过多轮的解析才能将智库问题分解为一组清晰、可操作的子问题；融合研究环节需要经过多轮的数据收集、调查研究、模型计算、专家研判等才能明确问题的机制机理、趋势方向等；还原问题环节需要经过多轮的智库问题解析、对子问题进行融合研究、综合还原智库问题之后，经过循环迭代、集成升华形成解决问题的方案（图 8-1）。

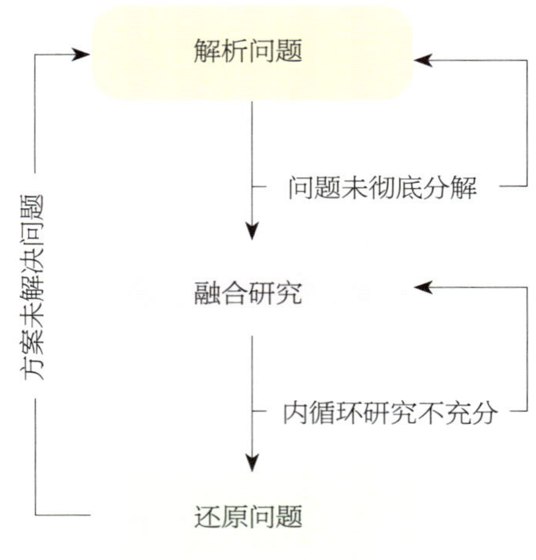

图8-1　智库双螺旋法外循环的循环迭代示意图

（2）内循环 DIIS 各个环节的循环迭代

从智库双螺旋法内循环 DIIS 的收集数据、揭示信息、综合研判、形成方案环节来看，收集数据环节需要经过多轮的数据收集才能全面完整；揭示信息环节需要经过多轮的挖掘、整理、分析数据，才能形成对事物的客观认知；综合研判环节需要经过多轮的专家研判才能最大限度地凝练共识；形成方案环节需要经过多轮的收集各类相关数据、整理分析所收集的数据形成客观认知、专家对客观认知进行判断之后，经过循环迭代、集成升华形成解决问题的方案（图 8-2）。

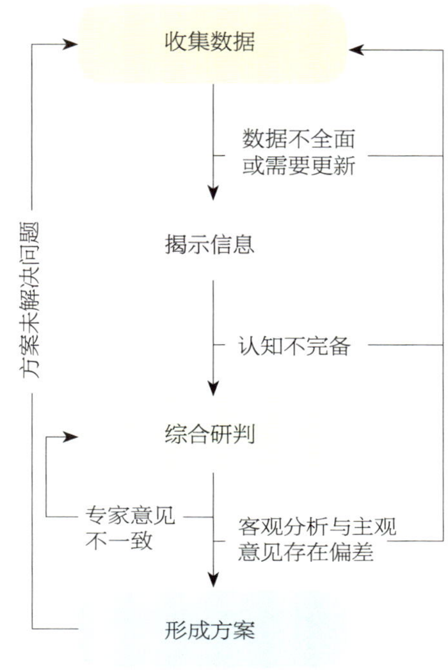

图8-2　智库双螺旋法内循环DIIS的循环迭代示意图

（3）内循环 MIPS 各个环节的循环迭代

从智库双螺旋法内循环 MIPS 的机理分析、影响分析、政策分析、形成方案环节来看，机理分析环节需要经过多轮的收集数据、揭示信息、综合研判才能对问题进行全面的追根溯源、挖掘规律、预判趋势；影响分析环节需要经过多轮的收集数据、揭示信息、综合研判才能全面分析问题可能产生的对经济、社会、科技、安全等方面的影响；政策分析环节需要经过多轮的收集数据、揭示信息、综合研判才能对问题产生的影响进行全面的政策分析和判断；形成方案环节需要经过多轮的认识问题本体及其自身规律、厘清问题产生的影响、分析对问题的政策干预效果，经过循环迭代、集成升华形成解决问题的方案（图 8-3）。

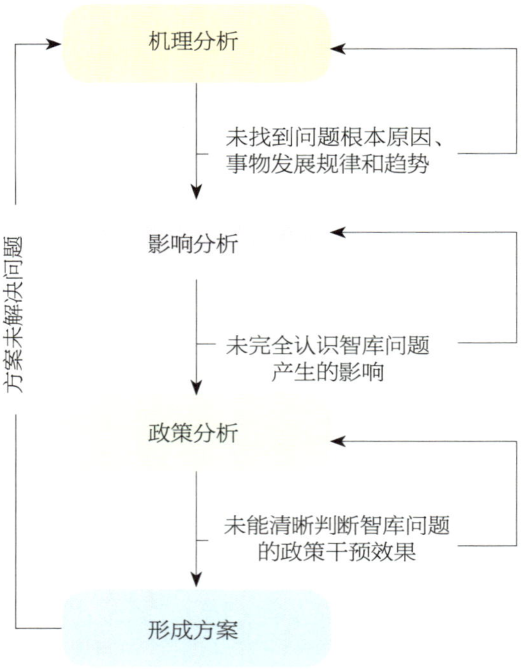

图8-3　智库双螺旋法内循环MIPS的循环迭代示意图

8.3　智库双螺旋法的循环迭代流程

由智库双螺旋法循环迭代涉及的环节可知，智库双螺旋法作为一个整体系统，外循环和内循环的各个环节都是传感器，如果某一环节发现新的问题，都需要针对新出现的问题依据切实可靠的信息和知识开展新一轮的研究，如此循环往复、不断迭代，直至形成最优的解决方案。根据智库双螺旋法循环迭代的触发情形和终止条件，以下对智库双螺旋法外循环和内循环各个环节的循环迭代流程进行阐述。

8.3.1　智库双螺旋法外循环的循环迭代流程

（1）解析问题环节的循环迭代流程

在解析问题环节，需要使用解析论和现有知识将复杂的智库问题分解为一组清晰、可操作的子问题集。当问题未彻底分解时，将会触发循环迭代研究，需要对问题进行继续分解，具体循环迭代步骤是：① 解析问题。利用解析论和现有知识，对复杂的智库问题进行分解，将智库问题分解为一组子问题集。② 检验问题。检验智库问题是否分解彻底，若满足终止条件（即分解后的子问题已经具体到各学科领域、可以直接运用学科知识开展研究），则问题已彻底分解，进入第⑤步终止解析，否则进入下一步。③ 寻找原因。寻找问题未彻底分解的部分，分析问题未彻底分解的原因。④ 重新解析。根据问题未彻底分解的原因，补充相应的新知识对问题进行重新分解，解析完成后进入第②步，检验问题是否彻底分解。⑤ 终止解析。当分解后的子问题已经具体到各学科领域、能够直接运用学科知识开展研究，可以终止解析问题环节的研究。如图 8-4 所示。

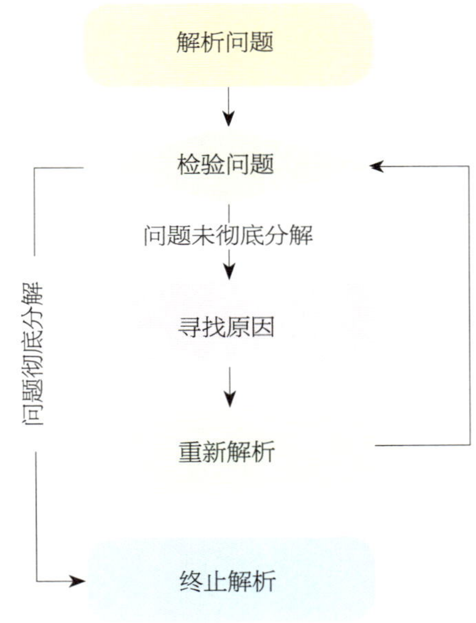

图8-4　解析问题环节的循环迭代流程图

（2）融合研究环节的循环迭代流程

在融合研究环节，需要基于子问题组织不同学科背景的专业研究人员综合多种研究方法开展数据收集、调查研究、模型计算，从而揭示内在联系、机制机理、趋势方向等。此环节需要经过多轮的 DIIS 和 MIPS 循环迭代研究，具体循环迭代流程参见 8.3.2 节和 8.3.3 节。

（3）还原问题环节的循环迭代流程

在还原问题环节，需要利用还原论将子问题的研究结果回归到智库问题本身，形成解决问题的方案。当形成的解决方案未能满足实际需求或缺乏操作性时，将会触发循环迭代研究，具体循环迭代步骤是：① 还原问题。利用还原论将子问题的研究结果回归到智库问题本身，形成解决问题的方案。② 检验方案。检验形成的方案是否解决问题，若满足终止条件（即智库问题的解决方案可以满足实际需求、具有可操作性），则方案可以解决问题，进入第⑤步终止还原，否则进入下一步。③ 寻找原因。寻找方案中未解决问题的部分，分析方案未解决问题的原因。④ 重新研究。根据方案未解决问题的原因，补充相应的新知识对问题重新开展解析、融合、还原研究，完成新一轮研究后进入第②步，检验方案是否解决问题。⑤ 终止还原。解决方案可以满足实际需求、具有可操作性时，可以终止还原问题环节的研究。如图 8-5 所示。

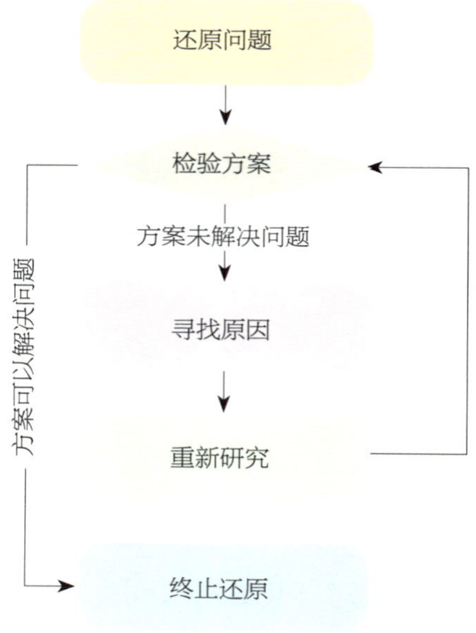

图8-5　还原问题环节的循环迭代流程图

8.3.2 智库双螺旋法内循环 DIIS 的循环迭代流程

（1）收集数据环节的循环迭代流程

在收集数据环节，根据智库问题分解形成的子问题集，全面收集相关数据。当出现数据不全面或需要更新数据的情形时，将会触发循环迭代研究，需要补充相关数据，具体循环迭代步骤是：① 收集数据。根据智库问题分解形成的子问题集，全面收集相关数据。② 检验数据。检验智库问题相关的数据是否收集全面，若满足终止条件（即未发现缺失的数据或未出现对智库研究有重要影响的新数据），则问题相关数据已收集全面，进入第④步终止收集，否则进入下一步。③ 重新收集。收集缺失的数据，更新对智库研究有重要影响的新数据，补充数据后进入第②步，检验问题相关数据是否收集全面。④ 终止收集。当未发现缺失的数据或未出现对智库研究有重要影响的新数据时，可以终止收集数据环节的研究。如图 8-6 所示。

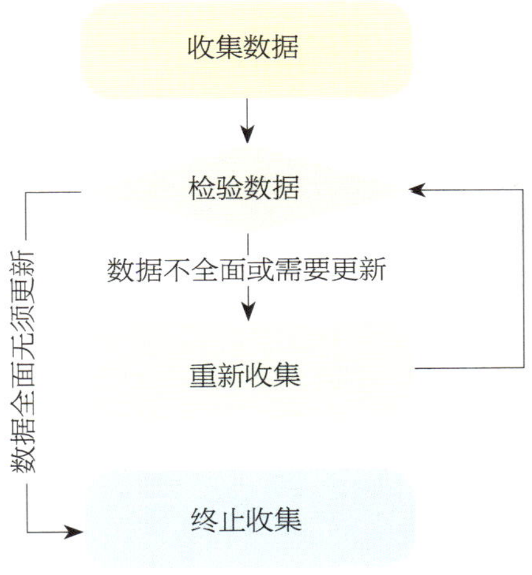

图8-6　收集数据环节的循环迭代流程图

（2）揭示信息环节的循环迭代流程

在揭示信息环节，需要对收集的数据进行专业化的数据挖掘、整理、分析，形成对事物的客观认知和知识。当发现对智库问题的认知不完备时，将会触发循环迭代研究，需要对问题继续进行信息揭示，具体循环迭代步骤是：① 揭示信息。对收集的数据进行专业化的数据挖掘、整理、分析，形成对事物的客观认知和知识。② 检验认知。检验智库问题是否认知完备，若满足终止条件（即未发现对智库问题认识不全面的情况），则智库问题的各个方面得到完整认知，进入第⑤步终止揭示，否则进入下一步。③ 寻找原因。寻找问题中未认知完备的部分，分析问题未认知完备的原因。④ 重新研究。根据问题未认知完备的原因，补充相应的新知识对智库问题所构建的认知框架进行完善，重新开展收集数据、揭示信息研究，完成新一轮研究后进入第②步，检验问题是否认知完备。⑤ 终止揭示。当未发现对智库问题认识不全面的情况时，可以终止揭示信息环节的研究。如图 8-7 所示。

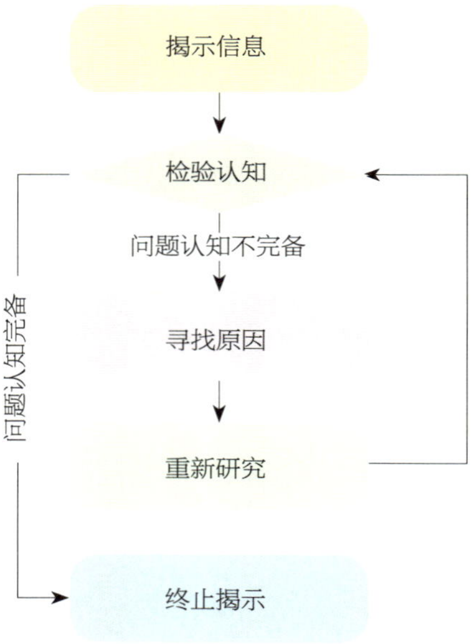

图8-7　揭示信息环节的循环迭代流程图

（3）综合研判环节的循环迭代流程

在综合研判环节，需要引入相关专家学者的智慧对客观认知进行趋势预测预判，综合集成专家的判断。当出现专家们的研判意见不一致或客观分析结果与专家主观认知存在偏差时，将会触发循环迭代研究，需要对问题进行新一轮的研究，具体循环迭代步骤是：① 综合研判。引入相关专家学者的智慧对客观认知进行趋势预测预判，综合集成专家的判断。② 检验研判。检验专家研判意见是否达成一致，若研判意见未达成一致则进入第③步进行重新研判；检验主客观认知是否达成一致，若主客观认知未达成一致，则进入第④步进行重新研究；若满足终止条件（即专家对于研究结果达成统一观点或客观分析结果与专家的主观认知达成一致），则完成综合研判，进入第⑤步终止研判。③ 重新研判。将专家们的总体研判意见发送给各位专家，请各位专家将其研判意见与总体研判意见进行比较，反馈新的研判意见，然后收集各位专家新的研判意见，最大限度地凝练共识后进入第②步，检验专家研判意见是否达成一致。④ 重新研究。分析主客观认知未达成一致的原因，根据主客观认知未达成一致的原因，补充相应的新知识重新开展收集数据、揭示信息、综合研判研究，完成新一轮研究后进入第②步，检验主客观认知是否达成一致。⑤ 终止研判。当专家对研究结果达成统一观点或客观分析结果与专家的主观认知达成一致时，可以终止综合研判环节的研究。如图 8-8 所示。

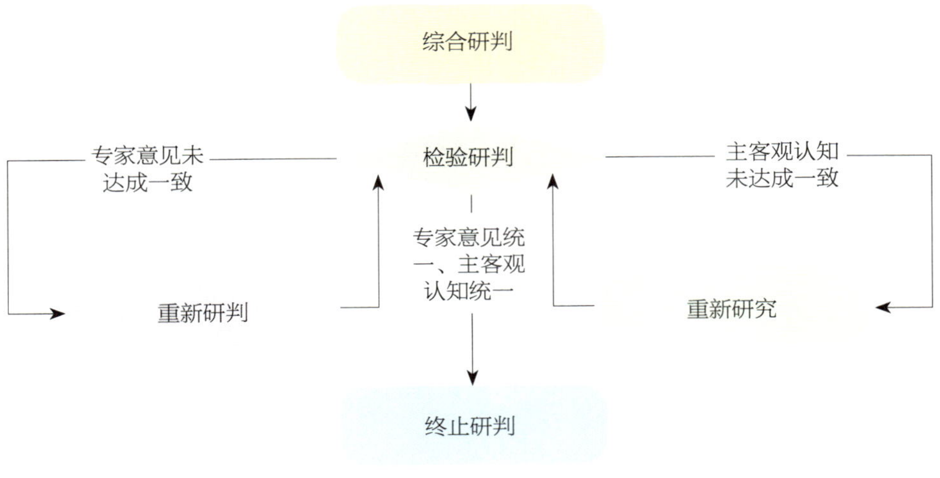

图8-8　综合研判环节的循环迭代流程图

（4）形成方案环节的循环迭代流程

在形成方案环节，需要根据收集数据、揭示信息、综合研判环节的研究形成符合实际发展要求的解决方案。当形成的解决方案未能满足实际需求或缺乏操作性时，将会触发循环迭代研究，具体循环迭代步骤是：① 形成方案。根据收集数据、揭示信息、综合研判环节的研究，形成解决问题的方案。② 检验方案。检验形成的方案是否解决问题，若满足终止条件（即智库问题的解决方案可以满足实际需求、具有可操作性），则方案可以解决问题，进入第⑤步终止研究，否则进入下一步。③ 寻找原因。寻找方案中未解决问题的部分，分析方案未解决问题的原因。④ 重新研究。根据方案未解决问题的原因，补充相应的新知识对问题重新开展收集数据、揭示信息、综合研判研究，完成新一轮研究后进入第②步，检验方案是否解决问题。⑤ 终止研究。解决方案可以满足实际需求、具有可操作性时，可以终止形成方案环节的研究。如图 8-9 所示。

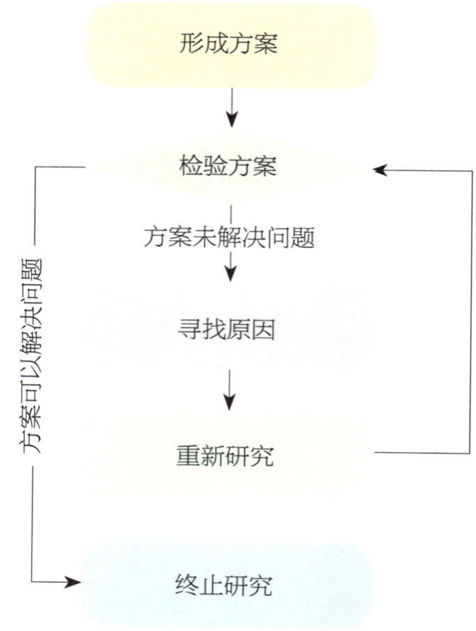

图8-9　形成方案环节的循环迭代流程图

8.3.3 智库双螺旋法内循环 MIPS 的循环迭代流程

（1）机理分析环节的循环迭代流程

在机理分析环节，需要围绕智库问题分解形成的子问题集，全面收集相关数据，对问题或相应事物进行追根溯源、挖掘规律、预判趋势。当发现智库问题的机理分析不彻底时，将会触发循环迭代研究，具体循环迭代步骤是：①机理分析。围绕智库问题分解形成的子问题集，通过收集数据、揭示信息、综合研判对问题或相应事物进行追根溯源、挖掘规律、预判趋势。②检验机理分析。检验机理分析是否彻底，若满足终止条件（即对问题产生的根本原因、事物发展的本质规律和趋势有着清晰的认识），则机理分析才算彻底，进入第⑤步终止机理分析，否则进入下一步。③寻找原因。寻找机理分析未彻底的部分，探究机理分析未彻底的原因。④重新研究。根据机理分析未彻底的原因，补充相应的新知识，重新开展收集数据、揭示信息、综合研判，完成新一轮研究后进入第②步，检验机理分析是否彻底。⑤终止机理分析。当对问题产生的根本原因、事物发展的本质规律和趋势有着清晰的认识时，可以终止机理分析环节的研究。如图 8-10 所示。

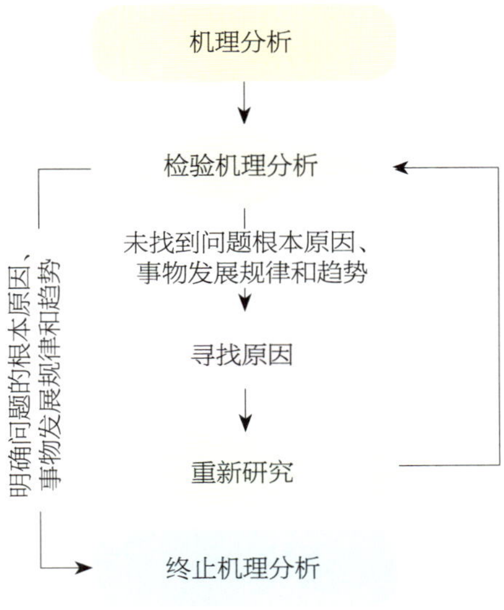

图8-10　机理分析环节的循环迭代流程图

（2）影响分析环节的循环迭代流程

在影响分析环节，需要系统性地观察世界的发展变化，分析问题或相应事物可能产生的影响，包括经济、社会、科技、安全等多重影响。当发现影响分析不彻底时，将会触发循环迭代研究，具体循环迭代步骤是：①影响分析。系统性地观察世界的发展变化，分析问题或相应事物可能产生的影响，包括经济、社会、科技、安全等多重影响。②检验影响分析。检验影响分析是否彻底，若满足终止条件（即明确智库问题产生的经济、社会、科技、安全等影响），则影响分析才算彻底，进入第⑤步终止影响分析，否则进入下一步。③寻找原因。寻找影响分析未彻底的部分，挖掘影响分析未彻底的原因。④重新研究。根据影响分析未彻底的原因，补充相应的新知识，重新开展收集数据、揭示信息、综合研判，完成新一轮研究后进入第②步，检验影响分析是否彻底。⑤终止影响分析。当明确智库问题产生的经济、社会、科技、安全等影响时，可以终止影响分析环节的研究。如图 8-11 所示。

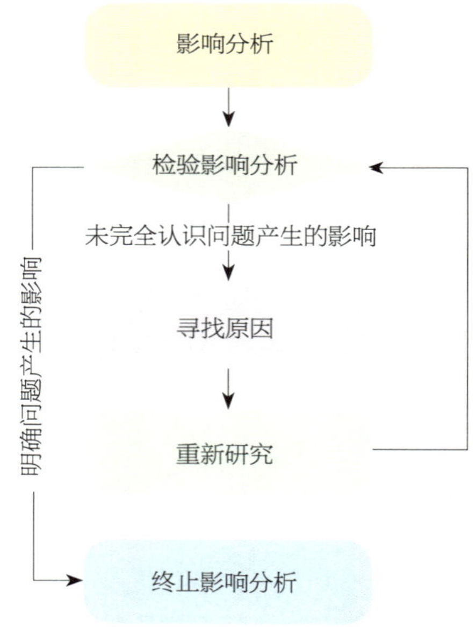

图8-11　影响分析环节的循环迭代流程图

（3）政策分析环节的循环迭代流程

在政策分析环节，需要在清晰认识事物产生的影响后，基于这些影响进行政策分析和判断。当发现政策分析不彻底时，将会触发循环迭代研究，具体循环迭代步骤是：①政策分析。在清晰认识事物产生的影响后，基于这些影响进行政策分析和判断。②检验政策分析。检验政策分析是否彻底，若满足终止条件（即对智库问题的政策干预效果有着清晰的判断），则政策分析才算彻底，进入第⑤步终止政策分析，否则进入下一步。③寻找原因。寻找政策分析未彻底的部分，寻找政策分析未彻底的原因。④重新研究。根据政策分析未彻底的原因，补充相应的新知识，重新开展收集数据、揭示信息、综合研判，完成新一轮研究后进入第②步，检验政策分析是否彻底。⑤终止政策分析。当对智库问题的政策干预效果有着清晰的判断时，可以终止政策分析环节的研究。如图 8-12 所示。

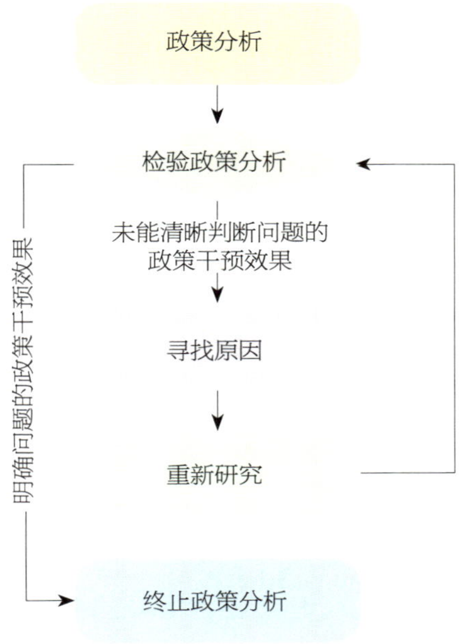

图8-12　政策分析环节的循环迭代流程图

（4）形成方案环节的循环迭代流程

在形成方案环节，需要根据机理分析、影响分析、政策分析环节的研究形成符合实际发展要求的解决方案。当形成的解决方案未能满足实际需求或缺乏操作性时，将会触发循环迭代研究，具体循环迭代步骤是：①形成方案。根据机理分析、影响分析、政策分析环节的研究，形成解决问题的方案。②检验方案。检验形成的方案是否解决问题，若满足终止条件（即解决方案可以满足实际需求、具有可操作性），则方案可以解决问题，进入第⑤步终止研究，否则进入下一步。③寻找原因。寻找方案中未解决问题的部分，分析方案未解决问题的原因。④重新研究。根据方案未解决问题的原因，补充相应的新知识重新开展机理分析、影响分析、政策分析研究，完成新一轮研究后进入第②步，检验方案是否解决问题。⑤终止研究。解决方案可以满足实际需求、具有可操作性时，可以终止形成方案环节的研究。如图 8-13 所示。

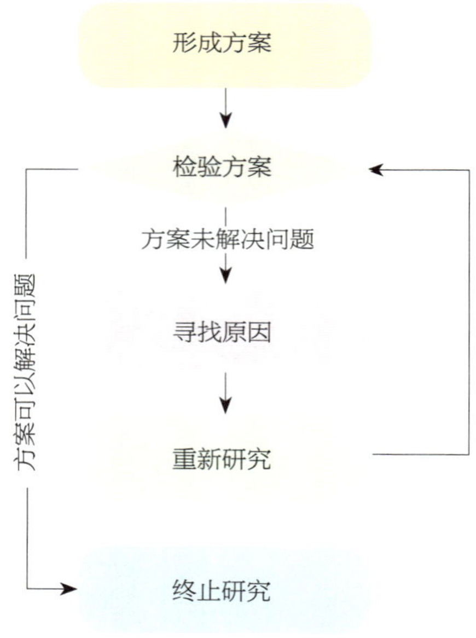

图8-13　形成方案环节的循环迭代流程图

智库双螺旋法的循环迭代研究可以在集成多学科信息和专家智慧的基础

上，形成客观信息与专家智慧相结合的智库研究结果。当不需要开展外循环和内循环各环节的循环迭代研究时（即不再出现触发循环迭代的情形时），此时得到的解决方案是兼顾局部最优和整体最优的优化方案，这一方案同时也是在现有认知基础上所能达到的最优方案。

8.4 案例分析

随着经济社会的快速发展，我国对科技投入的力度日益增强。然而，社会可以用于科学探索的资源毕竟有限，如何合理配置、有效利用有限的科技资源，有组织、有选择地确定优先发展领域予以资助，已成为我国科技发展中面临的关键问题之一。从科技优先发展领域遴选问题的本质来看，其所需的信息非常广泛和知识量非常大，需要多学科领域的专家开展综合性的研究，是一个典型的智库问题。本案例将围绕科技优先发展领域遴选这一智库问题开展研究，从智库双螺旋法看科技优先发展领域遴选问题中的循环迭代研究。

科技优先发展领域遴选流程是运用科学的定量与定性研究方法，形成备选的科技优先发展领域，听取并整理专家意见，最终确定科技优先发展领域的过程。从智库双螺旋法来看，科技优先发展领域遴选流程包括准备、分析、遴选、确定四个阶段，分别对应智库双螺旋法的收集数据、揭示信息、综合研判、形成方案环节。

（1）准备阶段

在准备阶段，需开展一些基础性的工作，为后期遴选科技优先发展领域做好充分的准备，具体包括：研读国家科技发展的指导方针，确立与之相契合的科技创新发展目标，以此确定本次科技优先发展领域遴选的原则；确定需要征询意见的专家队伍和具体的人选范围，通过组织会议等形式，初步征询专家建议；广泛收集科技的演进脉络、发展现状、前沿趋势等数据资料。这一阶段对应智库双螺旋法的收集数据环节。

（2）分析阶段

基于第一阶段的工作，综合运用定性方法（如问卷调查法）、定量方法（如文献计量法）、定量与定性综合方法（如层次分析法）等科学的遴选方法，并进行综合分析，得到备选的科技优先发展领域。这一阶段对应智库双螺旋法的揭示信息环节。

（3）遴选阶段

围绕上一阶段得到的科技优先发展领域，通过匿名投票等方式，在备选领域中选出科技优先发展领域。此阶段需要反复迭代和不断调整，例如，在开始的时候广泛收集意见，然后集中起来，如果未能达成意见一致的科技优先发展领域，则需要组织专家讨论，再一次征询意见，然后再集中，如此循环往复。这一阶段对应智库双螺旋法的综合研判环节。

（4）确定阶段

经过多轮遴选，当专家们对于科技优先发展领域的研判意见统一时，形成最终的科技优先发展领域。这一阶段对应智库双螺旋法的形成方案环节。

从上述流程可以看出，在综合研判环节需要进行多次的循环迭代研究。当出现专家们对科技优先发展领域的研判意见不一致时，需要再次征集意见得到反馈，综合反馈意见并进行合理取舍，调整科技优先发展领域，重新征集专家们的意见，直到选出专家意见一致的科技优先发展领域，可以终止循环迭代研究。

8.5 小结

面对任何的智库问题，运用智库双螺旋法开展研究，需要通过外循环和内循环，在研究过程和研究内涵上，持续循证、寻求解决方案。通过这一循环迭代，实现研究过程的不断收敛、专家智慧的激发和最大共识的达成，最终形成在现有认知基础上所能达到的最优解决方案。

第9章 DIIS与MIPS的耦合关系

DIIS-MIPS 耦合具有双螺旋特性和融合包含特性。双螺旋特性包括 DIIS 螺旋和 MIPS 螺旋的一致性、互补性、包含性、错位性、复制性、稳定性等特性，融合包含特性体现为 DIIS 过程融合法中包含 MIPS 的理论和操作、MIPS 逻辑层次法中包含 DIIS 的理论和操作。在研究步骤上，DIIS 螺旋和 MIPS 螺旋具有解析式、还原式、交叉式、连环式、阶梯式、扭结式、编织式、结合式、锯齿式、贯通式、回环式、回卷式等耦合结构。DIIS-MIPS 耦合过程中涉及学科知识耦合，该耦合具有线性耦合、结构性耦合、约束性耦合、复合式耦合等不同结构。在智库研究实践中，单向依靠 DIIS 螺旋或单向依靠 MIPS 螺旋的研究往往具有局限性，需要将两者在知识层次上螺旋上升、耦合迭代、不断收敛趋于共识，以得到更完善的研究结论。

9.1 DIIS-MIPS耦合特性

9.1.1 双螺旋特性

DIIS 和 MIPS 具有紧密的耦合结构。DIIS 螺旋侧重于智库研究的环节层，MIPS 螺旋侧重于智库研究的逻辑层，两者具有一致性、互补性、包含性、错位性、复制性、稳定性。

1）一致性。在“解析—融合—还原”过程中，DIIS 螺旋和 MIPS 螺旋体现出一致性。DIIS 螺旋和 MIPS 螺旋面向同一个研究问题、服务于同一套解决方案，在研究过程中坚持问题导向、证据导向和科学导向。

2）互补性。DIIS 螺旋和 MIPS 螺旋是彼此互补的，DIIS 螺旋为 MIPS

螺旋提供过程、融合，MIPS 螺旋为 DIIS 螺旋提供逻辑、层次。这种互补尤其体现在研究顺序上，只要确定其中一条螺旋的顺序，另一条螺旋的顺序也基本确定。

3）包含性。DIIS 螺旋和 MIPS 螺旋是相互包含关系。收集数据、揭示信息、综合研判的过程中包含了机理分析、影响分析、政策分析。收集数据、揭示信息、综合研判为机理分析、影响分析、政策分析中提供历史域、现实域、未来域的材料佐证。

4）错位性。DIIS 螺旋和 MIPS 螺旋的研究内容互相交错。收集数据、揭示信息、综合研判与机理分析、影响分析、政策分析并非直接相对，而是在研究过程中前后相继、互相佐证，实现知识上的螺旋上升。

5）复制性。去掉 DIIS 螺旋和 MIPS 螺旋其中一条螺旋，可以从新的研究视角补充新的研究内容。以其中一条螺旋为基础，面向不同的研究问题，可以复制出多套研究系统，从而实现研究环节或研究逻辑的再利用。

6）稳定性。DIIS 螺旋和 MIPS 螺旋所得出的结果、结论可以相互佐证、互为补充。两者相结合形成比单螺旋研究更稳定的结构，在研究过程中即实现了检验。基于严谨的研究结果、结论所提出的政策建议更加可信、可靠。

9.1.2 融合包含特性

（1）DIIS 过程融合法中的 MIPS

收集数据环节层，为机理分析、影响分析、政策分析三个逻辑层提供整体研究基础。在收集数据环节得到的多类别、多层次、多维度数据是三个逻辑层的输入，也是重要的研究支撑。

揭示信息环节层，包括机理分析、影响分析、政策分析三个关键要素。揭示信息过程中所包含的内容需要充分涵盖智库问题的相关机理和规律、全面的影响、多维度的政策分析，该环节注重问题或事物的真实性和可靠性。

综合研判环节层，包括机理分析、影响分析、政策分析三个关键要素。综合研判环节需要重点关注问题或事物的未来趋向、潜在影响以及政策情景，注重问题或事物的预测性和长远性。

（2）MIPS 逻辑层次法中的 DIIS

机理分析逻辑层，经过收集数据、揭示信息、综合研判三个环节并进行多次循环迭代直至得出机理分析的结论，即在机理分析中需要以各类科学知识、实践经验等作为数据支撑，并从历史域、现实域、未来域进行分析研判，从而形成机理分析的结论。

影响分析逻辑层，经过收集数据、揭示信息、综合研判三个环节并进行多次循环迭代直至得出影响分析的结论，即在影响分析中需要以各类科学知识、实践经验等作为数据支撑，深度分析相关事件过去、现在产生的影响，以及未来可能产生的影响，从而形成影响分析的结论。

政策分析逻辑层，经过收集数据、揭示信息、综合研判三个环节并进行多次循环迭代直至得出政策分析的结论，即在政策分析中需要以各类科学知识、实践经验等作为数据支撑，分别对过去政策、现行政策、未来政策情景进行分析，从而形成政策分析的结论。

9.2 DIIS-MIPS耦合结构

9.2.1 研究步骤的耦合

DIIS 螺旋和 MIPS 螺旋具有多种耦合结构，根据研究问题、研究目标、研究方法的不同进行灵活选择（图 9-1）。在研究步骤上，主要包括解析式、还原式、交叉式、连环式、阶梯式、扭结式、编织式、结合式、锯齿式、贯通式、回环式、回卷式等耦合结构。

1）解析式。DIIS-MIPS 解析式耦合以 DIIS 过程融合法为流程，从智库研究问题出发，以收集数据、揭示信息、综合研判为主线，结合机理分析、

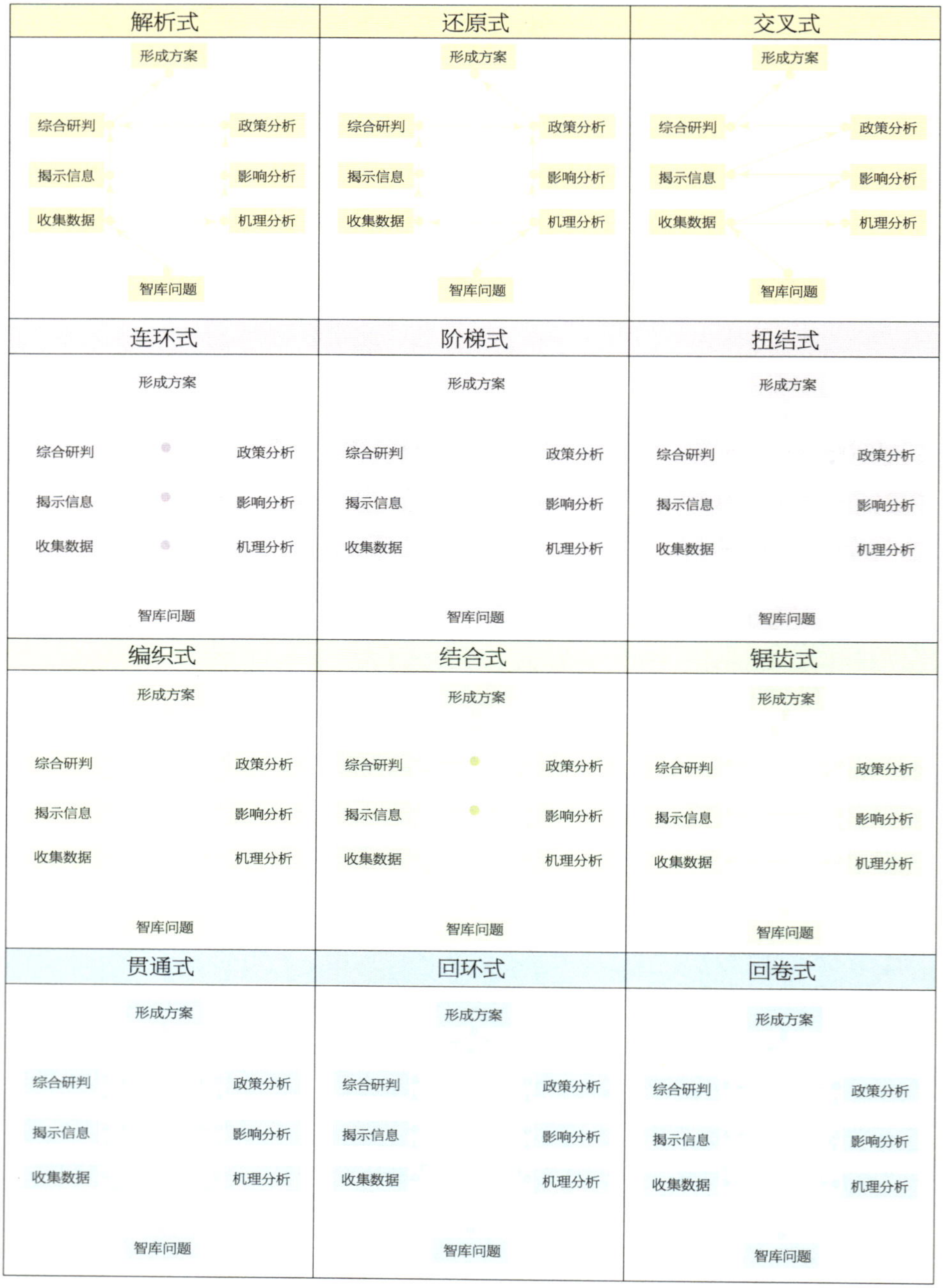

图9-1　DIIS-MIPS耦合结构图

影响分析、政策分析，最终形成方案。

2）还原式。DIIS-MIPS 还原式耦合以 MIPS 逻辑层次法为流程，从智库研究问题出发，以机理分析、影响分析、政策分析为主线，结合收集数据、揭示信息、综合研判，最终形成方案。

3）交叉式。从 DIIS 过程融合法一侧出发，DIIS-MIPS 交叉式耦合根据智库研究问题，由收集数据开始，进行机理分析和影响分析。机理分析后开展揭示信息、政策分析，影响分析后开展综合研判。最后将所得出的结论进行结合，形成方案。亦可从 MIPS 逻辑层次法一侧出发。

4）连环式。DIIS-MIPS 连环式耦合从智库研究问题出发，DIIS 螺旋的收集数据环节和 MIPS 螺旋中的机理分析环节同时进行，将两者融合后，研究结果同时导入揭示信息环节和影响分析环节。揭示信息环节和影响分析环节同时进行，将两者得出的结论融合后导入综合研判环节和政策分析环节，两者融合后形成方案。

5）阶梯式。从 DIIS 过程融合法一侧出发，DIIS-MIPS 阶梯式耦合根据智库研究问题，由收集数据开始，进行信息揭示和机理分析。机理分析后开展影响分析，影响分析的结论导入揭示信息和政策分析部分。揭示信息后开展综合研判，综合研判的结果导入政策分析，最终形成方案。亦可从 MIPS 逻辑层次法一侧出发。

6）扭结式。DIIS-MIPS 扭结式耦合从智库研究问题出发，DIIS 螺旋的收集数据环节和 MIPS 螺旋中的机理分析环节同时进行，将两者多次融合、反复后，研究结果同时导入揭示信息环节和影响分析环节。揭示信息环节和影响分析环节同时进行，将两者多次融合、反复后得出的结论导入综合研判环节和政策分析环节。综合研判环节和政策分析环节得出的结论经过多次融合、反复后形成最终方案。

7）编织式。DIIS-MIPS 编织式耦合在 DIIS-MIPS 阶梯式耦合的基础上进行多次反复研究。其研究过程中多次进行收集数据、机理分析、影响分析、揭示信息、综合研判、政策分析的循环，最终不断收敛形成解决方案。

8）结合式。DIIS-MIPS 结合式耦合从智库研究问题出发，DIIS 螺旋和 MIPS 螺旋同时进行，DIIS 螺旋的收集数据环节和揭示信息环节紧密结合，MIPS 螺旋的机理分析环节和影响分析环节紧密结合。将揭示信息环节和影响分析环节得出的结果融合后，导入综合研判环节和政策分析环节，两者融合后形成方案。亦可以是揭示信息环节和综合研判环节紧密结合，影响分析环节和政策分析环节紧密结合。

9）锯齿式。从 DIIS 过程融合法一侧出发，DIIS-MIPS 锯齿式耦合根据收集到的数据，分别进行机理分析和政策分析。在机理分析研究路径中，在进行机理分析后开展影响分析、揭示信息，在进行政策分析后开展综合研判。最后将结果相耦合，形成解决方案。亦可从 MIPS 逻辑层次法一侧出发。

10）贯通式。DIIS-MIPS 贯通式耦合通常能够通过收集数据和机理分析直接形成政策建议。在预判的基础上，选择合适的研究方法，进行揭示信息、综合研判和影响分析、政策分析，检验预判的政策建议的正确性、科学性、合理性。

11）回环式。DIIS-MIPS 回环式耦合根据智库研究问题提出预期的解决方案出发，构造研究框架。DIIS 过程融合法经过收集数据、揭示信息、综合研判各环节；MIPS 逻辑层次法经过机理分析、影响分析、政策分析各环节。DIIS 螺旋和 MIPS 螺旋的研究结果为形成方案提供佐证。

12）回卷式。从 DIIS 过程融合法一侧出发，DIIS-MIPS 回卷式耦合根据影响分析结果判断需要分析揭示的信息并收集数据，对收集到的数据进行机理分析，结合政策分析结果，进行综合研判，最终形成方案。

9.2.2 学科知识的耦合

由于大多数智库研究问题是复杂的系统性问题，单一学科知识难以满足实际研究问题的需求。在DIIS-MIPS耦合过程中存在大量的学科知识的耦合，如在DIIS过程融合法中通常会涉及数学、计算机等基础学科知识用于收集数据和揭示信息等，在MIPS逻辑层次法中需要将经济学、社会学等人文社会科学知识用于影响分析和政策分析。DIIS环节和MIPS要素的多学科性对学科知识耦合提出需求。从本质上来看，DIIS-MIPS耦合是DIIS环节与MIPS要素在不同阶段研究结果或结论的耦合。如9.2.1中提到的交叉式耦合，首先将DIIS过程融合法中数据收集研究结果与MIPS逻辑层次法中机理分析和影响分析的研究结果相结合，其次将MIPS逻辑层次法中机理分析研究结果与DIIS过程融合法中揭示信息相结合，进而将MIPS逻辑层次法中政策分析和影响分析与DIIS过程融合法中揭示信息研究结果相结合，最后基于所有环节结论进行综合研判，形成最终方案。考虑到不同环节涉及的学科存在差异性和多样性，那么面对同样的研究问题，如何将不同学科体系下研究结果和结论进行有机统一是实现DIIS-MIPS耦合的关键。因此，打破单一学科壁垒，实现不同学科间知识、理论、方法、工具的有机统一和交叉融合才能确保DIIS-MIPS耦合顺利进行。

（1）学科知识耦合类型

学科知识耦合同样具有多种结构，主要由线性耦合、结构性耦合、约束性耦合、复合式耦合等组成（刘仲林，1990），如图9-2所示。研究时结合研究问题、研究目标和研究方法进行灵活选择。

1）线性耦合。D_1、D_2分别表示两门学科，P_L^1和P_L^2分别表示这两门学科中已确立的规律和知识，P_C^1和P_C^2分别表示两门学科中尚未解释与解决的现象和问题，当使用P_L^1可以解决P_C^2时，就产生了学科知识线性耦合。

2）结构性耦合。为解决由单一学科或领域不能解决的复杂问题，两个

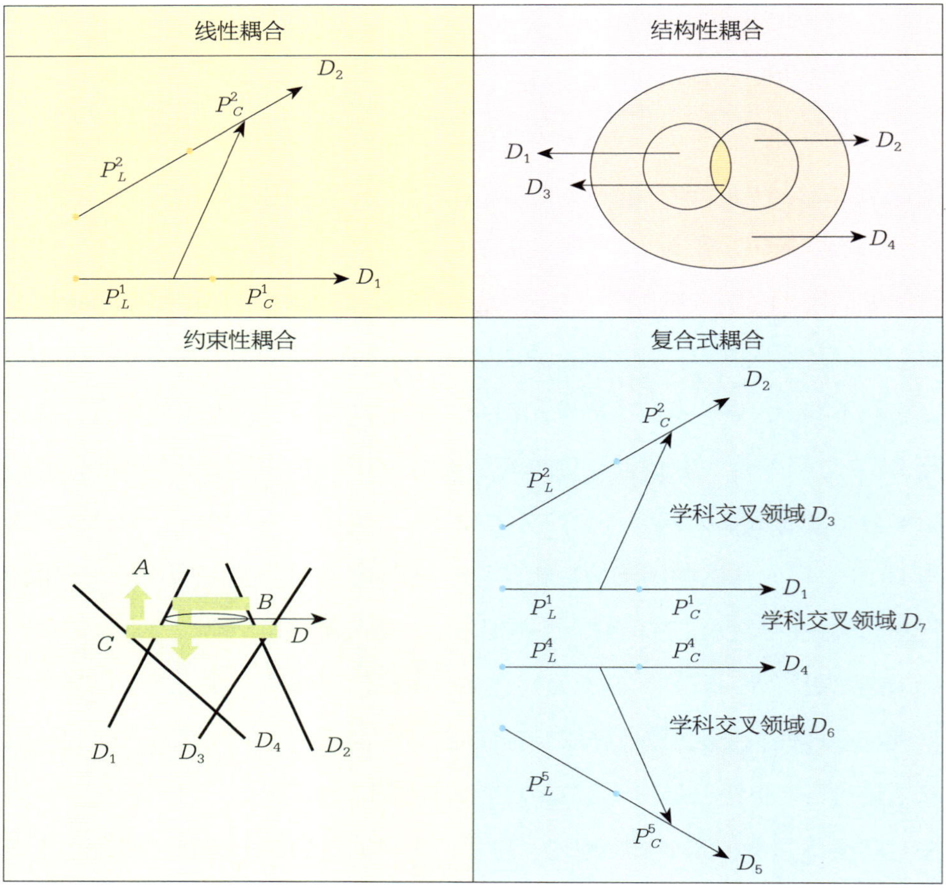

图9-2　学科知识耦合结构图

领域发生相互作用，产生了一些全新的规律和知识，具有全新的结构。科学领域不是原有领域的简单叠加，而是发生了质变。以两个领域为例，D_1、D_2 分别表示两个不同领域，D_1、D_2 发生相互作用后，不仅产生了拥有共性规律的 D_3，$D_3=D_1 \cap D_2$，还产生了不包含于 D_1、D_2 任一领域的新领域 D_4，科学领域表示为 $D_1 \cup D_2 \cup D_4$。

3）约束性耦合。当解决某一复杂问题需要多领域、学科、方法协同作用时，如果每一个领域都对耦合领域产生约束，则由此围绕目标而形成的领域属于约束性耦合科学领域。以四个领域为例，D_1、D_2、D_3、D_4 为解决某一目标的相关领域，D_1、D_2产生约束AB，D_3、D_4产生约束CD，耦合科学领域要同时满足AB、CD约束，即为D_1、D_2、D_3、D_4共同约束后形成的领域。

4）复合式耦合。此种耦合可以理解为学科之间交叉的会聚融合。以四个领域为例，D_1、D_2、D_4 、D_5是为解决某一目标的相关领域，D_1、D_2领域交叉后，产生学科交叉领域D_3，D_4 、D_5领域交叉后，产生学科交叉领域D_6。D_3和D_6再次交叉耦合，形成学科交叉领域D_7，以此类推，随着科学的进一步发展，可能出现三次及以上的交叉耦合，即为复合式耦合。

（2）学科知识耦合过程

以下构建学科知识耦合的研究流程，即凝练问题—分析问题—综合问题—解决问题。

1）凝练问题。该阶段核心目标是明确研究问题所涉及的学科领域，为后期研究实现学科知识耦合提供基础。具体过程是：①在明确和剖析研究目的基础上，将研究问题分解成若干子问题。②根据各个子问题，明确问题难点、问题需求以及子问题所需要的学科知识。③通过文献调研、数据调研、技术调研等方式，构建研究所需要的文献集、数据集、专家集等基础信息资料。

2）分析问题。该阶段主要是明确问题之间、知识之间的耦合点，为后续学科知识耦合提供方向。具体过程是：①针对分解后的子问题，从专家集中遴选出各领域专家。②基于基础资料和专家研究经验，通过专家研讨的方式初步明确各个问题之间、知识之间的耦合点。③基于文献数据、专利数据等资料对各个子问题建立主题词数据集，通过文本挖掘、网络分析等方法量化分析各个子问题、知识之间的耦合点。④将定量分析与定性分析结果相结合，通过多次集中讨论和专家研判的方式，最大限度地凝练共识，明确耦合点和耦合方向。

3）综合问题。该阶段是在凝练和分析问题的基础上，实现学科知识耦合。具体而言，根据之前明确的耦合点，在已有知识集的基础上，经过专家多次集中讨论、交流与合作，结合比较分析、移植嫁接、互补共融、连锁辐射、辐射聚焦等方法，实现学科知识耦合（刘仲林，1990；金薇吟，2006）。具体涉及的方法是：①比较分析。指以两个或两个以上学科知识作为研究对象进行深入探究，发现其相似性及差异性，从而明确耦合点，实现学科知识耦合。②移植嫁接。指将一门或多门成熟学科的基本理论或研究方法转向另一门学科，并由此产生新的体系。③互补共融。指一门学科与另一门学科或者多门学科的理论或技术双向互补互动的转移交融方式。④连锁辐射。指一门学科的理论或技术方法被若干其他学科移植，本学科与其他学科之间互相借鉴、共同发展的现象。⑤辐射聚焦。指多个学科领域共同针对一个符合国家需求、研究价值高的问题，进行多维度、多渠道联合探索。

4）解决问题。该阶段在上述研究基础上，形成解决问题的方案与成果。①该方案或成果不仅需要满足实际问题需求，同时需要解决关键科学问题。②该方案或成果需要具有科学性和前瞻性。

9.3 研究实践中的DIIS-MIPS耦合关系

本节以生命科学与医学伦理治理的智库研究为例，探讨研究实践中的DIIS-MIPS耦合关系。当前，我国在生命科学与医学的部分领域已从国际“跟跑”逐渐进入“并跑”甚至“领跑”阶段，其快速发展的同时也带来一些伦理风险和挑战，直接与人类生命健康、安全息息相关，引发社会广泛关注。在这一背景下，我国亟须制定相应的治理政策，更好地适应生命科学与医学领域前沿发展。生命科学与医学伦理治理研究既需要生命科学、医学等领域的知识，也与伦理、社会、法律等领域紧密相关，具有跨学科交叉性、社会影响性等智库问题的典型特征。因此，在研究过程中需要学科知识之间的耦合，可以利用DIIS与MIPS的耦合来会聚各学科的知识和专家资源，以解决这一智库问题。

9.3.1 从 DIIS 出发看 DIIS-MIPS 耦合关系

面对以上生命科学与医学伦理问题，可采用 DIIS 过程融合法确定智库研究过程，同时在研究过程中嵌入 MIPS 的机理分析、影响分析和政策分析。

1）收集数据。①机理数据。生命科学与医学伦理问题的研究首先要理解生命科学与医学前沿领域发展的趋势、风险等机理规律，为此需要广泛收集生命科学与医学前沿领域的相关文献数据。②影响数据。分析生命科学与医学前沿领域发展带来的影响，尤其是在伦理方面产生的影响，需要通过问卷调查、深入访谈等方式调研相关领域的科学家，获得其对前沿技术的伦理问题的判断。③政策数据。世界各国的科技伦理治理体系，受到各国科技发展水平、经济发展阶段、社会文化意识等的影响。为深入了解和比较分析这些伦理政策，还需要收集各国的伦理政策数据。

2）揭示信息。①机理信息。在文献数据基础上，揭示生命科学与医学前沿领域的最新进展和未来趋势。②影响信息。结合科学家关于前沿生命科技伦理问题的判断，分析生命科学与医学前沿领域发展可能带来的伦理风险与挑战。③政策信息。结合国内外伦理政策方面的数据，分析国际生命科学与医学伦理治理的经验做法及其对我国生命科学与医学伦理治理的启示。

3）综合研判。在上述研究基础上，邀请多领域专家对生命科学与医学前沿领域发展、伦理影响、伦理治理进行综合研判。①侧重机理分析的专家。为了对生命科学与医学前沿领域发展的机理规律和未来趋势进行研判，邀请生命科学专家进行判断和辨析。②侧重影响分析的专家。为了研判生命科学与医学前沿领域发展可能产生的伦理影响，邀请生命科学家和伦理学家共同进行伦理预判。③侧重政策分析的专家。为了研判伦理规制措施对生命科学与医学前沿领域发展产生的干预效果，将多元利益主体纳入政策考量，邀请政策专家、管理学家进行政策分析与研判。

9.3.2 从 MIPS 出发看 DIIS-MIPS 耦合关系

MIPS 逻辑层次法可为关于生命科学与医学伦理治理的智库研究提供逻辑框架，MIPS 各要素分析中都需要 DIIS 的收集数据、揭示信息、综合研判提供支撑。

1）机理分析。①收集数据。为了解生命科学与医学前沿领域发展的机理，广泛收集生命科学与医学前沿领域的文献数据。②揭示信息。结合文献数据，揭示生命科学与医学前沿领域的发展趋势、风险的信息。③综合研判。在信息揭示基础上，邀请生命科学专家进行前瞻预判。

2）影响分析。①收集数据。为开展生命科学与医学前沿发展的伦理影响分析，调研生命科学与医学前沿领域专家，了解他们对伦理影响的判断和认识，收集相关访谈、座谈数据。②揭示信息。基于专家访谈数据，揭示生命科学与医学前沿领域发展可能带来的伦理影响，这些信息为综合研判提供依据。③综合研判。为更准确地揭示影响，邀请生命科学家和伦理学家对生命科学与医学前沿发展产生的伦理问题进行综合研判。

3）政策分析。①收集数据。政策分析需要了解各国在生命科学与医学前沿领域的伦理政策，为此广泛收集国内外生命科学与医学前沿领域的相关伦理政策、法规和行为规范。②揭示信息。在收集数据基础上，比较分析世界各国的伦理政策，这些信息可为我国生命科学与医学伦理治理提供经验借鉴。③综合研判。结合国内外伦理政策情况，邀请政策专家对伦理政策进行分析研判。

通过以上 DIIS 和 MIPS 的相互耦合，最终形成关于生命科学与医学前沿领域发展的伦理治理建议。从上述过程可以看出，在 DIIS 收集数据、揭示信息和综合研判的各个环节中，都含有 MIPS 的机理分析、影响分析和政策分析的要素；在 MIPS 的机理分析、影响分析和政策分析中，都需要经历收集数据、信息揭示和综合研判的过程，充分体现了 DIIS 和 MIPS 在智库问题研究中的紧密耦合、交叉融合。

9.4 小结

本章主要探讨 DIIS-MIPS 耦合关系。DIIS-MIPS 耦合符合智库研究的内在逻辑，是过程融合法与逻辑层次法的结合。双螺旋特性与融合包含特性是 DIIS-MIPS 耦合的两大特性。面对纷繁复杂的智库问题，智库双螺旋法也体现出多种耦合结构。多种学科知识的交叉耦合贯穿于 DIIS-MIPS 耦合中，保证了智库双螺旋法在研究实践中具备学理和知识上的可靠性、稳健性。

第10章　智库研究的专家组织与管理

智库研究过程涵盖大量的专家组织与管理工作，需要组织多学科专家共同研判智库问题所涉及机理，分析问题相关影响及政策现状与需求，协同探讨智库问题的解决方案。各国智库都高度重视科学地组织并集成专家智慧，开发出多种专家组织与管理的工具方法。智库双螺旋法为智库研究过程中各个环节的专家遴选与组织、分工与管理、综合与集成提供了理论方法指导。本章基于 MIPS 逻辑层次法，重点探讨智库研究过程中的专家分类、遴选、参与，为更好地动态组织专家，发挥各类专家作用，凝练集成专家智慧，形成解决方案提供参考。

10.1　智库专家在智库研究中的作用机制

10.1.1　智库专家的内涵

学界对智库专家尚没有统一定义，相关概念有智库思想家、智库人才、智库研究人员、智库学者、智库政策专家、智库实业家、智库政策分析师、智库科研人员等（庆海涛等，2016）。与科研人员不同，智库专家以解决智库问题为研究任务。在研究过程中，智库专家的职能包括界定问题、构建政策观念、指出预料外的结果、解读政策、提供批判性反思、调解争议、提出战略性建议等。朱旭峰（2012）将智库专家定义为运用专业知识和思想影响决策的特殊政策参与者，包括科学家、工程师、社会科学学者、法律工作者等。本章涉及的智库专家是以战略问题和公共政策为研究对象，以改进政策制定和实施为目标，运用科学知识和思想，通过提供权威信息或分析研究，为政府决策提供方案和对策建议等的专业人员。

10.1.2 专家在智库研究中的作用

智库的重要使命是为公共决策提供解决方案，决策者将复杂的决策问题委托给智库，让具有专业知识优势的专家进行分析，并从专家那里获得咨询建议。相关学者从不同理论视角对智库研究过程中的专家作用进行了研究。

（1）“知识运用学派”视角

20 世纪 70 年代以来逐渐发展形成的知识运用学派，主要关注专家知识对政策变迁的影响，例如，在智库研究中，专家如何在参与政策制定的过程中架起桥梁，以连接知识与政策之间的鸿沟。皮尔克指出，专家在决策中可能存在四种类型：①纯理论的科学家，提供一些基本的关于决策的信息。②科学的仲裁者，为决策者提供帮助，对决策相关问题给出确凿的答案，而不用告诉决策者应该怎样选择。③结果的倡导者，限定决策者的选择范围，努力说服决策者选择其建议。④政策选择的中介者，为决策者提供全面的信息，由决策者来选择。

（2）“知识管理理论”视角

知识管理理论以知识为管理对象，关注知识的开发、生产、存储、利用的全过程及规律。王娜等（2022）认为智库专家参与智库活动在本质上是一种知识生产模式，遵循知识输入、知识转化、知识输出的逻辑，专家在智库研究中发挥知识嵌入作用。

（3）“角色理论”视角

角色理论认为人既是社会的产物，又能对社会做出贡献。吕诚诚和李刚（2021）从角色理论的视角剖析了社会科学专家在治学范式转变中的角色期望和角色作用。

（4）“专家胜任力模型”视角

胜任力是基于专家职位及功能的分析，以职位绩效、知识、技术、管理、经验和态度等相关标准来解释和评价专家素质。陈朝宗（2013）基于人才素质理论，指出智库专家需要具备完整的知识、良好的智能、丰富的阅历、一定的社会影响力；庆海涛等（2016）基于胜任力冰山理论模型，从知识、能力、个性特质三个维度构建了智库专家胜任力模型；朱敏（2016）认为智库专家的智能、阅历和社会影响力极其重要。

10.1.3 专家参与的知识逻辑

根据决策咨询的需求，智库可以从专家的职能、作用、特征视角组织好专家并集成好专家智慧。专家组织、遴选及参与方式因专家知识、政策议题领域及议题的进度而异。

智库问题研究过程中需要什么样的专家，取决于问题的特征和属性，需要面向智库问题构建分工明确、结构合理的研究队伍，使研究团队协调工作并发挥综合集成作用，形成一个多领域交叉、多工种合作、多层级配合的具有多样性特征的研究团队，推动智库问题解决。专家所涉及的学科领域广、知识经验多元，呈现出多角色、复合型的特点。面对智库研究过程中的明确问题与需求，可以划分出这些类别专家在 MIPS 逻辑层次中的职能和知识特征。基于 MIPS 的四个逻辑层次，可更好地理解不同知识领域的专家对相应过程的支撑作用，即某方面知识领域的专家在参与 MIPS 相应研究过程时发挥的支撑作用。在智库问题研究过程中，并不是某一类专家只能发挥一种功能，比如课题负责人，常常贯通机理分析、影响分析、政策分析和形成方案，发挥综合性、集成性的作用。

在从知识到决策的过程中，专家的知识特性是影响专家参与模式的重要因素，包括专家的研究领域及成果特性，也包括专家对科学和决策相互关系的经验认识。随着决策咨询机制的制度化，决策咨询质量取决于是否有行之有效的制度和机制安排，核心问题是通过何种机制来集中决策者和专家的智慧，以制定出好的政策。根据研究议题不同，形成不同参与模式，通过咨询研究机制，确保有效地将众多专家智慧集成起来（表 10-1）。

表10-1　专家参与MIPS研究过程的知识逻辑

MIPS 研究过程	机理分析	影响分析	政策分析	形成方案
专家类型与职能	M 型专家为主 / 科学性	I 型专家为主 / 合理性	P 型专家为主 / 可行性	S 型专家为主 / 有效性
专家的知识特征	自然科学、工程技术科学等	经济学、管理学等	社会学、政策学等	系统学、战略学等

10.2　专家职能与知识特征

10.2.1　发挥机理分析功能的专家（M 型专家）

发挥机理分析功能的专家（M 型专家），其职能包括提供面向智库问题的科学证据，重点支撑决策的科学性。智库问题能否解决，需要有科学证据支持。由于知识的更新迭代，需要依靠专家提供该领域国内外最前沿进展，提供以科学研究为基础的知识。在机理分析中，M 型专家就某一个问题做出以政策为导向的具体研究，重在分析客观规律，研判趋势，提交根据科学规律而产生的研究成果和观点报告。M 型专家在政策问题研究中解决的是“是什么”和“为什么”的问题，提供“是什么”和“为什么”的科学知识，在政策建议中提供事实和规律层面的建议，支撑政府决策的科学性。

10.2.2　发挥影响分析功能的专家（I 型专家）

发挥影响分析功能的专家（I 型专家），其职能包括将科学证据转化为最佳实践，重点支撑决策的合理性。影响分析专家需要把政策问题放到社会背景中进行观察，将理论与实际结合，提供社会利益相关者的信息，对智库问题的经济、社会、科技、生态、民生、健康、安全等方面的影响开展成本效益分析，重点支撑决策的合理性，提升决策的公众支持度；研究政策执行的可行性，如社会伦理分析、预期的及非预期的社会影响分析，了解国内外情况以及社会民意，向咨询团队提供情境性知识，分析决策对各个利益相关者的影响，提供“如何做”的程序性知识；以效益和效率为基本判断标准，遵循的是经济学、管理学逻辑；提出针对性的具体举措建议，重点解决理论与实践脱节的问题，实现政策建议的合理性和实践性。

10.2.3 发挥政策分析功能的专家（P 型专家）

发挥政策分析功能的专家（P 型专家），其职能包括提供政策信息，重点支撑决策的可行性。在政策分析中，由政策专家运用专业的政策知识对政策干预可能产生的效果进行分析，探究公共政策形成的原因和决定性因素，探寻政治制度、政治过程和政治行为对公共政策产生的影响，探求经济、社会、文化等因素对公共政策的形成所产生的影响，通过政策分析保证智库研究提出的政策建议符合社会原则、规则及相关制度。

10.2.4 发挥形成方案功能的专家（S 型专家）

发挥形成方案功能的专家（S 型专家），其职能包括在基于资源约束条件下提出解决方案，重点支撑决策的有效性。S 型专家遵循的是系统学、战略学逻辑，以建议有效性为基本判断标准。S 型专家发挥知识经纪人的功能，为决策提供综合性的判断，提供策略性知识，最终实现建议的有效性。S 型专家是项目管理者或协助研究主任进行项目管理工作的专家，是咨询团队的领导者，也是咨询报告的架构者和集成者，确定任务的目标、性质和范围，确定咨询计划和报告框架，对研究方法、报告内容和建议把关，在关键问题上促成小组达成共识。S 型专家在决策咨询中常扮演顾问角色，主要负责向政府及各部门提出科学建议，确保在政策制定中向决策者提供符合政策需求且不带偏见的科学证据，撰写调研报告等。将问题放到多学科背景下考虑，为决策者提供顶层规划和最佳战略政策建议。S 型专家具有深厚的学术积累、丰富的阅历和前瞻的眼光，善于发现问题，总结、归纳、提炼观点，有独到的见解和高瞻远瞩的思路和对策建议，以解决问题为目标，组织不同学科及部门的优势力量，开展合作研究，直至问题解决。

10.3 专家遴选

根据智库研究需要的专家能力，可基于专家胜任力模型，从智库专家的个体特征等维度进行初步遴选，如考虑工作经历，包括所在单位为科研机构、高等院校、企业、政府部门、媒体、社会组织等，是否有海外教育和工作经历；考虑学科教育背景，包括自然科学、技术科学、工程科学、社会科学、管理科学等，或多学科教育背景；在遴选中还可以考虑其学历、职称 / 职务、社会角色、个人其他特征等。

10.3.1 M 型专家遴选

M 型专家遴选遵循的是科学逻辑，主要以学术能力为基本要求，重点考虑其专业知识背景是否符合智库问题所涉及的学科领域。学科领域以自然科学、技术科学、工程科学为主，以事实和真假为基本判断标准。M 型专家要求具有比较深厚的专业理论造诣和学术基础，常具有自然科学、能源、环境、医药健康、教育、技术工程等方面学科基础，具有专业的深度、知识的广度、前瞻的远度，是专业领域有知识、有思想、有影响的杰出专家，是在国内外享有很高声誉的科学家及战略科技人才。M 型专家主要来源于高等院校和科研院所，在科学技术领域取得重大学术成果，在国内外权威期刊发表过高水平学术文章，公开出版过学术专著等；了解国际前沿，常从是否具有国际留学经历、在国际组织任职上判断；职称上常具有正高级专业技术职称，一般为教授或研究员，属于国内外知名高等院校、知名研究机构的学术带头人，职务上有些为校长、所长、院长等。例如，美国兰德公司 1800 名员工中，90% 获得研究生学位，56% 拥有至少一个博士学位（RAND Corporation，2019）。胡佛研究所 80% 以上的研究人员在斯坦福大学担任不同职称的教职。美国国家研究理事会的咨询项目中，每年承担和参与咨询项目的美国科学院、工程院和医学院院士约 1200 人。英国皇家学会联合英国医学院、工程院、爱丁堡皇家学会、不列颠科学院等其他机构共同进行咨询工作，每年约有 1/4 的院士参加咨询项目相关活动。

10.3.2　I 型专家遴选

I 型专家遴选遵循的是经济学、社会学逻辑，常具有广阔的全球视野、丰富的社会阅历和实践经验，熟悉社会及实践情况，以了解及解决实际问题为遴选标准。专业能力方面，涉及哲学、历史、人文、社会学、心理学、政治学、经济学、军事、文化、管理等领域。主要是来自党政部门、科研机构、企业、国际组织、非营利性组织、媒体等机构的管理层和各行业专家。经历上，常包括具有政府工作经验或企业管理经历的人士。职务上，常担任过一定层级的社会职务，如在政府重要部门、公共团体、知名企业、重要国际组织中担任过高级管理职务或高级技术专家等。

10.3.3　P 型专家遴选

P 型专家遴选遵循的是管理学和政策学逻辑。专业背景上，P 型专家常常具有公共政策学、公共管理、政治学、公共事务、法学、统计学、科技政策、计算机科学等专业背景。美国兰德公司认为，一个合格的政策分析家必须在社会科学甚至自然科学方面具有渊博的背景知识，掌握不同的分析技术，并有能力和信心从事跨学科的研究。专家来源上，P 型专家来自各类智库、政策研究机构、直接为党政部门决策提供咨询服务的政策研究室、各级党政职能部门的调研机构，属于从事公共政策研究、决策咨询研究和管理的人员。专家经历上，包括有决策部门任职经历的（前）政府官员，也包括参与过政策制定和咨询、具有政策实施的实践经验、熟悉决策程序和政策需求的专家。例如，某省在遴选咨询专家时，要求“从事相关专业领域管理工作 5 年以上、行政级别为副司（局）级（含）以上”人员。美国布鲁金斯学会的 200 多位研究员中一半以上具有政府工作背景，其中担任过驻外大使的就有 6 位。

10.3.4 S 型专家遴选

S 型专家遴选遵循的是复合型和系统性逻辑，兼具战略专家与高层领导的身份，是综合研究能力和专项研究能力都很强的系统型、复合型战略专家，能够从事宏观、全局性、战略性问题研究，具有国际化视野等特征。这类专家常作为智库问题研究的核心人物，需要具有丰富的实践经验、前瞻性思考能力、洞察力、多学科背景，具有强大的管理能力、运营能力、影响力和感染力，以及处理争议的能力、综合组织能力和决策咨询能力。知识背景上，常要求 S 型专家知识多元，具有不同学科背景，既懂专业，又懂法律、经济、管理；S 型专家主要来自各领域、各部门的战略科学家，管理和决策咨询经验丰富，具有高层次（行政）政府任职经历，或高等院校、科研院所、国际组织等中层以上任职经历。

10.4 专家参与

基于 MIPS 逻辑层次法，同时结合专家参与智库研究的过程阶段，可以构建出不同研究层次下，智库研究专家类型、专家参与模式和专家观点整合等分析框架。

10.4.1 机理分析中的专家参与

（1）机理分析中的专家类型

机理分析环节侧重从问题或系统分解的角度对研究事物进行分析，这使得在进行专家选择时要更加侧重专家学科背景、研究领域同研究问题或系统之间的内在相关性，因而，具有坚实的学科理论或研究基础的领域专家是机理分析环节中的主要参与专家。具体地，根据研究主要关注的问题与内容，专家的类型可以是自然科学领域的科学家，可以是从事相关实践工作的技术工程专家，也可以是人文社会科学领域的专家。

（2）机理分析中的专家参与模式

机理分析中的专家参与模式主要有两种：①基础支撑模式，即专家作为项目研究支撑人员直接参与到智库研究中，包括设计项目总体研究方案，确定研究问题的分解原则和方式，并围绕分解后的子问题或事物发生、发展规律而开展研究。②信息反馈模式，即专家并不直接参与研究工作，但是与研究支撑团队之间保持密切联系，在研究过程中通过专家访谈、会议研讨等方式，从理论和实践层面提供关于事物发展规律、研究问题分解等方面具有适切性、时效性、真实性的信息资料和观点建议。

（3）机理分析中的专家观点整合

在机理分析中，专家的意见如果达成一致，则可纳入到研究报告中。如果专家对某个问题的观点或者意见出现了分歧，这时有两种解决方案：①扩大参与专家范围，观察到底是哪一种观点或者意见占据多数，然后可以选择多数专家认可的观点或者意见。②可以将持不同意见的专家召集到一起进行研讨，深入分析其意见不一致的原因，并根据专家集中讨论结果提出双方都可接受的意见方案。

10.4.2 影响分析中的专家参与

（1）影响分析中的专家类型

影响分析环节既包括从事物外部出发，探究研究事物与其他事物之间的相互关系，也包括研究事物子维度之间的相互关系，这就需要广泛组织与研究领域存在一定关联且又具有差异性的不同领域专家共同参与研究。而这些专家又分为两种类型：一种是从事学术研究的研究型专家，重点从理论或学术方面开展影响分析；另一种是从事管理实践工作的专家，主要基于自身管理实践和经验开展影响分析。

（2）影响分析中的专家参与模式

影响分析中的专家参与模式主要有两种：①基础支撑模式，即专家作为项目研究支撑人员直接参与到智库研究当中，围绕所研究事物对其他事物过往的影响、现在的相互影响及未来的相互影响等进行系统分析和研究。②信息反馈模式，即专家不直接参与项目具体研究工作，但是通过专家访谈和会议研讨等方式并围绕事物或问题在历史域、现实域和未来域中的影响效果与作用机制，从理论和实践层面提供具有较强适切性、时效性、真实性的信息资料和观点建议。

（3）影响分析中的专家观点整合

在影响分析中，专家之间的研究领域具有一定的相关性和差异性，因而专家之间往往能够进行有效的沟通且容易达成一致，即便出现了不同意见，也较容易通过专业术语的场景转化和沟通，使分歧能够在同一话语体系下讨论解决。对于专家意见分歧的情形，可以采取专家集中讨论的方式进行研究，分析产生分歧背后的原因，从而寻找到双方都可接受的分析结果。

10.4.3 政策分析中的专家参与

（1）政策分析中的专家类型

政策分析环节主要是对研究领域相关政策体系进行梳理和述评，并对政策效果进行分析和评估，在这个过程中需要政策领域专家参与进来。这些政策专家可以大致分为两种类型：一种是从事政策科学研究的专家，在政策理论与方法等方面有长期的研究基础；另一种是从事政策管理实践的专家，熟悉中央与地方的政策，直接参与过相关政策的制定。

（2）政策分析中的专家参与模式

政策分析中的专家参与模式主要有三种：①基础支撑模式，即专家作为项目研究支撑人员直接参与到智库研究当中，围绕相关的政策文件的演进和发展进行系统梳理和效果评估，以期为研究开展提供政策层面的依据和指引。②信息反馈模式，即专家不直接参与项目具体研究，但是通过专家访谈、会议研讨等方式，围绕政策演变过程与机理、政策的现实效果及其未来发展方向等方面，提供信息资料和观点，给出建议。③思想启迪模式，即专家虽然不直接参与研究工作，但是通过集中研讨等方式，围绕基础支撑模式和信息反馈模式下专家共同参与所形成的项目研究报告和政策咨询报告，从以问题与对策分析为核心的智库问题导向出发，对政策文件梳理的完整性和合理性、内容表述的准确性和规范性等进行分析和考察，并评估现有政策体系及研判政策未来可能的发展方向。

（3）政策分析中的专家观点整合

政策分析中对现有政策梳理与分析过程一般不会有较大的不同意见，因此，将不同政策专家的意见、观点集中起来，结合已有的定量与定性分析，可以对政策有一个初步的判断。在未来不同情景对政策的影响分析方面，政策专家如果有不同的意见，可以进一步深入研讨分析，提出各自的分析依据，提出未来政策走向的不同分析路径，最终形成共识意见。

10.4.4 形成方案中的专家参与

（1）形成方案中的专家类型

形成方案环节需要在其他逻辑层次得出的关于研究事物现状、问题和可能的对策建议的基础上，进一步凝练观点并提出创新性的政策建议或方案，这就要求参与专家不仅要准确理解和把握其他研究环节的主要内容和结论，还要结合自身对研究领域的长期研究经验积累及对未来发展趋势的前瞻性、战略性预判，提出具有可操作性、系统性和创新性的建议。因此，形成方案环节的专家是以具有多学科背景、洞察力、综合集成能力强的多层次、复合型智库专家为主，一般在各类岗位上担任过重要职务。

（2）形成方案中的专家参与模式

形成方案中的专家参与模式主要有四种：①基础支撑模式，即专家作为项目研究支撑人员直接参与到智库研究中，并基于对研究事物或问题的发展机理、影响情况以及相关政策内容的梳理和思考，较为全面地搜集可能的对策建议点，并系统性地提出具有较强可操作性的政策建议方案。②信息反馈模式，即专家并不直接参与具体研究工作，但是通过专家访谈、会议研讨等方式，围绕智库研究过程中所总结的关键核心问题或者专家在基础支撑模式下所凝练的若干建议的适切性问题，提供信息资料和观点建议。③思想启迪模式，即专家虽然不直接参与项目具体研究过程，但基于专家在基础支撑模式和信息反馈模式下形成的建议方案，对政策建议的创新性、系统性、科学性和有效性进行分析和研判，并凝练和总结出具有前瞻性和战略性的观点建议。④整合迭代模式，即参与专家在已形成的项目研究报告和政策咨询报告的基础上，充分吸收与整合在思想启迪模式下的专家观点建议，从而不断完善和提升报告中政策建议的前瞻性、科学性和可行性。

（3）形成方案中的专家观点整合

形成方案中的专家观点整合是在智库研究积累数据资料和政策建议库的

基础上，专家集中讨论形成系统性解决方案的过程。通常情况下，由于专家是以集中讨论的方式提出意见，因此，如有不同意见在讨论环节就可以深入分析原因，在此基础上进一步整合各位专家的意见，最大限度达成共识，形成最终解决方案。

10.4.5　专家参与机制分析表

通过对上述专家参与模式的关键内容的详细梳理，可以构建出基于MIPS 逻辑层次法的专家参与机制分析表（表 10-2）。

表10-2　基于MIPS逻辑层次法的专家参与机制

研究过程 参与机制	机理分析	影响分析	政策分析	解决方案
专家类型选择	领域专家，如相关的自然科学、技术科学、工程科学、社会科学、管理科学等领域专家	不同领域专家组合，如研究型专家和实践型专家等	政策专家，包括政策科学研究专家和政策管理实践专家	有前瞻性、洞察力、多学科背景、综合集成能力强的高层次复合型智库专家
专家参与模式	基础支撑模式 信息反馈模式	基础支撑模式 信息反馈模式	基础支撑模式 信息反馈模式 思想启迪模式	基础支撑模式 信息反馈模式 思想启迪模式 整合迭代模式
专家观点整合	出现意见分歧可扩大专家参与范围	采取集中讨论的方式整合专家不同意见	深入研讨分析，提出各自的分析依据，提出未来政策走向的不同分析路径	在讨论环节就可以深入分析原因，在此基础上进一步整合各位专家的意见，形成最终的解决方案

根据智库研究专家参与方式——直接参与具体研究过程和为智库研究提供咨询建议两种（前者可称为“固定参与”，后者可称为“机动参与”），

以及 MIPS 逻辑层次法的内容导向（研究问题导向和智库问题导向），可以绘制出智库研究专家参与模式图（图 10-1）。

图10-1　基于MIPS逻辑层次法的专家参与模式

10.5　小结

智库作为提供决策智力支持的思想库和智囊团，离不开高水平专家的参与。专家组织与管理对于有效发挥专家作用、提高智库研究质量和决策支持水平具有至关重要的作用。因此，智库研究的专家组织与管理是智库双螺旋法的关键问题之一。本章基于智库双螺旋法，面向从智库问题界定、解析到形成解决方案的智库研究过程，从知识与功能视角，初步构建了包括专家职能、遴选、参与在内的专家组织与管理框架。为了满足智库研究中的专家组织需求，未来需要对专家的功能、组织及服务方式进行更系统深入的科学研究。例如，为了及时响应大数据时代的决策咨询需求，需要及时有效地组织各方面专家，这离不开高质量的专家数据库建设。结构化的专家数据库应该包括专家的基本信息、知识贡献和影响力等，以便根据智库研究的需求精准匹配胜任的专家。基本信息包括目前的任职情况、既往的教育和任职情况等；知识贡献包括对知识生产的贡献、对决策咨询的贡献；影响力包括学术影响力、决策影响力、社会影响力、国际影响力等。智库研究是应用驱动的研究，专家组织与管理需要结合决策咨询的应用场景，不断深化关键问题研究，在实践中探索专家组织的新模式以及具体的知识管理与综合集成方法。

第11章 人机结合的智库问题研究支持系统

随着科学技术的发展以及宏观决策的日益复杂，充分发挥大数据、人工智能等新一代信息技术在智库决策支持系统中的作用，实现智库专家知识与机器智能有机融合，是智库决策咨询科学化、规范化的内在要求。人机结合决策支持系统将在智库专家深度参与下，把计算机技术、人工智能技术、软件工程技术与管理科学、系统科学、政策科学等现代软科学理论与方法有机地融为一体，为解决复杂的智库决策问题提供支持。因此，本章将在智库双螺旋法体系下，开展面向智库决策咨询需求的人机结合系统方法与架构研究，旨在为智库决策系统的建设提供理论和应用借鉴。

11.1 智库决策支持系统建设的必要性

决策支持系统是一类支持决策活动的计算机化信息系统，它基于计算机的交互式系统和子系统，旨在帮助决策者使用通信技术、数据、文档、知识、模型来完成决策过程任务。决策支持系统一般面向中高层面管理，服务于组织机构内部管理、操作和规划级的决策，帮助决策者对快速变化并且很难提前确定的问题进行决策。

决策支持系统的发展可追溯到20世纪60—70年代（Gorry，1971）。而后，计算机技术、网络技术及数据库技术的发展，进一步推动了决策支持系统的演进和应用（王宗军，1993）。当前，在新一代信息技术加速迭代渗透下，来自经济社会系统的海量数据呈“爆发式”增长，决策主体进行决策的方式也正在发生巨大变化，传统的经验决策逐渐转变为数据决策，事后演练分析逐渐转变为事前预测，被动执行逐渐转变为主动决策；同时在全球化、逆全球化矛盾冲突的背景下，经济、社会、政治、军事等多维度问题交织作用，决策复杂度急剧上升。在这样的背景下，智库决策支持系统的开发与建设愈发重要、紧迫，主要表现在以下五个方面（图 11-1）。

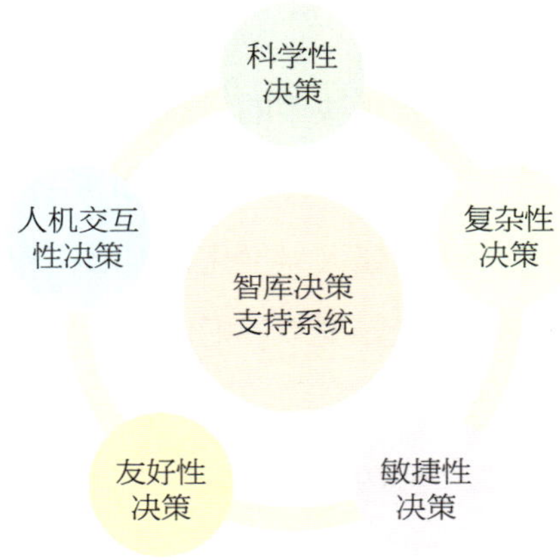

图11-1　智库决策支持系统建设的必要性

（1）科学性决策需求迫切

面对越来越复杂的国内外形势，仅依靠传统经验主义的决策模式已无法应付，转而需要开展基于客观的、科学的决策。这离不开客观数据和科学规律的支撑。在5G、人工智能、云计算等的推动下，经济社会各领域大数据呈“爆发式”增长，包含了大量有价值的信息，需要基于数据挖掘和大数据技术以合适的方式反映到宏观决策中。基于科学规律的知识和模型就起到了数据到决策支持的桥梁转化作用。针对决策问题，决策支持系统需要识别问题本质，厘清决策问题的逻辑结构，结合各领域科学知识和模型，将数据转化为具有经济社会内涵和内在关联的信息和信息流，传递给宏观决策者，以便决策者洞察系统运行状态和环境的变化，对系统演变趋势作出预判，形成数据驱动下的科学决策。

（2）复杂性决策需求迫切

宏观决策是一项系统性、综合性、复杂性很强的工作，经济、社会、科技、生态、安全等不同子系统在同一个问题中非线性交互作用，且大多数决策问题，不只追求一个目标，往往存在着若干个相互矛盾、相互制约的目标，需要多目标、多层次、多方案之间的权衡决策支持。在宏观决策问题的解决中，通过问题分解，部分作用机制具有清晰的逻辑关系，可以以明确的理论、定理、规则进行公式化、规范化处理，能用确定的模型或语言描述，以适当的方法产生决策方案，并能从多种方案中选择最优的决策，属于结构化决策；但部分逻辑关系仍无法用数量化的方式加以描述，存在非结构化特征。如何将结构化、非结构化决策问题进行综合考量，给出具有定量分析和定性分析相融合的决策支持，是智库决策复杂性对决策支持系统提出的新需求。

（3）敏捷性决策需求迫切

在万物互联时代，经济社会形态瞬息万变、竞争格局日趋激烈，建立在信息交融基础上的技术进步和创新速度不断加快，叠加日益增强的网络效应，决策者愈发需要具有敏捷性的宏观决策支持。敏捷性决策需求包括两个内涵：①决策支持系统能及时响应决策需求，保障决策支持反馈的时效性；②决策支持系统能根据决策需求作出动态、柔性调整，提供有针对性的决策支持。上述敏捷性需求对宏观决策支持各领域的专业知识和技术积累提出了更高的要求，需要多领域通力合作。

（4）友好性决策需求迫切

在新一代信息技术支持下，宏观决策支持系统的功能将得到丰富。但同时也对系统友好性提出更高的要求，决策支持系统应满足用户“能用、会用、好用”的需求。对于决策者来说，友好性的需求要求系统将复杂的模型、繁杂的计算封装在系统中，而仅向决策者提供简单化的交互操作，包括系统输入的友好性和系统输出的友好性。对于输入而言，系统应使决策者快速把握各模块功能，并对输入参数的含义、格式、范围给出明确的提示。同时，当系统完成一次决策支持的计算时，系统的计算结果也将能以形象化的形式加以反馈，如以统计图表、地图、3D 模型等可视化方式对结果加以呈现，这将更好地协助决策者获取决策所需的信息和知识，而不仅仅是晦涩的数值反馈。友好的决策支持系统将协助决策者有效聚焦于问题的分析和解决。

（5）人机交互性决策需求迫切

在新一代信息技术支持下，科学决策对系统的人机交互提出更高的要求，传统仅以数据查询、结果展示为主要形式的决策支持难以满足决策的复杂性、科学性需求，迫切需要实现以新一代信息技术支撑下的科学知识模型封装的人机交互决策，在基于交互的决策中实现学者、专家、决策者的知识融合、智慧融合，实现问题认知的迭代和解决方案的优化。

11.2 智库决策支持系统主要类型

在决策复杂化和信息技术快速发展的双重作用下，国内外智库均非常重视决策支持系统的研制，为决策提供科学的、系统的支撑。

早在 20 世纪 80 年代初，美国兰德公司的计算中心就已具有较高的硬件和软件水平，目前计算机辅助决策系统已经在咨询领域被广泛应用。兰德公司建立了许多数据库和信息系统，开发了 MMIC、PAT 等分析工具，率先将人工智能应用于兰德战略评估系统，综合运用信息技术、建模技术、数据技术和架构技术等现代技术，成为美国军方最早的战略分析工具。利用这些平台和工具，兰德公司开展了一系列跨学科、跨领域的战略研究和决策咨询，作出不少精确预测，在国际上产生了巨大影响。

美国亚利桑那州立大学电子决策剧场，为政府制定市政公共政策提供一个交互式、立体化的直观决策环境电子系统，主要是借助三维影像、决策模型和交互系统，使决策者可以身临其境，获得最直观、最真实的决策信息。

中国科学技术信息研究所结合电子决策剧场提供交互式可视化科技决策，率先成功研发出了中国科技创新图谱，利用科技信息大数据支撑科技决策，并采用美国亚利桑那州立大学类似的理念和系统架构建立了科技创新决策剧场。目前该决策剧场在科技信息大数据可视化方面取得了显著进展，在交互决策和智能决策方面的功能尚在开发之中。

国务院发展研究中心建立了“一带一路”研究与决策支撑平台、科学智库平台等决策支撑平台，主要功能是按主题收集相关媒体信息、研究报告，发布最新的研究成果，提供查询、专家合作服务，属于基于数据库和知识库的信息查询、决策咨询和规划服务平台。

国家信息中心建立了中国最权威的经济信息库，作为以经济分析预测、信息化建设和大数据应用为特色的国家级决策咨询机构和国家电子政务公共服务平台，国家信息中心依托经济信息库的大数据资源，利用多种宏观经济和产业经济模型，开展宏观经济监测预测与国民经济和社会发展重大问题研究，实现对国民经济和社会发展战略及中长期趋势预测，为国家和各级政府部门中长期规划与区域发展战略制定提供决策支持与政策咨询服务等。

中国工程院战略咨询智能支持系统依托于中国工程科技知识中心，由中国工程院战略咨询中心、清华大学、华中科技大学、浪潮集团共同建设，为工程科技领域高端智库提供智能化、流程化的线上支持服务系统。该系统以中国工程院知识中心资源池和 SCI（*Science Citation Index*）期刊等外部数据源为基础，涵盖技术预见特色产品和通用工具，支持高端智库战略咨询任务，在专家团队、数据支撑、交互网络、咨询研究流程嵌入等方面具有特点。

中国科学院自动化研究所基于兵棋推演模型，研制的人工智能程序“CASIA- 先知 V1.0”聚焦不完全信息态势感知和群体博弈策略优化的关键技术问题，提出新型自动敌情分析和时空综合态势分析的有效方法；构造了方案构想、方案推演、方案评估、方案确定的群体博弈策略优化模型，发展了基于不完全信息态势估计的不确定决策推理技术。该技术大大提高了博弈对抗的收益和效能，在具有不完全信息的重要博弈对抗应用领域具有重大应用前景。

综合来看，目前的智库决策支持平台大致可分为以下几类：①数据驱动型决策支持系统。该类系统建立在数据仓库、数据挖掘、联机分析处理等信息技术之上，以集成各领域数据和提供数据查询、检索、分析、下载等服务为主要功能，为决策者提供数据追溯、显示、分析的支持。如中经网统计数据库、地球大数据共享服务平台等。②知识驱动型决策支持系统。该类系统主要以图书馆情报系统为支撑，抓取科技前沿动态信息，挖掘领域知识。如万方数据知识服务平台。③模型驱动型决策支持系统。该类系统以经济、社会、科技等各领域模拟模型为决策支持的内核，强调对模型的访问和操作，为决策者提供预测、评估、综合分析等决策支持。如美国Climate Interactive作为独立的、非营利智库，在线提供了面向能源使用和气候变化分析的En-ROADS模型，该系统是一个涵盖能源、经济和公共政策模拟的模型驱动决策支持系统，以供用户在线开展气候情景模拟分析与决策。④场景驱动型决策支持系统。该类系统面向典型应用场景，以高度可视化的群体决策环境为支撑，实现决策者与利益相关方的协同决策，如中国人民大学决策剧场、亚利桑那州立大学决策剧场、沙盘推演。

但目前的几类智库决策支持系统仍多限于智库决策研究问题的局部，或聚焦于数据获取，或止步于信息揭示阶段，或针对少数应用场景进行定制化开发，缺少与政策的融合以及开展基于动态政策模拟的未来预判分析，系统与高水平专家团队有机结合的程度有待进一步提高，针对问题解决的贯通式系统性解决方案有待进一步完善。这种不足的根源在于智库决策支持平台缺乏对智库决策全过程的规律性认识和理论方法体系构建，迫切需要从智库决策问题研究逻辑的角度进一步指导智库决策支持系统的研发，明确智库决策支持架构中每一个模块在决策支持逻辑中的作用，构建专家与平台紧密结合的决策支持系统。

11.3 智库决策支持系统研究热点

基于中国科学院科技战略咨询研究院“智库期刊（1.0 版）”，检索决策支持系统相关研究，在 66 种英文期刊中，共计 789 篇论文、39 种期刊涉及决策支持系统的论文发表，如图 11-2 所示，其中既包括决策支持系统领域的 *Decision Support Systems*、*Expert Systems with Applications*、*International Journal of Information Management* 等，也包括能源与气候领域的 *Energy*、*Climate Risk Management*、*Energy Strategy Reviews*、*Energy Economics* 等，以及 *Land Use Policy*、*Transport Policy*、*Food Policy*、*Research Policy* 等政策分析相关的期刊。可以看到，智库决策支持系统的发展既需要决策支持系统基础架构的发展支持，也得益于决策支持系统在各领域的深化应用，包括能源与气候领域、土地利用领域、交通领域等。

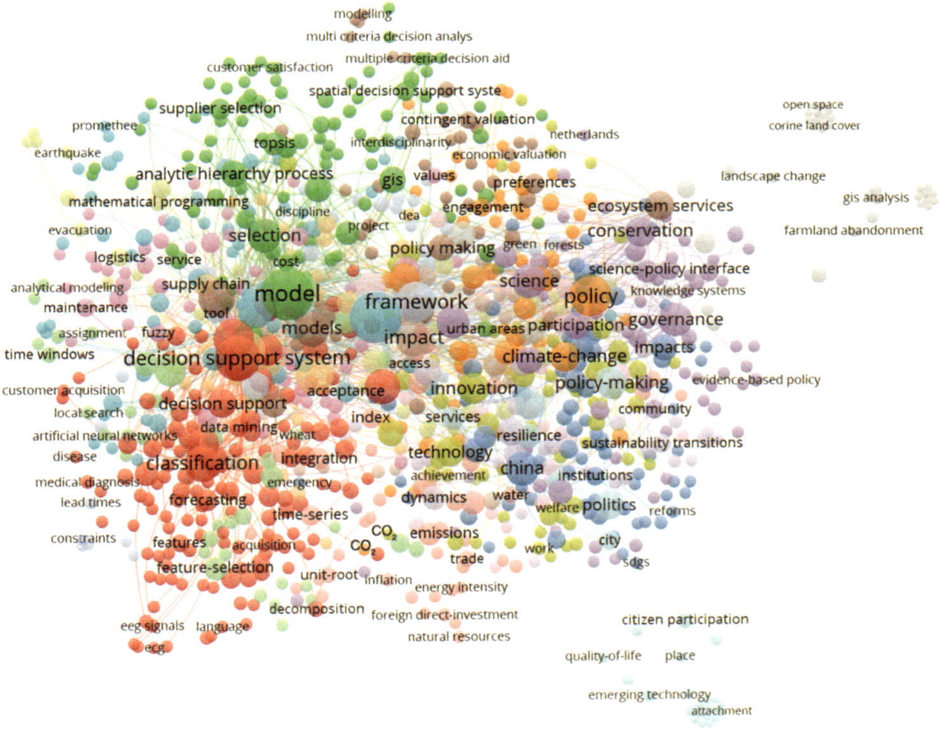

图11-2　决策支持系统研究热点分析

从检索到的论文关键词看，归纳为三个方面：①决策支持系统相关技术研究，涉及关键词包括决策支持系统、分类、机器学习、系统架构、预测、数据质量等；②模型相关研究，涉及关键词包括模型、层次分析法、网络分析法、GIS、空间决策支持、供应链选择、敏感性分析等；③环境科学相关研究，涉及关键词包括知识、科学、生物多样性、治理、指标、污染、健康、环境治理等。这也反映了智库决策支持系统从底层系统构建到决策支持应用的整体贯通性，既有决策支持系统开发的技术层面的研究，如机器学习、数据质量等，也包括技术整合下的模型开发研究，如敏感性分析等，最终体现为应用层面的研究，涉及气候变化、生态服务、城市规划、创新等领域的政策分析。

11.4　基于智库双螺旋法的智库决策支持系统架构

智库双螺旋法作为智库研究理论的普适化凝练，是智库研究的思维方法、操作方法、组织方法指导。以智库双螺旋法指引智库决策支持系统构建符合科学决策的内在逻辑，是智库服务宏观决策的内在需求和应有之义。

基于智库双螺旋法的外循环，在智库决策支持系统构建中：首先，需要对决策支撑开展问题解析，将复杂问题分解为若干子问题；其次，针对各子问题开展基于 DIIS 过程融合法和 MIPS 逻辑层次法的研究、建模、分析，构建具有可靠性、鲁棒性、友好性的决策支持系统子模块，形成宏观决策支持系统构建的交叉融合过程；最后，通过还原论将基于决策支持系统得到的决策支持结果还原到智库问题，通过专家、决策者基于决策支持系统的交互迭代，最终形成问题解决方案，还原为对决策的服务支撑。可以看到，在外循环中，智库双螺旋法是智库决策支持系统服务宏观决策任务分解的思维指导，始于问题解析，终于决策服务。

基于智库双螺旋法的内循环，DIIS 过程融合法和 MIPS 逻辑层次法以交叉、迭代的形式，为智库决策支持系统构建提供内容和逻辑两条线的支撑，形成智库决策支持系统的四层架构，即数据汇聚层、知识融合层、集成评估层、交互决策层，如图 11-3 所示。在决策支持系统的每一个架构层次上，都体现为智库双螺旋法的贯通式融合。

（1）数据汇聚层

围绕外循环解析得到的子问题，智库决策支持系统在 MIPS 指引下组织理论专家、行业专家、技术专家、政策专家等多领域专家，就子问题内在机理展开分析，并基于剖析得到的机理要素，从组织内部、外部相关部门有针对性地采集相关数据，形成基础数据库。

（2）知识融合层

基于采集得到的资料库，决策支持系统需以文本识别、数据挖掘、人工智能等技术为支撑，结合领域科学知识，通过 DIIS 实现知识融合，通过 MIPS 厘清事物本体和外部的相互机理，构建问题知识体系，并形成计算机可识别的结构化模型体系。

（3）集成评估层

根据问题机理，综合理论专家、行业专家、技术专家、政策专家等各领域专家展开问题发展趋势研判，就问题发展趋势及其经济、社会、科技、生态、环境、安全等多维度的影响展开模拟评估，迭代形成符合实际发展规律和问题解决需求的解决方案。

（4）交互决策层

为更好地支撑决策者、专家对决策支持系统所涵盖的数据、文档、知识、模型、方案等内容的访问、检索、使用，智库决策支持系统需根据问题分析内在机理特征，对数据采集、知识融合、集成评估的服务过程进行适当的封装，将问题解决关键的、可调节的政策变量在多种终端上进行可视化的、友好的决策交互构建，提高智库问题解决的综合性、系统性、科学性。

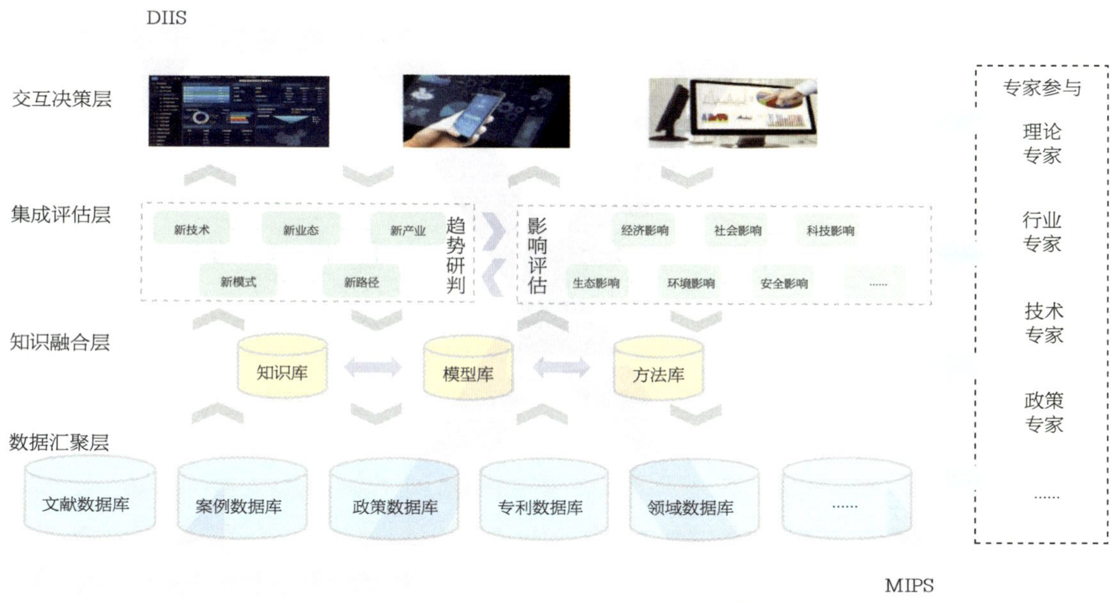

图11-3　基于DIIS过程融合法和MIPS逻辑层次法的智库决策支持系统架构

11.4.1 数据汇聚层

在智库决策支持系统中，不同类型数据的采集和汇聚是决策支持的第一步。基于智库双螺旋法，智库决策支持系统的数据汇聚具有显著的问题导向性，这也是智库决策支持系统与一般性的数据库类型的决策支持系统的本质差别。

智库问题研究具有多学科、多领域交叉融合的特点，要求智库决策支持系统的建设不仅需要计算机技术专家的支持，更需要在理论专家、行业专家、技术专家、政策专家等各领域专家的共同参与下，展开针对子问题的 DIIS 问题现状调研和 MIPS 机理分析，并根据问题机理涉及的科学、技术、政策等多维度数据需求，展开有针对性的数据和资料获取。如图 11-4 所示，这个阶段需要解决数据库建设的三个问题。

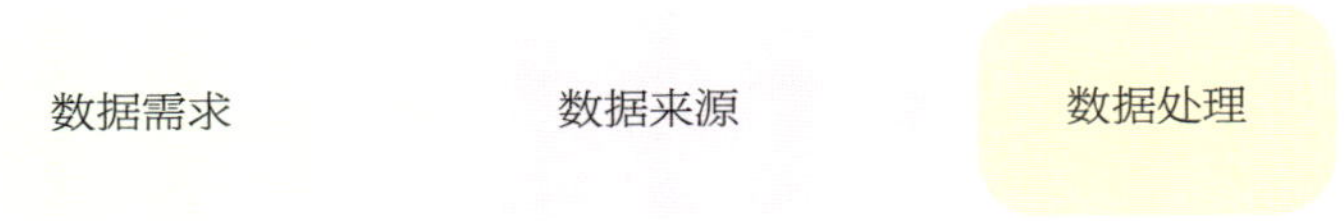

图11-4　DIIS过程融合法和MIPS逻辑层次法指引下的数据汇聚层解析

（1）梳理问题涉及的数据需求

面向智库问题研究的决策支持系统在构建第一步时，就必须针对问题解析的各维度，分别构建相应的数据库，明确各类数据库在问题解决中的逻辑关系，形成足以支撑智库问题研究多维度需求的数据库。总体而言，智库问题研究涉及的数据包括文献数据、案例数据、政策数据、专利数据、领域数据等。从各数据库的关系来说，文献数据库主要面向学科维度开展问题的学科研究现状和前沿动态研判，支撑智库研究科学性；案例数据库主要面向应用维度开展应用现状剖析，支撑智库研究实践性；政策数据库主要面向政策维度开展各部门各层级政策现状分析，支撑智库研究实用性；专利数据库主要面向技术维度开展问题解决技术条件分析，支撑智库研究可操作性；领域数据库主要为问题解决的定量分析和模拟计算提供经济、社会发展等基础数据，支撑智库研究真实性；等等。同时，不同数据库之间不是孤立存在的，在复杂问题解决中，往往需要不同类型数据之间的耦合关联使用。为此，智库决策支持系统需要以应用场景或问题主题形成不同类型数据库之间的关系模型，明确不同数据库之间的耦合关系，既为提高数据复用性，也为进一步挖掘数据库内容奠定基础。

（2）明确各领域数据的主要来源

在新一代信息技术发展影响下，大数据、物联网、5G 等技术为智库问题研究提供了海量多源数据。但为保障智库研究的真实性、科学性，必须严把数据来源这一关，发挥各领域专家在领域内的经验积累，推荐和识别领域内具有权威性、可信性的数据来源，从源头上避免“拿来主义”地使用片面性、非客观性数据，避免数据来源问题导致的智库问题研究不可靠性。如国家统计年鉴、政府门户网站、领域权威数据库、国际大型组织数据库等都是智库决策支持系统数据的主要来源。特别需要强调的是，在智库数据汇聚的实践中，往往面临虽有明确数据来源，但出于数据安全、数据隐私等考虑，而造成数据难以共享和获取的问题。在这种情况下，应基于智库问题解决机理分析，由智库研究者提出具体的数据需求，与数据掌握方建立“按需供给”的数据共享机制，回避元数据的直接提取，取而代之以脱敏后的二次加工数据实现数据共享。

（3）开展针对不同类型数据的加工处理

根据数据格式类型不同，智库决策支持系统中的数据可分为结构化数据、半结构化数据和非结构化数据。其中，结构化数据主要包括条目清晰的各部门的宏观、微观统计数据，来源包括国家统计局、国内外大型组织和机构（如世界银行数据库等）、各级政府部门、大型互联网企业等；半结构化数据主要包括网络抓取的日志文档、XML 文件等；非结构化数据主要是以网络抓取和调研得到的各领域政策、案例、报告、论文、视频、图像等，来源主要包括各级政府部门、知名研究机构、文献论文库、科研产出部门等。对于半结构化数据和非结构化数据，需要借助分词技术、文本挖掘、机器学习等技术进一步加工处理，提取对决策分析有价值的信息和知识。

11.4.2 知识融合层

随着智库研究主题日益广泛，智库问题涉及的学科涵盖经济、社会、科技、生态、环境、安全等多个领域。智库决策支持系统的知识库和模型库不仅需要多领域专家的充分参与，反映智库多学科交叉的特性以及智库问题内在的知识体系和逻辑关系，而且需要使知识库、模型库具备总结历史、把握现实、预测未来、服务决策的能力，支撑智库研究客观性、科学性和前瞻性。

智库决策支持系统知识库的核心是以相关领域专家的经验为基础，形成一系列与决策有关的信息和知识，并结合一些事实规则及人工智能等技术，通过建立推理机制来实现知识的表达与运用。从知识迭代角度看，在新一代信息技术快速发展的背景下，智库决策支持系统中的知识库不仅需要各学科已知知识的形式化表达，也需要基于系统采集的资料在云计算、机器学习、数据挖掘等技术的辅助下，从历史资料中实现未知知识和规则的挖掘和迭代，完善知识库，形成从被动存储到主动提议、专家知识与机器知识深度融合的智能型研究平台（潘教峰等，2017；潘教峰等，2019b）。

智库问题解决中呈现的多学科交叉性和多时空域特征，决定了智库模型库需要覆盖不同领域、不同功能类型的模型。具体来看，领域模型涵盖经济学模型库、社会学模型库、技术演化模型、空间信息模型等；基于智库决策支持模型库中的模型功能的不同，主要包括评价模型、预测模型、优化模型、仿真模型等。在智库问题解决中，不同领域模型和不同功能模型如何组合形成问题导向下的模型解决方案是核心要义。这需要各领域专家的深度参与，紧密围绕问题解决的逻辑机理，在明确模型功能和输入输出条件下，选择不同领域子模型，通过模型与模型之间的逻辑关系构建，交互形成以智库问题解决为导向的大规模模型，实现不同目标导向下的模型解决方案。未来，智能化的决策支持系统的模型库也将实现基于数据汇聚层支撑下的领域知识和规则识别自动化，并为未来域趋势预测、预见、预判提供可计算、可组合的灵活解决方案。

此外，为支持知识模型计算的高效性，知识融合层还将包含方法库，为处理分析所需的计算提供通用算法以及分析、加工处理的能力，提高模型运行效率；在处理高度复杂的经济社会宏观决策问题时，还将涉及高性能计算的问题分解与整合等算法。知识库、模型库、方法库共同组合构成问题的处理分析方法体系，实现宏观决策中历史经验、现实状态、未来发展的协调统一。

11.4.3 集成评估层

智库决策支持系统的主要处理对象，即宏观决策问题，往往具有影响范围大、作用时间长的特点。因此，智库决策支持系统的集成评估，一方面需要站在全局的角度，在智库决策支持系统的支撑下，对问题演化发展趋势作出预判，并对问题解决方案潜在的各方面外部影响展开多维度评估；另一方面需要结合专家知识进行综合研判，作出权衡多方面因素的集成评估，得到较优解决方案。智库决策支持系统的集成评估特别需要强调模拟评估和专家交互的双向集成，具有显著的综合性、科学性特征。

模拟评估主要是基于智库决策支持系统的机器模拟分析。针对不同决策需求，决策者、专家基于智库宏观决策支持系统设置具有不同现实意义的决策情景，通过决策支持系统知识模型的计算支撑，展开情景趋势研判和影响分析相互作用的模拟评估。决策者基于知识融合层对事物历史域、现实域、未来域的统一建模，模拟分析在不同政策驱动下事物未来的演化趋势，包括新技术、新业态、新产业、新路径、新模式的前瞻和预见等。在趋势研判基础上，智库决策支持系统将为决策者提供全方位综合的影响分析：从影响维度上，评估该种政策可能产生的经济、社会、科技、生态、安全影响等；从影响周期上，评估该种政策可能产生的短期、中期、长期影响；从影响效果上，评估该种政策可能产生的正面、负面效应。

专家交互是以模拟评估结果为基础、以专家个体或群体的知识和经验为核心、定量与定性相结合的综合研判。智库决策问题，特别是面向宏观决策的智库问题，存在较多难以结构化的子问题，这就需要充分发挥专家的专业研判与综合集成作用，使问题解决方案的全面性、深入性、可操作性得以保证。在智库决策的集成评估层，涉及的专家包括理论专家、行业专家、技术专家、政策专家等。通过对模拟结果中的极值、突变、周期性特征分析，理论专家或者说是问题所属领域学科专家，从机理上把控模拟结果的科学性；行业专家从实践角度评估模拟结果与专家经验判断的一致性；技术专家对问题解决方案的技术实现提供可行性评估；政策专家将模拟评估得到的数值结果转化为政策语境下的影响释义，从战略布局、政策衔接等角度明确不同解决方案的落地可行性。

模拟评估与专家交互是集成迭代的过程。当模拟结果与专家判断存在较大鸿沟时，需要开展决策支持模型的迭代和情景假设的迭代，优化问题解决方案，最终在专家或决策群体的研讨下筛选得到一个可行的解决方案，这也是智库双螺旋法的“螺旋上升”研究模式（潘教峰，2020）在宏观决策支持中的深刻反映。未来，随着人工智能、物联网、云计算的发展，基于决策过程的机器学习将是方案优化的重要途径，这也是人工智能和决策支持系统融合的重要内容（任明仑等，2002）。

11.4.4 交互决策层

交互决策层是智库决策支持实现场景化、柔性化的重要体现。在智库决策支持中，交互决策层有两方面职能。

（1）交互式定制化服务

在智库决策支持系统中，基于数据驱动和基于知识驱动的决策支持系统特别强调定制化服务，用户可根据自身需求或问题解决逻辑定制系统服务主题、服务范围、服务频率等，同时系统也将根据用户交互决策过程数据，启发式优化系统服务供给。例如，在数字经济发展动态监测与决策支持系统中，用户可根据对数字经济的内涵界定选择定制化的动态监测主题，包括数字技术、数字基础设施、数字治理等，从而满足用户问题导向下的数据和知识需求。

（2）交互式决策支持

智库决策支持不应仅仅是一个问题的分析结果展示，还应是一个可交互、可计算、可调整的柔性化支持体系。智库决策支持系统在设计构建中应将问题解决的关键政策变量或控制变量作为人机交互决策的接口，将繁杂的模型与计算过程封装在系统内部。专家或决策者可根据问题解决需求，在系统提供的决策参数基础上，实现模型参数的调整以及模拟方案的设置迭代。为满足这一需求，交互决策层为用户提供对系统数据、知识、模型等内容访问参数进行设置的接口，并将决策支持结果以图形、表格、地图等多种形式反馈至决策者。交互式决策支持系统是问题解决逻辑架构中关键变量的外化，为实现机器智能与专家智能、决策者智能的深度融合提供实现途径，是智库决策支持系统的重要组成部分。

在数字时代，面对个体决策、群体决策、分布式决策，智库决策支持系统的交互决策在实现形式上也具有多元化特征，包括依托移动 APP、决策剧场、基于 Web 的系统等多种形式实现。移动 APP 决策支持的优势是打破时间、空间限制实现实时决策支持；决策剧场的优势是实现决策相关方在同一个空间中进行协同决策，决策群体实现充分沟通和讨论，提供更多、更全面的决策方案；基于 Web 系统的决策支持的优点则是实现远程协作决策，提高决策效率。5G、云计算、增强现实 / 虚拟现实等技术的发展，为构建沉浸式、交互式、可视化的决策体验提供了可能，通过知识图谱、网络结构、统计图表等多种形式使决策结果更加直观，易于决策。如亚利桑那州立大学建设的决策剧场，在城市改造应用案例中，基于 260 度多面屏幕和 3D 视频内容，实现对城市不同发展情景下的城市空间格局、环境演化的全景展示，从而协助城市居民、政府部门、研究学者在同一空间中进行群体决策。

11.4.5 智库决策支持系统应用场景

智库决策支持系统作为智库研究的重要支撑，其目标是服务宏观决策。根据智库研究问题的交叉性、关联性、复杂性，智库问题分为大规模、中规模、小规模智库问题（潘教峰等，2019a）。其中，小规模智库问题聚焦于单一学科或领域，相互关联性很少；中规模智库问题往往涉及有限学科或领域，具有一定的相互关联性；大规模智库问题往往是宏观的战略和政策问题，具有多学科和多领域交叉特征，相互关联性很强。同时，从智库研究问题实际支撑决策的类型角度看，智库决策支持系统应用可进一步分为战略决策支持系统、战术决策支持系统、运行决策支持系统。智库研究问题的多规模特征支撑智库决策支持应用系统的不同场景，如图 11-5 所示。

在智库决策支持系统的三类决策场景中，战略决策支持处于决策支持最高层，一般为智库研究的大规模问题和中规模问题，应用于各层级、各组织解决全局的、长期的战略和规划决策场景中。战略决策一般需要依托问题涉及的多时间、多空间维度信息集成，通过综合研判，给出长期的发展目标和发展路线图，是一个复杂巨系统问题。战术决策支持为战略目标服务，是实

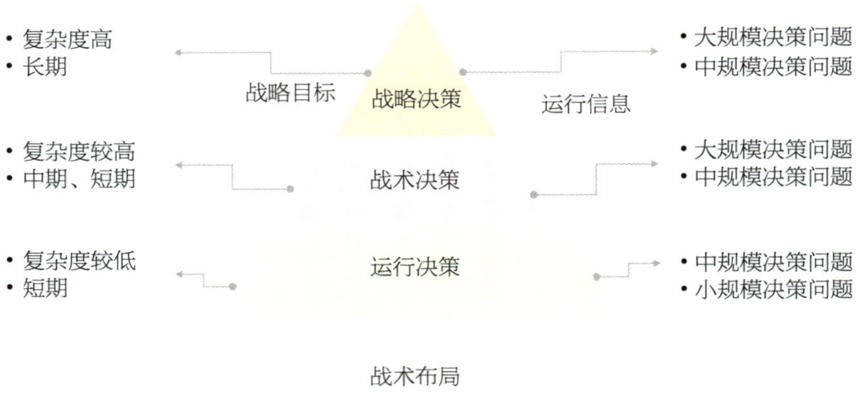

图11-5　智库决策支持系统应用场景类型

现战略的手段和环节，一般为智库研究的大规模问题和中规模问题，具有中期或短期影响的特征。战术决策支持具有两大类型的应用场景：①为实现特定系统的宏观战略目标而采取的优化方案决策支持；②当系统受到外部冲击时，为降低冲击影响而展开的应对性决策支持。战术决策支持由于涉及系统中多个变量或目标的优化统筹，因此表现出较高的复杂度。运行决策支持面向系统日常运行，基于各层次、各领域系统在一定时间频率上的运行状态采集，把控系统运行轨迹，当系统状态偏离预期目标时，适时作出调整决策。运行决策具有显著的短期时效性，一般为智库研究的中规模问题和小规模问题，其复杂度较低。

对某一个宏观决策主体而言，在智库宏观决策支持中，战略决策支持、战术决策支持、运行决策支持三者存在相互作用、相互支撑的关系；三类决策支持可能融合于一个决策支持系统中。战略决策支持协助把控系统全局发展方向，以战略目标指导战术决策和运行决策。战术决策支持在战略决策的约束下，为实现战略目标提供系统资源优化布局方案。运行决策支持协助落实、执行战术决策的统筹布局。同时，运行决策支持系统“自下而上”地为战术决策支持系统、战略决策系统提供决策所需的系统信息，以支撑作出科学、客观的宏观决策。

11.5　小结

构建智库决策支持系统是技术、经济、社会等发展对智库建设提出的新需求、新任务，也是提高我国宏观决策精确性、科学性，实现治理体系和治理能力现代化的重要抓手。目前能切实服务宏观决策、具有高度交互性的智库决策支持系统的建设仍处于起步阶段，面临智库研究理论支撑少、多源数据难以打通、专业人才匮乏、应用场景开发不足等问题，需要政府、智库、科研机构、技术企业等协同推动人机结合的智库决策支持系统的开发与应用，使智库决策支持系统真正成为支撑国家治理体系和治理能力现代化的重要组成部分。

第12章　客观分析与主观判断的结合

客观分析与主观判断是科学研究的重要方法，两者的结合提升了人类观察世界、理解世界以及改造世界的能力，对智库研究而言也是非常重要的方法。智库作为生产思想产品的专业机构，必须保持客观性、独立性，避免主观偏见和利益冲突。基于证据的洞见可为复杂问题的决策提供科学支撑，确保最有效地开发利用信息资源，并使得决策科学化、合理化、最优化。客观分析与主观判断两者的结合，能够在充分掌握客观事实、科学证据的基础上，提升智库研究质量，促进科学决策；同时对利益相关方和行动者的合理诉求进行充分考虑，抑制主观偏见以及利益集团的不利影响。客观分析与主观判断的结合、定量分析与定性分析的结合，是智库研究的基本方法。本章重点介绍客观分析与主观判断相结合的意义并进行概念辨析，探讨客观分析与主观判断相结合的原则、标准和途径，以及客观分析与主观判断两者的结合在智库双螺旋法中的运用。

12.1　客观分析与主观判断相结合的意义

人类经济社会发展历程体现了客观规律与主观能动的内在统一。马克思主义哲学认识论指出，对客观世界的认识应该透过现象看本质，将感性认识升华到理性认识，运用理性认识指导社会实践。感性认识更多体现为主观判断与价值追求，理性认识更多体现为事实陈述和客观规律。英国思想家波普尔（1998）在《通过知识获得解放》一书中，根据知识的存在状态把知识分成客观知识和主观知识，客观知识是主观知识客观化的产物，存在于各种载体如书刊、电子存储介质之中，主观知识来自客观知识和人的社会实践的认识。从知识到决策，既包括客观知识，也包括主观知识。一般来说，科学家也是借助主观知识和认知构建出客观科学知识体系的。因此，在基于问题的智库研究过程中，要通过定量分析与定性分析、客观分析与主观判断相结合，将主观知识外化为客观知识，辅助决策。智库提出问题并通过机理分析、影响分析、政策分析来解决问题，既依赖于人们在社会实践中对现实事件和客观规律的持续观测，更依赖于严谨的科学思维及丰富的经验积累。基于 DIIS 过程融合法和 MIPS 逻辑层次法的客观分析与主观判断两者的结合、定量分析与定性分析两者的结合，将有助于人们全面认识、系统应对关于“自然 – 人 – 社会”相关的问题、现象及规律，持续迭代、优化政策建议与解决方案，推动基于证据、尊重科学、符合需求的决策。

12.2 客观分析与主观判断相结合的概念辨析

客观分析、主观判断及两者相结合的方法在全球智库研究中有着较为广泛的应用（Planells-Artigot et al.，2020）。智库研究应在决策分析过程中强化对主客观因素的综合判断，开展定量分析与定性分析相结合的综合研判，才能形成高质量的智库成果。

客观是指在意识之外，不随个体主观意识改变，且独立存在的一切事物。比如万有引力，它是客观存在的，并不依赖于牛顿的发现。主观通常是指人的一种思考方式，是与客观对应的哲学范畴，指被人的意识所支配的一切活动，属于主观范畴。

在主体与客体组成的复杂社会系统中，主观与客观之间存在内在的相互关联，客观决定主观，主观反映客观并具有能动性。主观对客观的认识、揭示往往存在一定偏差。社会主体符合规律作用于客体时，对客观事物的发展起到推动或促进的积极作用；违背规律作用于客体时，对客观事物的发展就起阻碍或延缓的消极作用。因此，智库研究必须尽量客观，弄清机理，同时又有明确的主观价值导向，厘清主要的相关关系及影响。

定量研究与定性研究是人类社会生产与生活实际过程中对客观事物进行观察和认识的两个基本方法。定量研究注重事物的量，通常借助数学工具进行定量分析，也称量化研究。定性研究注重事物的质，通常借助主观判断揭示事物的内在本质。定量研究与定性研究是社会科学研究中最重要的两种研究范式，在智库研究中也扮演重要角色。社会系统工程强调用工程逻辑思维开展定量、定性研究（王慧炯，2015）。智库要对科学知识的逻辑层次结构进行客观分析，采用定量与定性相结合的决策支持模型，实现客观分析与主观判断优势互补、结合运用。

客观分析、主观判断离不开定量研究与定性研究方法的支撑与结合，贝叶斯分析构成了从客观性到主观性的连接。早在 1834 年伦敦统计学会成立时，推崇客观性是统计学家的圣杯，认为数据是客观的，而观点是主观的。与大多数主流统计学、相关性分析不同的是，因果分析要求研究者作出主观判断，在因果关系方面，睿智的主观性比任何客观性都能阐明我们所处的真实世界（珀尔和麦肯齐，2021）。

定性研究最早是以质的研究、质性研究或质化研究的形式出现，在 2007 年出版的译著《定性研究：方法论基础》中有说明：为避免误解，以符合国内社会科学界的一贯做法，书中统一将其翻译为定性研究（邓津和林肯，2007）。采用定性研究这个说法，意在明确统一的语境。不同学者对定性研究的分类也存在差异，如英国学者 Bryman（2004）认为定性研究包括民族志、参与观察、访谈和焦点小组等基于语言的资料收集和分析方式（如话语分析、谈话分析），以及对于文本和文档的收集和分析方式等；美国学者 Vanderstoep 和 Johnston（2009）认为定性研究方式包括民族志、现象学、个案研究、文本分析、行动研究与评价研究；澳大利亚学者 Punch（2014）在其著作《社会研究方法：定量与定性的途径》中将定性研究分为个案研究、民族志、扎根理论与行动研究。定量研究依赖定量数据，遵循验证性科学方法，重点放在假设检验和理论检验。定量研究通常首先陈述假设，然后通过实证分析判断数据是否能支持假设，从而验证假设是否成立。

智库双螺旋法的研究过程中有客观分析，也有主观判断。涉及客观分析的定量分析方法工具，在《智库 DIIS 三维理论模型》（潘教峰等，2018a）一文中有详细的介绍。MIPS 逻辑层次法将智库研究分为机理分析、影响分析、政策分析与形成方案四个层次（潘教峰，2020），都涉及客观分析与主观判断，各自占比多少，取决于具体的研究问题，不能一概而论。在智库研究的机理分析阶段，往往需要大量的数据、资料作为支撑，力求客观。随着对研究问题的界定与明确，经过问题分解后，对各个变量的影响分析、政策分析虽然保留一定的定量研究，但到形成方案阶段时更多地依赖专家智慧进行主观判断（图 12-1）。

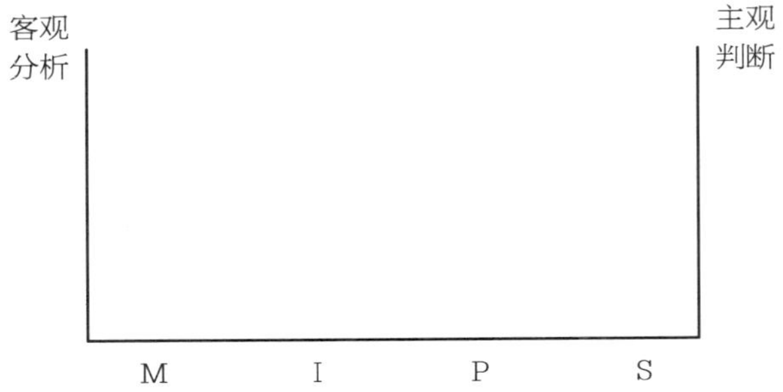

图12-1　客观分析、主观判断与MIPS逻辑层次的关系

客观分析与主观判断的不同体现在研究问题、研究程序与研究工具等方面。智库研究一定要建立在系统的调查研究的基础上，既需要客观分析和实证，也需要主观判断和选择。

（1）研究问题的不同

提出问题、界定问题是科学研究的前提，也是智库研究的前提。研究方法与研究问题应具有内在的一致性，前期的数据与资料收集是为科学运用研究方法提供基础，对研究问题进行科学界定和解析后，以适合的方式寻找适合问题的解。针对不同的研究问题，客观分析与主观判断存在不同的研究视角，关键在于对研究问题的解析方式、融合方式和还原方式不同。通常情况下，客观分析与定量研究息息相关，主观判断与定性研究息息相关，客观分析与主观判断往往需要针对不同的问题进行不同选择、综合运用。正如米勒和萨尔金德（2004）所指出的，“定量分析与定性分析并不是解决同一问题的不同方法，事实上，定量分析与定性分析这两种方法是通过构建不同的路径以解决不同种类的问题”。存在不同的研究方法也是源于现实社会的复杂性、不确定性与多变性，因此，仅靠某一种研究方法不太可能较好地解决综合性问题，需要根据研究问题的不同，在不同环节找到适合不同问题的这两类研究方式之一或两者相结合的方式，从而发挥优势互补的作用。

（2）研究程序的不同

研究程序一般包括选定研究问题、设计研究方案、收集并分析数据资料，以及揭示信息、形成研究方案等过程。客观分析具有系统性、稳定性、结构性等特点，可以重复检验，便于学习借鉴；主观判断具有开放性、灵活性、动态性等特点，各种不同的定性研究方式不仅在具体操作步骤上有所不同，在大的研究阶段上也不同。客观分析、主观判断的研究进程如何开展，并没有硬性规定，而取决于问题的性质以及各种内在和外在因素。

（3）研究工具的不同

客观分析与主观判断在研究过程中使用的研究工具差异较大。客观分析中所用到的定量研究，对于数据资料的分析，需要运用统计分析方法及专门的统计工具如 SAS、SPSS 等，才能客观地揭示其内在的信息，追求的是可重复、可验证的规律性、机理性认识。主观判断中的定性研究以其在研究方法和研究方式上的多样性来柔性把握和综合应对复杂性、不确定性社会问题。追求的是对特定的研究对象，以及对处于具体情景中的社会现象的某种深入理解，特别是对内在本质的洞见和参悟。这种方法使得研究者能够更好地结合个人的主观因素如经验、直觉、眼光、观察能力、交往能力以及想象力、悟性等。虽然在客观分析中，研究程序是相对固定的，方法工具是标准、统一的，方法操作是格式化、程序化的，但在研究设计与实施过程中依然有很多需要依赖研究者个人的能力、学识、素养发挥的地方，不同研究者所做的研究质量、水平存在较大差异（潘教峰等，2022）。

因此，客观分析与主观判断在智库研究过程中如何选择，取决于研究者本身的能力与素养，但最核心的还是研究问题的属性，依据研究问题、研究对象选择合适的分析方法进行机理分析以及影响分析等。

12.3 客观分析与主观判断相结合的原则、标准与途径

智库研究过程中如何通过客观分析与主观判断的结合，避免偏见和利益冲突，保证智库研究的客观性和独立性？在客观分析与主观判断相结合的过程中，如何将定量分析与定性分析的优势有机结合起来？以及在多元主体多方利益诉求背景下，如何运用博弈分析法等进行平衡（潘教峰等，2022）？智库问题研究过程中如何科学合理地运用客观分析与主观判断？结合智库双螺旋法的实践，以下从客观分析与主观判断相结合的原则、标准以及途径三个方面进行剖析。

（1）客观分析与主观判断相结合的原则

在智库问题研究过程中，客观分析与主观判断对于智库研究是非常重要的，是选择客观分析还是主观判断不是一件容易的事，首先应该明确智库研究的问题属性，对智库研究的关键问题进行深度剖析，明确智库研究环节中

主观与客观的角色或成分。在确定研究问题属性后，再来选择研究方式或探索途径。而选择某种研究方式或探索途径的标准往往取决于研究者的个体偏好，或依赖研究者所具备的知识背景和方法训练（是否有过定量分析的训练、是否会做统计分析等），但这是不够科学的。有学者指出社会科学研究者“应该依据研究问题的性质来作出采用定性的或是定量的研究方式的决定”（Vanderstoep and Johnston，2009）。总之，选择客观分析还是主观判断，采用定性分析还是定量分析的研究方法，要以适合研究问题、研究对象，服务研究目标为前提。不同的研究问题、不同的研究对象以及不同的研究目标，决定了我们应该采用哪种研究方式。组建研究团队时，需根据研究者提出的研究问题的性质与特点来决定选择定性研究还是定量研究或者是两者相结合的研究方式，然后再来确定具备相应知识背景和方法训练的研究人员参加。

（2）客观分析与主观判断相结合的标准

客观标准是指那些可以用数字测量和描述的标准，例如速度、负载能力、成本和重复性。主观标准在本质上通常是定性的，可以通过语言建模技术转化为数值（Bordogna et al.，1997）。信度（reliability）与效度（validity）是客观分析与主观判断相结合的主要标准（纽曼，2021）。信度是指对同一研究对象采取同样的方法重复研究或测量时，其所得结果相一致的程度，即可靠性。效度是指测量手段或测量工具能够准确、真实地测出所要测量的变量的程度，即准确性。研究的信度与效度之间并不存在必然的内在一致性，但相互间又有某种联系。一般来说，缺乏信度的研究也是无效度的研究，而具有很高信度的测量并不意味着一定是高效度的测量，即它也许是有信度的，也可能仍然是无效度的。

智库研究中客观分析与主观判断相结合的一个重要标准是时度效（timely）。时度效在传播学领域有广泛应用，是实践层面的标准，对智库研究也有较强的借鉴意义。具体来讲：“时”就是要把握时势、时局、时事、时机、时效，赢得智库研究的先机；“度”就是要把握高度、广度、深度、精度、温度，让智库研究恰如其分；“效”就是要把握效率、效益、效果、效能、效应，确保智库研究切实管用。智库研究综合运用客观分析与主观判断相结合时，需要准确地把握好信度、效度与时度效，在有限的资源条件下得到尽量客观科学、切实有效的解决方案。

（3）客观分析与主观判断相结合的途径

建立逻辑一致的思维判断方式，是客观分析与主观判断相互结合的关键，而实现批判性思维的前提是对所研究问题的相关概念进行科学界定，从客观存在出发，对相关概念本质属性信息进行提取，然后将其与概念本质进行比较，吻合则一致，否则不一致，而不是简单从主观出发，认为是或不是。总之，通过对相关概念的科学内涵和基本属性进行界定后，才能分析出哪些环节需要客观分析、哪些环节需要主观判断，或者是按照两者相结合的研究方法进行综合考虑。

12.4　客观分析与主观判断相结合的运用

客观分析与主观判断都离不开数据，在智库研究过程中，数据收集方法同时涉及定性数据与定量数据。数据收集以智库问题为导向，围绕拟解决的关键问题，确定数据收集的范围与对象。智库研究过程中常用的一手数据收集方法有调查问卷、专家访谈、焦点小组、专访观察等。

12.4.1　客观分析支撑主观判断

科学全面的主观判断需要以综合的客观分析为前提。好的决策取决于好的证据。随着大数据与人工智能技术的发展，新技术、新工具的应用为科学决策提供了技术条件保障。在客观分析与主观判断优势互补、相互结合的过程中，需要有定量分析与定性测量，而定量分析与定性测量在实际研究过程中有三点区别：①与时间安排有关。定量研究者在计划阶段要综合考虑变量并将它们转换成特定的行为，这个过程独立并处在收集数据资料和分析阶段之前，而在定性研究中，测量发生在收集数据资料过程中。②与数据资料本身有关。在定量研究中，运用技术以数字形式呈现数据资料。一般通过演绎将抽象的概念转化为特定的数据收集方法并产生精确的数字化信息。数字化的数据资料代表着用一个规整的、标准化的且紧凑的方式将抽象的想法精确地表现出来。而在定性研究中，数据资料有时是数字形式，表现为书写或口述文字、行为、声音、符号、物理客体和视觉图像（如照片、地图、录像等）等，但定性研究者通常不会将所有观察转换成单一的、普通的媒介，如数字信息，而是以多样化的形式呈现。总之，定量数据资料通常将研究信息转化为标准、浓缩的格式，而定性数据资料多以丰富的、多样的和非标准的方式呈现。③涉及如何连接概念与数据资料。定量研究中，在机理分析之前需要主观判断哪些数据资料是必要的， 哪些是可供参考的。在这个过程中通常会思索和考察概念，并客观分析选择哪些测量方法，搭建起抽象概念与经验数据的桥梁。

在主观判断中，收集数据资料之前也会考察概念。但是研究中所用到的许多概念往往会在收集数据资料过程中或之后被重新发现或者重新定义。过程中将同时地、交互地对数据资料进行重检与思考。在收集数据资料时，专家会考察概念并激发新想法。新想法又会反过来提供有关新测量方法的方向与提示，新测量方法进一步又会决定后续将如何继续收集数据资料，直到寻找到合理的问题之解。总之，在客观分析与主观判断相结合分析的过程中，需要对收集数据资料环节进行反复迭代，在迭代过程中不断对新问题所产生的数据资料需求进行补充完善，将问题与数据资料进行一一对应，形成逻辑论证的闭环。

12.4.2 客观分析与主观判断有机融合

客观分析更多的是依据定量研究，主观判断更多的是依据定性研究。在客观分析与主观判断的研究过程中，定量与定性研究往往是相互交叉、彼此相融的。人的主观认识来自于客观存在的主观映射。在人工智能与机器人时代，借助智能机器进行群体决策，体现为多准则决策（multiple criteria decision making，MCDM）（Fu et al.，2019），MCDM 在机器选择问题（robot selection problem，RSP）中是一个有效的工具。Goh（1997）提出了一种兼顾主客观标准的机器人选择模型，并结合了来自多个决策者的输入。Rao 等（2011）提出了一种 RSP 的主客观综合 MCDM 方法，该方法同时考虑了标准权重的客观权重和决策者的主观权重。

在所有的政策研究或社会研究（包括定量研究与定性研究）中，研究想法与概念或数据需要直接联系起来。研究过程中可将数据看作是概念的经验表征，定量与定性分析都涉及测量，测量又将数据与概念相连接，但是两者测量过程的不同之处取决于数据类型和研究方式是定量的还是定性的。在 MIPS 逻辑层次法分析研究过程中，不同的环节需要将客观分析、主观判断进行有机的结合，依据不同的问题场景，将专家智慧与定性研究、定量研究等方法进行融合。

在客观分析与主观判断优势互补、相互结合方面，国际上已有一些相对成熟的做法，如美国兰德公司设立了定性与混合方法中心，在相关研究中推进客观分析与主观判断优势互补、有效结合，保证智库研究的客观性、科学性与独立性。在数字时代，大数据技术、算法和算力的发展，为客观分析与主观判断的结合开辟了广阔的应用空间。

12.4.3 基于 DIIS 过程融合法的客观分析与主观判断的结合路径

智库 DIIS 理论方法于 2017 年提出，经过持续研究并与智库实践工作深度融合后形成专著（潘教峰等，2019a）。基于 DIIS 过程融合法的客观分析与主观判断相结合情景如图 12-2 所示。

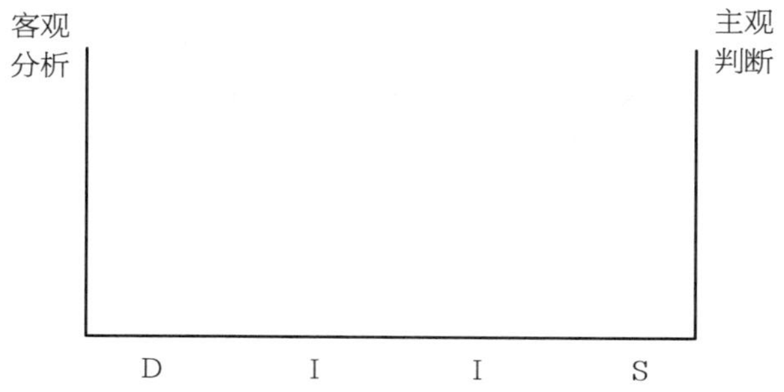

图12-2　基于DIIS的客观分析与主观判断的结合

在 DIIS 的收集数据环节，需要围绕研究问题进行定性分析，收集相关的数据、事实或事件；在揭示信息环节，对所收集的数据进行客观分析，并结合主观判断提出研究框架，进行系统专业的挖掘、整理以及分析，从而形成客观认知；在综合研判阶段，需要引入专家智慧对客观认知进行专家主观判断，获得新认识与新思路；在形成方案阶段，在问题导向下，通过客观分析与专家主观判断深度结合，形成高质量的解决方案。

12.4.4　基于 MIPS 逻辑层次法的客观分析与主观判断的结合路径

（1）机理分析阶段客观分析与主观判断相结合

智库研究的机理分析关键在于认识事物本体及其内在规律。客观分析与主观判断相结合有助于系统客观地看待事物和分析问题，可防止片面性。在机理分析阶段，需要对智库问题进行界定与分解，通过对子问题的解析，运用主观判断确定需要收集的数据。在对智库问题进行溯源、解析以及预判的过程中，要对密切相关的各类科学知识、基础资料、实践经验等进行融合研究，挖掘本质，作出客观分析，形成理性认识；在综合研判中，引入专家经验，对问题的本质、发展趋势和演进方向进行主观判断。

（2）影响分析阶段客观分析与主观判断相结合

智库研究的影响分析关键在于厘清事物的本体与外部的相互关系，分析事物对各方面产生的影响。如SWOT分析法，基于内外部竞争环境和竞争条件下的态势分析，将与研究对象密切相关的各种主要内部优势、劣势和外部的机会、威胁进行综合分析。通过客观分析进行调查研究，采用矩阵排列形式，运用系统分析思想，综合考虑各种因素，然后借助专家的主观判断，得出一系列具有一定决策价值的结论。在影响分析中需要经济学家、管理专家等的积极参与并发挥作用，运用定量与定性研究相结合的分析方法依照实际进行主观判断。

（3）政策分析阶段客观分析与主观判断相结合

智库研究的政策分析，旨在探讨对事物进行人为政策干扰或政策调节后可能产生的政策效果。政策分析基于机理分析、影响分析，面向未来进行政策研究和判断。①需要对相关问题或事物以往的政策进行系统总结和归纳，可通过构建政策数据库并对其进行数据挖掘等客观分析方法。②系统分析现有政策层面上对政策问题或政策对象的干预效果，这方面需要结合客观分析与专家智慧进行综合研判。③客观分析不同情景下对政策问题或事物施加不同的政策变量后可能产生的效果，结合不同的情景模拟进行综合判断。政策分析中依靠技术专家对不同情景下的政策进行综合分析，需要循环往复吸收管理专家、政策专家等的意见，不断迭代出可能的政策建议，再由战略政策专家综合运用专业知识与智慧对政策干预可能产生的效果进行研判。因此，政策分析过程需要吸收融合从数据资料、信息、知识到解决方案的集体智慧。

（4）形成方案阶段客观分析与主观判断相结合

智库研究的解决方案是指智库问题的政策建议，为智库问题提供富有可操作性、实践性的建议措施。解决方案是在经过智库双螺旋法各个环节后形成的，既包括对未来发展格局、战略方向和发展重点的综合性建议，也包括在战略和政策上针对智库问题应采取的战略性措施建议。解决方案通过综合集成跨学科交叉、具备较强洞察能力、批判性思维以及综合预测、科学前瞻能力的战略专家的研判与讨论，最终得出富有战略价值、切实管用的前瞻性、建设性政策建议。

12.5 不同域视角下客观分析与主观判断相结合的发展

智库研究的是国家经济、社会、科技等发展关切的重要问题，全面综合地从不同视角研究，可更好地认识世界、解释世界从而更好地改变世界。

（1）历史域、现实域与未来域

智库研究是为了解决实际问题，实际问题有其发展的脉络、特定的环境以及对未来的预测与需求。如图 12-3 所示，从时间维度看客观分析和主观判断的结合，可看出定量分析与定性分析始终贯穿在各个研究阶段。政策研究乃至社会科学研究都需要经历时间的沉淀，既能解决当下的实际问题，也能回溯过往，预测未来。智库研究始终贯通历史、现实和未来的

图12-3 从时间维看客观分析与主观判断

时空域（潘教峰，2020），应不断基于已有的理论方法进行开拓创新，完善客观分析与主观判断相结合的 MIPS 逻辑框架体系。

前瞻未来，既不能囿于客观分析，也不能过于依赖主观判断。在智库研究中，要兼顾好确定性和不确定性，可预见性和不可预见性，不断推陈出新，在思想创新链上激发更深入的思考，使得智库研究有深度、有温度、有力度。

（2）解析问题、融合问题、还原问题

智库研究问题具有综合性、复杂性以及不确定性等特点，决定了它必须以系统、全面的客观分析作为研判基础，也必须依靠具备多重知识结构与技术专长的专家的主观判断。在智库问题的解析过程、融合过程与还原过程中，客观分析主要在解析过程中使用，融合过程与还原过程则需要客观分析与主观判断相结合（图 12-4）。DIIS 过程融合法与 MIPS 逻辑层次法，从解析、融合与还原的系统科学角度对智库研究问题进行界定、分解与还原（潘教峰，2020）。智库研究需要寻找问题与问题之解的内在联系，打破其中的“黑箱”，运用复杂系统科学理论，如涌现性理论与反馈机制等进行分析。智库问题大多数是不确定性的，需要综合考虑不同时间、空间与条件下的情景进行综合研判，客观事物的分析需要不同的角度切入，其客观性与价值性通常是一致的。对问题真解的认识，都是在一定条件下、一定范围内以及一定程度上对客观事物及其规律的正确反映。在智库研究中，特别是对解决方案

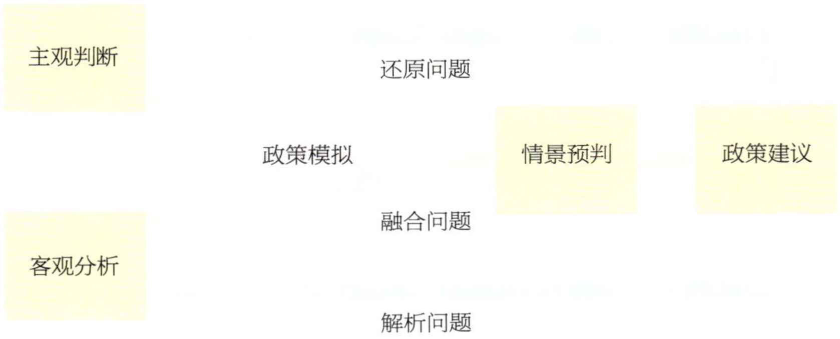

图12-4　客观分析与主观判断相结合逻辑图

的提出需要不断地修改、完善决策与追踪决策。在决策形成过程中，可借助政策模拟与计算机仿真工具，分析决策者在模拟环境中采用不同政策选择的影响，重视政策研究的反馈信息。反馈信息是指在决策实施中不断迭代，及时监测、了解并掌握相关的最新信息，并依据最新信息进行改进，从而完善决策的过程。

（3）认识论、方法论、实践论

通过科学方法，根植实践，丰富认识，帮助智库研究者更好地“客观”而非纯“主观”地认识事物，从而作出正确判断与科学决策。任何一种客观事物都在一定的时间、空间与条件下发展，要客观地把握实际，就必须把握客观事物存在的时间、空间与条件。将求实思维融入智库研究问题的过程中，吃透问题的本质。智库研究更多的是服务决策，必须对客观事物有全面的认识和正确的价值判断。在收集数据与机理分析阶段，力求从客观的时间、空间与条件出发做好调查研究工作。

唯物辩证法有助于指导智库研究工作者坚持“两点论”，既要全面认识，又要重点驾驭好各种复杂关系的主要矛盾和矛盾的主要方面，其实质与核心是系统观念、对立统一、辩证思维。在智库研究中的机理分析、影响分析以及政策分析中都需要运用系统观念、对立统一、辩证思维认识问题，分析问题，解决问题。在统一中考虑矛盾双方的对立与转化，在对立中把握两者的统一。

智库研究来源于实践、服务于实践。实践是主观与客观、主体与客体一致的前提。实践是认识的基础与来源，认识能动地指导实践，由客观分析到主观判断，再由新的主观认识指导客观实践，是智库研究认识过程的两大飞跃。智库研究的两大追求是发现真理与创造价值，这些都需要实践思维。实践的本质就是要实干，即知行合一、言行一致。智库研究的理论认识同样来自实践，同时又以理性认识服务决策、指导实践，并回到实践中。主观认识是人对客观现象的认识，客观分析也是对主观判断的一种凝练和迭代。

12.6 小结

从知识到决策，本身就是客观分析与主观判断的结合。智库研究需要通过科学的决策支持平台，构建客观分析与主观判断优势互补、科学适用的研究方法体系，机制化地监测、预测未来科技、经济、社会发展格局及动向，从而形成具有较强预见力、较高科学价值并切合实际需求的综合性决策咨询建议和系统性智库问题解决方案。因此，客观分析与主观判断的结合是智库双螺旋法的关键问题之一。本章介绍并分析了智库双螺旋法的客观分析与主观判断相结合的意义和思路，力图拓展智库研究的理论与方法，探讨综合运用客观分析与主观判断相结合的有效途径，进一步梳理科学事实与机理、经济社会事实与影响、治理效果与政策、系统事实与解决方案之间的内在联系，旨在促进客观分析与主观判断优势互补、相互结合，为决策者提供更加科学、合理、有效的决策建议。

未来社会将在人机交互融合的系统中发展，科学决策和决策咨询必须基于人机结合的决策支持系统来实现。未来的智库研究必然更加注重人机结合的定量研究与定性研究、客观分析与主观判断相结合的研究及理论方法体系的建构，其结合的方法、途径、标准、机制等都是值得继续深入探讨的前沿问题。

第13章　智库产品质量管理

智库报告是智库最重要的产品。对智库产品进行质量管理，能够保证智库报告的品质，从而更好地发挥智库的功能。从智库产品质量的角度完善智库的组织管理，能够使智库更加制度化、体系化。本章主要介绍智库产品的一般特征和分类，从智库双螺旋法的角度阐述智库产品的选题定位、过程控制、要素评价，并从管理机制、工作环境、支撑服务三个方面给出智库产品质量管理的流程。

13.1　智库产品的特征和分类

13.1.1　智库产品的一般特征

智库产品以知识和信息的产生、传递、利用为目标，将现代信息技术用于提高知识和信息的产生、加工、储存、流通、利用的效率，使信息系统支撑智库研究。在智库产品中，智库报告是智库分析态势、整合资源、诊断数据、预测风险、反馈信息、提供咨询的核心产品。

智库产品既有其直接来源，也有间接来源。直接来源主要是实验信息和调研信息等。实验信息是研究人员利用科学工具变革、控制、模拟研究对象所获得的特定现象、性质、规律。调研信息是研究人员通过访谈、问卷等手段采集、统计、整合而得到的信息。间接来源主要包括图书馆、数据基础设施、专业统计网站、公开资讯、购买信息、内部资料等。直接来源的智库产品具有独特性、创新性，间接来源的智库产品则具有广泛性和全面性。从属性分类，智库产品覆盖了政治、经济、文化、社会、科技、生态等各方面的资料（张家年和马费成，2015；宋忠惠和郑军卫，2016）。以公共政策和社会责任为导向的智库，通常与国家各层级、各方面的机构有所关联，提供有利于国家发展的政策建议。从智库的运营机制角度出发，智库产品经过专业的分析流程，转化为信息库、知识库、数据库，成为进一步研讨和咨询的基础性支撑（张家年和卓翔芝，2016）。从转化的角度出发，智库产品经历了需求识别、情景设计、信息采集、分析处理、效能评估、实际应用的全过程（李纲和李阳，2016；李阳等，2016）。

智库产品主要依赖数据资源、工具方法、专家智慧的集成（王延飞等，2015a）。智库依赖数据资源开展研究，可通过直接和间接方法获取。智库的工具方法包括指标、模型、软件等，这些方法在实施过程中尤其注重理论与实践、定量与定性、综合与比较、宏观与微观的结合，使得智库对知识和信息的整合自动化、集成化、科学化。专家智慧主要利用专家学者在特定领域的意识、素养、研判、决策能力，结合知识和信息产出优质的智库成果。

智库产品生产可分为目标层、资源层、方法层（耿瑞利，2016；张家年，2016）。在目标层，智库的主要研究目标是明确需求，有的放矢地设计采集方式和内容。在资源层，智库的目标是使纷繁冗杂、千头万绪的知识和信息成为清晰、可用的智库资源，为进一步的综合研判、科学决策服务。在方法层，分属各学科、各门类的研究方法能够广泛用于智库研究，从而展现出面向特定问题的智库成果。

智库产品需要体现智库的感知能力、创造能力、传播能力等方面（张家年，2016）。感知能力是智库研究主动预测、判断外部环境的能力，考验的是智库整体的时代意识和问题意识。创造能力是智库产生思想、解决问题、提出方案的能力，是智库产品建设的核心。传播能力决定了智库的影响力，是智库立足社会、发展壮大的基础。智库的感知能力、创造能力、传播能力是相辅相成的，最终统一于智库的综合能力而展现出来。

13.1.2 智库产品的分类

作为智库产品的主要载体，智库报告可以大致分为事件报告、政策解读报告、行业报告、评价报告、预测报告、年度报告、内参报告、反馈报告、总结报告等类型。

（1）事件报告

出于不同地域领域的界定，事件发生的状态过程有不同程度的差异，又因其突发特质，个人、机构在很大程度上无法及时、准确地解读信息，因而需要事件报告以辅助决策。事件报告具有专业性、时效性的特点。智库需要将一般信息转化为专业信息，并借助专家学者智慧，为不同群体的利益诉求提供相关咨询服务。

（2）政策解读报告

政策作为来源于政府的信息尤为重要。在政策出台后，需要相关领域专家跟进解读，针对政策的前期背景、中期操作、后期推动进行阐释，突显政策措施的价值和意义。政策解读报告需要具有建设性和辅助性，有效引导政策步入正常预期运行轨道。政策解读报告从传播、普及角度入手，开展理性分析，抓住核心问题，提出建设性意见，使政策更好地融于社会。公共政策的执行和维护是一个漫长的过程，对于该类信息的研究也应有长远规划。

（3）行业报告

行业报告能够把行业内的直接信息和间接信息有效集成，由此及彼，以小见大。该类报告通常具有复杂性和分散性，但有较强的针对性。

（4）评价报告

智库作为具有研究性质的咨询机构，以公共利益、行政决策为服务对象，应以第三方评价的形式为政府管理与决策程序提供有益信息和建议。评价报告具有引导性、专业性的特征。评价报告通常有详细的评估原则及评估方法，广泛收集相关信息，对问题进行深入分析，具有一定的可操作性和真实性，能够从侧面反映工作成果和不足。

（5）预测报告

预测报告根据事件已有信息，对其未来发展态势进行分析和预测，以起到前瞻性、警示性的效果。预测报告对信息的分析，可根据经验、判断、直觉进行预测，提供信息发展方向、状态、形势等定性结果；也可根据信息随时间变化的历史数据进行定量预测。

（6）年度报告

一个成功的智库产品，除了即时即事分析研究之外，也应有一套完整的研究范式和独具特色的分析逻辑，年度报告便是智库成果以理论、方法、专题相结合的框架的总集成。年度报告通常涵盖所涉及领域各个方面的信息，通常数据翔实、模型健全、分析深入、系统全面，体现出战略性、宏观性、研究性、实践性的特点。

（7）内参报告

内参是中国现代政府管理中一种内部调研和对策报告的特有形式。内参中的事实叙述没有太多修饰，观点的提出不过度包装，对策建议较为尖锐。内参报告主要有五类：一是报道社会不良现象的信息，通过报告希望得到相关部门的整治和处理；二是报道事件未得到妥善处置的信息，通过报告希望得到尽快处理；三是提供有价值的经验或线索的相关信息，通过报告进行推广；四是对决策者关注的重大问题进行研究，提供应对的系统解决方案；五是提供前瞻性、预判性的政策建议，为政府应对各种潜在的重大事件提供政策储备。

（8）反馈报告

智库产品可以用于评估政策或决策的效力。在政策执行的初期，要高度重视群众的反映和评价，深入了解群众的心声和意见。通过深入、广泛的调研来听取大众反馈的信息，从专业的角度对信息进行分析、整合，不断追踪信息、跟进事态发展。反馈报告可以提供即时有效的参考建议，具有客观性、互动性，其工作和成果是透明的。信息的来源和成果必须在公众舆论中形成良好的互信互动机制，并且使信息的流动渠道保持通畅。

（9）总结报告

总结报告是事件发生后，对其背景、事实、经过、原因、趋势等信息的分析。该类型的报告多用于总结事件的发展经过、原因与结果。总结报告根据信息分析手段，分为关联分析和聚类分析两类。关联分析根据大量信息之间的相关联系进行分析；聚类分析将抽象信息集合分成相似类对象，使得信息与信息之间有很高的相似性，不同簇中的信息有较高的相异性。

13.2 智库产品的质量要求

智库产品质量提升是中国特色新型智库高质量发展的重要内容之一，高质量的智库研究成果更是智库的核心竞争力。

智库双螺旋法的外循环解决智库复杂问题的分解与集成，是智库研究遵循的线索和智库产品质量管理的总体要求。内循环的 DIIS 过程融合法和 MIPS 逻辑层次法为智库产品质量的过程控制和要素评价提供具体指导和可操作方法。外循环的智库产品质量管理总体要求和内循环的智库产品质量管理可操作方法构成智库成果质量管理的完整体系，适用于各类智库研究成果的检查、验收与质量评定，也可以作为对智库研究成果开展质量控制的基本依据，适用于委托、组织、实施、应用和管理智库研究成果的相关机构、组织和个人。

智库产品要明确研究定位，发挥在学术界和实务界（如政界、商业界、媒体等）之间沟通、转译、反馈的作用。从外循环来看，智库产品要体现三个总体要求：第一，科学的解析问题。这是智库产品的重要组成部分。智库研究应根据实际情况，将复杂的研究问题分解为一组清晰、可操作的子问题集，并对子问题集的研究目的、研究内容、研究重点进行描述。第二，深入的融合研究。深入的融合研究是智库产品的主体内容。基于对智库的研究问题及子问题开展不同学科背景的学术研究是智库研究的根基。在研究团队、研究方法、研究目标上，各子问题要紧密对接、融合。第三，实用的智库方案。管用、实用、可操作的智库方案是高质量智库产品的根本要求。

13.2.1 选题定位

“选题选好了，研究就做好了一半”这句话是智库研究界普遍认可的，可见选题对成果质量的重要性。当前我国高端智库选题主要来自国家各部委，多是结合自身工作需要，主要解决部门的实际问题。这类选题针对性强，对操作性和可行性都有着很高的要求。在切实提升服务决策能力水平的语境下评价成果质量，首先要以成果的选题定位为切入点。具体来看，一个良好的智库选题应体现如下特征。

第一，定位恰当。能够明确成果的服务对象，根据需求部门的类型和属性对报告进行整体定位，如报告是面向国家领导人、决策部门、执行机构或是地方行业。

第二，目标清晰。研究以解决问题为导向，准确理解需求部门的交办意图并清晰界定研究的问题边界，紧密贴合现存具体问题，充分考虑政策需求。

第三，类型明确。研究选题可以分为全局性战略研究、前瞻性预判研究、紧急性应急研究、理论性储备研究和操作性措施研究。

以“生态产品总值核算及价值转化机制的研究”为例，该任务的命题部门为国家发展和改革委员会，相应地明确了报告的定位是服务国家决策部门，研究目标是形成具有明确可行措施的决策咨询建议，能直接服务于国家开展生态产品价值实现机制的试点工作，为编制并实施生态产品总值核算及价值转化专项任务提供经验案例和实施方案。在研究类型上，报告风格应偏重操作性和应用性，要为国家主导、地方执行落实、企业和社会各界参与等多个相关方提出实现路径，也就是解决具体怎么干的问题。

13.2.2　基于 DIIS 过程融合法的产品过程控制

（1）收集数据

收集数据环节需要评价的内容包括数据来源、数据筛选、数据信息。数据需要有明确的来源，能够进行合理的采集和量化，具有较强的时效性。数据筛选应符合抽样、存储、提取、使用的规范和逻辑。数据信息应全面、准确、真实、完整、可求证。

（2）揭示信息

揭示信息环节需要评价的内容包括研究设计、研究方法、研究过程。研究设计应全面综合各学科知识，能够解决问题和预判进展。研究方法应新颖、合理、科学，有明确的选择依据。研究过程应做到客观、严谨，具备学术研究基础，具有充足的证据，可进行循环论证。

（3）综合研判

综合研判主要从研判专家、研判依据、研判方法、研判过程进行评价。研判专家应具备较高的学术造诣，熟悉学科的国内外发展动向。研判依据应公正、合理、独立，具备充分的事实根据和理论方法。研判方法应新颖、合理、科学，能够与揭示信息环节的方法相衔接。研判过程应准确分析利益相关者诉求，整体设计结构合理、层次清楚。

13.2.3　基于 MIPS 逻辑层次法的产品要素评价

（1）机理分析

机理分析是对智库问题的追根溯源，为智库研究提供理论基础和事实依据，从而得出符合实际的解决方案。一个智库问题必然有一个需要解决的核心问题，问题所属的领域或学科就是需要关注的主要机理领域。例如，对于“碳达峰、碳中和”来说，它属于经济高质量发展和生态环境高水平保护问题，具有较深的复杂性和较强的交叉性，涉及环境治理、资源利用、技术创新、制度政策、市场机制和国际环境等多方面因素。所以智库报告要以环境科学、能源经济、科技战略等领域为切入点进行具体问题的分解，开展全方位、系统性战略观察和论证分析，再进一步从内在逻辑和规律方面发现深层次信息。

结合上述讨论，在评价智库研究质量时，应关注成果中是否体现以下机理分析方面的重点。

第一，对智库问题进行分解。从问题产生发展的原因角度或决策制定执行的角度分解研究问题为各具体的子问题集，界定各子问题的特征，描述问题特征、性质、规模等，并解释它们之间的关系。

第二，对问题情况刻画清楚。调用恰当的数据和案例对问题的来龙去脉、关键成因等做充分透彻的摸查，情况阐释到位，从多个维度和视角分析论证问题，根据问题的性质特点使用不同的研究方法。

第三，对关键问题进行前瞻。综合运用各类学科知识和实践经验，揭示智库问题的本质规律，并对问题及子问题的发展趋势和方向进行预估分析。

以“增强我国大国韧性的研究”为例，对“韧性”机理层面的研究认识是破题的关键，首先要对复杂的研究问题进行分解，即对“大国韧性”的内涵、特征与组成进行识别，如从系统的空间结构、应用功能和时间演进三个基本维度，将国家韧性解构为结构韧性、功能韧性和演化韧性。进而对每类韧性在经济、社会、科技、生态等层面的问题情况刻画清楚，分析它们发展演进的过程以及相互关联关系。基于上述研究，探究问题产生的本质规律，可以通过大量韧性视角下的历史经验及政策实践总结，对我国多领域的韧性挑战作出未来走向的认识判断和原因分析。

（2）影响分析

高质量的智库决策报告需要建立在充分准确的影响分析之上，影响分析要围绕智库问题的影响领域、影响范围、影响强度、影响周期展开，时间维度上兼顾历史、现实和未来。

例如，以“气候变化与国际贸易关系”为研究主题，影响现状分析可以同时考虑环境政策、交易成本、投资关系、市场竞争、资源消耗、技术替代、产业结构等要素的影响关系和变化趋势，再通过分析国际典型案例和经验做法，综合评估对我国产生的挑战或发展机遇。又如，以“新型生物技术”为研究主题，预测其应用之后可能会对产业带来多大规模的影响，要在了解技术成熟度的基础上，分析该生物技术行业的市场规模、产品结构、市场分布、用户需求以及竞争格局，预估未来该技术的前景和机会。如果能够进一步了解生物技术领域专家、政府对口管理部门及产业或行业专家的意见，就可更准确判断技术投产应用的可行性。

结合上述讨论，在评价智库研究质量时，应关注成果中是否体现以下影响分析方面的重点。

第一，历史相关影响回溯。结合对智库问题本质规律的认识，从不同的维度，以定量与定性相结合的方式，分析智库问题对经济、社会、科技、生态、安全等领域产生的影响，对国家、地区、行业等层面产生的影响。

第二，当前影响现状描述。借助相关研究进展、国际经验、调研案例等资料分析智库问题对当前国内外经济、社会、科技、生态、安全等方面的影响，以及各种影响之间的关系、产生的新问题等。

第三，未来可能影响预估。在未来中长期的时间尺度下，前瞻预判智库问题未来可能产生的影响，包括问题的发展走向、发展趋势、潜在风险和不确定性。

以“我国经济社会数字化转型进程的研究”为例，在影响分析部分要对数字经济要素做历史影响的回溯，可以采用国别发展比较研究，分析多国在数字公共服务、数字基础设施、数字科研发展等方面做出的努力和产生的影响。进而描述当前的影响情况，如选取数字化技术的具体技术领域作为研究对象，分析该领域源头技术对多国国民经济行业的影响程度，如对医疗领域、物流领域、教育领域、制造业等领域的现实影响。再根据研究积累，预估未来的可能影响，为最终提出关于我国数字经济发展、加速经济社会数字化转型进程的政策建议提供支撑。

（3）政策分析

智库问题的落脚点是具体的解决措施和执行方案，涉及对旧有关系的打破和新型格局的建立，需要以政策分析的逻辑和视角，基于机理分析、影响分析中获取的信息，探讨在决策研究制定和落实方面的具体效果。政策分析要把过去和现在对解决相关智库问题而实施的政策措施进行梳理、盘点、分析和总结，再通过对政策的走向展望，即明确“方向感”，为形成最终政策方案提供决策视角的分析基础，提高解决方案靶向精准性。

在评价智库研究质量时，应关注成果中是否体现以下政策分析方面的重点。

第一，对以往政策的梳理认识。围绕问题相关领域，梳理国内外曾在解决此类问题中推行的法律法规、发展规划、改革方案等，分析应用情况，如政策效果、可以吸取的经验教训等。

第二，对现有政策的解读分析。如对政策落实执行效果作评价，政策主体、政策对象、政策环境中分别存在什么问题，堵点、难点、痛点是什么，兼容性和适应性如何等。

第三，综合构建未来政策情景。对新的政策如何设计，进行政策模拟，如预测未来不同情景下加入不同政策变量可能产生的效果，需要协调哪些相关部门、需要理顺哪些政策关系等。

以“我国科普政策执行情况分析的研究”为例，将以往科普政策的执行情况和落实成效作为最能够反映国家科普能力和绩效的代表性指标。梳理已出台的相关政策，如对1994年以来600余份科普政策的文本内容进行分析和对《中华人民共和国科学技术普及法》案例深入调研，以及对科普政策管理者、实践者和研究者进行问卷调查。其中，政策分析又以政策文本的外部特征和内容特征为分析视角，包括政策发文规模、主体、类别、合作网络、作用领域，工具特征、引用关系、发文主题等。通过对当前政策的执行情况进行查证，分析存在的重点问题，继而面向未来提出新的政策建议。

13.2.4 解决方案的评价

高质量的智库研究应根据研究结果提出深刻的启示建议，美国兰德公司曾提出“启示和建议应当具有逻辑性、合理性，分析深入并包含适当说明”。决策咨询成果要能解决怎么干的问题，要提出符合国家战略方向、可操作实施的思路方向和实施路径，系统性、有效性和规范性是保障方案质量的关键因素。

第一，方案的系统性好。根据决策咨询的服务对象和具体要求形成相应的解决问题方案，如战略方向、政策思路、发展规划、实施路径、重点任务、具体措施等。方案既要考虑横向相关领域的体系性，也要考虑纵向相关领域的层次性。

第二，方案的有效性强。智库问题解决方案的使用价值好，方案内容可靠性突出，所提建议具有较高的可操作性。方案有创新性，不与国家已出台政策文件重复。

第三，方案的规范性高。成果有坚定的政治立场和正确的政治方向，与国家大政方针、基本原则保持一致。报告写作的体例规范、结构清晰、行文准确精练、重点突出、符合研读习惯。

13.3 智库产品的质量管理

13.3.1 管理机制

智库产品质量管理机制由相应的组织结构、管理方法和协作网络组成，通常包括智库报告所涉及的人员、项目、成果、硬件环境等方面，也包括管理人员与科研人员之间的关系、任务组与业务部门之间的关系以及业务机构与机构间的关系等。建立标准化的项目管理体系，根据任务的目标导向制订智库报告工作的计划时间表，确定不同任务组撰写智库报告的类型、时间以及字数要求，除此之外，还应确定撰写和提交报告的主要负责人和复审人，从而建立起规范的智库报告及其相关项目成果生成、提交、审查、使用的工作流程。

智库项目管理部门根据智库任务的特点要求，实施“制订方案—决策沟通—跟踪反馈—验收评价—呈批报送”的全过程项目管理，对项目组织形式、研究队伍、过程标准、关键节点、经费设置提出要求。从项目实施进度与节点匹配要求、研究过程中与需求部门的沟通对接、各评审环节的专家组确定等方面对任务组进行规划，促使智库项目的供给适应决策研究的需求，增加成果质量达到标准的可能性。

各项目研究小组负责组织撰写和审查各项目的智库报告。项目开始时，指定智库报告联络人，负责联系、协调、收集、提交项目的具体成果，建立文本产出的归档机制。这既包括智库报告本身，也包括智库报告以外的项目成果，如科研团队和科研人员在项目执行期间的论文、软件、专利、著作等相关科研成果。与此同时，还应因地制宜地出台个人与团队激励机制，鼓励科研人员撰写高质量的智库报告，建立顺畅的优秀智库成果上报机制与传播机制。

为了支持后续的研究，打破科研管理的分散模式，管理部门针对智库报告研究形成期间建立起的科研条件，如科学仪器、文献资料等，设置开放共享平台，用于后续项目的支持和产出。力争在项目过程管理与监督、科研人员绩效考核与评价、知识产权审核与保护等方面形成良好的工作氛围与成熟的工作流程，提高优秀智库成果转化率与科研效益，积极促进智库研究成果不断优化与发展。

13.3.2 工作环境

为了保证智库产品的质量，智库机构应对智库报告的撰写工作进行全生命周期管理，并提供相应的系统平台支持。智库机构运用现代信息网络技术建立智库项目申报、立项的框架，形成智库报告管理体系、信息管理系统环节、数字化研究环境的整合，对智库报告进行全生命周期管理，涵盖智库报告从撰写、评审、报送的整个工作流程。对智库报告的研究任务和科研人员的写作要求，管理部门应在已有平台系统的基础上建立智库报告写作、检测与辅助平台，帮助科研人员规范报告格式，方便科研人员进行自检和比对，畅通优秀智库成果的报送渠道。如智库报告未能通过系统审核，应自动反馈到相关研究小组和科研人员那里。智库报告系统应与相关部门、行业的智库报告系统相连接。根据科研项目的来源渠道，向上级管理部门报送经批准的智库报告。对于已上报的智库报告，在组织内部形成具有不同使用范围标识的智库报告元数据和全文数据库。

不同的智库机构均有各自的平台信息管理系统，其内部构造以及运行逻辑亦有不同，其对应的智库报告平台系统也有所不同。未建立自有平台信息管理系统的智库机构，应借助智库报告平台建设的机遇，优化自身的平台信息管理系统。智库机构应根据自身科研活动的性质、任务、人员等，建立智库任务管理平台和智库成果报送平台。根据类型、数量和智库报告提交时间和规范捋顺管理逻辑，辅助智库报告提交任务，支持科研人员用好研究积累，形成相关科研成果。根据科研活动本身的性质、来源、学科领域，负责智库报告的各项目研究团队可在任务范围内产出各种成果，并鼓励以项目组间报告和交流等形式创新工作流程，使智库报告工作体系逐渐成为智库研究人员间交流的工具和纽带。对已经建立平台信息管理系统的智库机构，可将智库报告工作有机嵌入系统，充分考虑系统之间的兼容性，综合管理科研活动和项目，充分共享、有效利用研究成果。

13.3.3 支撑服务

用以保障智库产品质量的支撑服务工作，主要包括知识共享、科研支撑、学术网络建设三部分。

（1）知识共享

支持智库机构在机构范围内开展知识创新与共享的活动，组织、规范内部的科研任务管理工作。智库机构在智库报告工作中不断积累形成科技成果，在组织内部形成专门的知识资产和知识库，可用于为科研人员提供一系列的信息服务。在智库机构间推行共建共享的良好氛围。

（2）科研支撑

智库机构在提前告知作者并尊重其意愿的前提下，向内为科研人员提供智库报告下载与学习服务，向外为公众提供智库报告浏览与科普服务。以成果质量、创新贡献、研究能力、研究水平、影响力评价智库研究人员和智库机构，营造有利于智库研究的政策、制度和文化环境。

（3）学术网络建设

通过数据挖掘技术，加强对相关数据的处理和测量，对智库报告、科研人员、科研项目的标注、规范、计算等进行相关分析，得到当前较热门的高频率和高影响的主题、高被引学者、发文量影响力较大的机构等数据，建立学术网络与主题图之间的联系，提供前沿知识领域遴选与发现功能，为智库机构确定前沿与热点领域提供参考，为发现优势团队和类似的智库机构提供线索。

13.4 小结

智库产品是智库研究的成果，能够增加全社会的知识积累。数据资料、工具方法、专家智慧为智库产品提供基本素材，通过智库加工形成目标、资源、方法明确的智库产品。智库双螺旋法能够对智库产品进行全过程和全要素的质量管理，DIIS 过程融合法从收集数据、揭示信息、综合研判三个方面对智库研究的过程进行控制，MIPS 逻辑层次法从机理分析、影响分析、政策分析三个方面对智库研究的要素进行评价，形成对解决方案的综合评价。优化管理机制、工作环境、支撑服务能够从组织和管理上保障智库产品的质量。管理机制确保智库研究实现全过程、标准化质量管理。工作环境在机构、部门和平台等方面能进一步完善智库产品的研究流程。支撑服务能够推动智库成果的共享、传播和维护。

参考文献

巴比 E. 2009. 社会研究方法 . 第 11 版 . 邱泽奇译 . 北京：华夏出版社 .

鲍勤，苏丹华，汪寿阳 . 2020. 中美贸易摩擦对中国经济影响的系统分析 . 管理评论，32：3-16.

波普尔 K. 1998. 通过知识获得解放 . 范景中，李本正译 . 杭州：中国美术学院出版社 .

蔡力钢，李培根 . 1998. 基于分级规划的工艺决策任务分解与求解策略 . 华中理工大学学报，26（11）：63-66.

陈朝宗 . 2013. 智库型人才的素质结构、资本投入与培养渠道 . 重庆社会科学，（6）：109-113.

邓津 N K，林肯 Y S. 2007. 定性研究：方法论基础 . 风笑天等译 . 重庆：重庆大学出版社 .

耿瑞利 . 2016. 大数据环境下情报学在智库建设中的作用 . 图书情报研究，9（2）：19-25.

金薇吟 . 2006. 学科交叉方法探析 . 科学学研究，（5）：667-671.

库恩 T S. 2004a. 科学革命的结构 . 金吾伦，胡新和译 . 北京：北京大学出版社 .

库恩 T S. 2004b. 必要的张力：科学的传统和变革论文选 . 范岱年，纪树立译 . 北京：北京大学出版社 .

赖先进 . 2017. 国际智库发展模式 . 北京：中共中央党校出版社 .

李纲，李阳 . 2016. 面向决策的智库协同创新情报服务：功能定位与体系构建 . 图书与情报，（1）：36-43.

李阳，李纲，张家年 . 2016. 工程化思维下的智库情报机能研究 . 情报杂志，

35（3）：36-41，48.
刘仲林 . 1990. 跨学科学导论 . 杭州：浙江教育出版社 .
娄伟 . 2012. 情景分析理论与方法 . 北京：社会科学文献出版社 .
吕诚诚，李刚 . 2021. 从“学者”到“参谋”：社科院专家的治学范式转变 . 图书馆论坛，41（10）：38-48.
麦甘恩 J，萨巴蒂尼 R. 2015. 全球智库：政策网络与治理 . 韩雪，王小文译 . 上海：上海交通大学出版社 .
米勒 D C，萨尔金德 N J. 2004. 研究设计与社会测量导引 . 第 6 版 . 风笑天译 . 重庆：重庆大学出版社 .
奈特 F H. 2010. 风险、不确定性与利润 . 安佳译 . 北京：商务印书馆 .
纽曼 W L. 2021. 社会研究方法：定性和定量的取向 . 第 7 版 . 郝大海等译 . 北京：中国人民大学出版社 .
潘教峰 . 2017-01-09. 科技智库研究的 DIIS 理论方法 . 中国科学报，第 7 版 .
潘教峰 . 2020. 智库研究的双螺旋结构 . 中国科学院院刊，35（7）：907-916.
潘教峰 . 2021-09-28. 以智库双螺旋法为范式，推动智库科学化发展 . 中国科学报，第 4 版 .
潘教峰，等 . 2019a. 智库 DIIS 理论方法 . 北京：科学出版社 .
潘教峰，鲁晓 . 2018. 关于智库研究逻辑体系的系统思考 . 中国科学院院刊，33（10）：1093-1103.
潘教峰，鲁晓，刘慧晖 . 2022. 智库双螺旋法的“十个关键问题”. 中国科学院院刊，37（2）：141-152.
潘教峰，杨国梁，刘慧晖 . 2017. 智库 DIIS 理论方法 . 中国管理科学，25（S）：1-14.
潘教峰，杨国梁，刘慧晖 . 2018a. 智库 DIIS 三维理论模型 . 中国科学院院刊，33（12）：1366-1373.
潘教峰，杨国梁，刘慧晖 . 2018b. 科技评估 DIIS 方法 . 中国科学院院刊，33（1）：

68-75.
潘教峰，杨国梁，刘慧晖 . 2019b. 多规模智库问题 DIIS 理论方法 . 中国科学院院刊，34（7）：785-796.
潘教峰，张凤，鲁晓 . 2021. 促进智库研究的“六个转变”. 中国科学院院刊，36（10）：1226-1234.
珀尔 J，麦肯齐 D. 2021. 为什么：关于因果关系的新科学 . 汪生，于华译 . 北京：中信出版社 .
庆海涛，陈媛媛，关琳，等 . 2016. 智库专家胜任力模型构建 . 图书馆论坛，36（5）：34-39.
任明仑，杨善林，朱卫东 . 2002. 智能决策支持系统：研究现状与挑战 . 系统工程学报，(5）：430-440.
宋忠惠，郑军卫 . 2016. 支撑智库研究的信息源建设策略 . 智库理论与实践，(3）：65-72.
汪卫华 . 2021-10-11. 无序中找有序 复杂中寻规律 . 中国科学报，第 4 版 .
王慧炯 . 2015. 社会系统工程方法论：基本理论、规划、政策、智库建设等的应用 . 北京：中国发展出版社 .
王娜，李辉，张玲 . 2022. 知识嵌入视角下智库专家评价框架的构建 . 智库理论与实践，7（1）：3-12.
王文 . 2017. 论智库与学术的异同 . 智库理论与实践，2（2）：24-32.
王延飞，何芳，闫志开 . 2015a. 情报研究方法构建的关系基础 . 情报杂志，34（4）：1-3，26.
王宗军 . 1993. 决策支持系统：信息系统发展的最新阶段 . 自然杂志，(3）：15-20.
魏宏森，王伟 . 1993. 广义系统论的基本原理 . 系统辩证学学报，(1）：52-58，65.
杨国梁 . 2020. 科技规划的理论方法与实践 . 北京：科学出版社 .
杨建梅 . 1994. 切克兰德软系统方法论 . 系统辩证学学报，(3）：86-91.
叶立国 . 2018. 科学技术的四种不确定性及其风险规避路径——基于约纳斯“责任

伦理”的考察 . 中国石油大学学报（社会科学版），34（2）：78-82.
张广铭，于渌 . 2010. 物理学中的演生现象 . 物理，39（8）：543-549.
张家年 . 2016. 情报视角下我国智库能力体系建设的研究 . 情报资料工作，37（3）：92-98.
张家年，马费成 . 2015. 我国国家安全情报体系构建及运作 . 情报理论与实践，38（8）：5-10.
张家年，卓翔芝 . 2016. 融合情报流程：我国智库组织结构和运行机制的研究 . 情报杂志，35（3）：42-48.
张礼卿，蔡思颖 . 2020. 经济政策不确定性的影响及其跨国传导机制：文献综述 . 金融评论，12（3）：105-123，126.
赵青松，王晓攀，熊伟涛 . 2015. 面向演化的装备体系方案选择的不确定性决策方法 . 四川兵工学报，36（11）：65-69.
周国元 . 2021. 麦肯锡结构化战略思维：如何想清楚、说明白、做到位 . 北京：人民邮电出版社 .
朱敏 . 2016. 新型智库人才培养管理创新思考 . 管理世界，(3）：178-179.
朱旭峰 . 2012. 政策变迁中的专家参与 . 北京：中国人民大学出版社 .
Abelson D E. 2002. Think tanks and US foreign policy：An historical perspective. US Foreign Policy Agenda，7（3）：9-12.
Alberto A，Roberto P. 1996. Income distribution，political instability，and investment. European Economic Review，40（6）：1203-1228.
Aleta A，Martín-Corral D，Pastorey Piontti A，et al. 2020. Modelling the impact of testing，contact tracing and household quarantine on second waves of COVID-19. Nature Human Behaviour，4（9）：964-971.
Arizona State University Decision Theater. 2022. What is decision theater? https：//dt. asu. edu/ [2022-01-13].
Baker S R，Bloom N，Davis S J. 2016. Measuring economic policy

uncertainty. The Quarterly Journal of Economics, 131 (4): 1593-1636.

Bankes S C. 2002. Tools and techniques for developing policies for complex and uncertain systems. Proceedings of the National Academy of Sciences, 99 (S3): 7263-7266.

Ben-Haim Y. 2006. Info-gap Decision Theory: Decisions under Severe Uncertainty. 2nd Edition. Israel: Academic Press.

Bloom N. 2009. The impact of uncertainty shocks. Econometrica, 77 (3): 623–685.

Bloom N. 2014. Fluctuations in uncertainty. Journal of Economic Perspectives, 28 (2): 153-176.

Bonabeau E. 2002. Agent-based modeling: Methods and techniques for simulating human systems. Proceedings of the National Academy of Sciences, 99 (S3): 7280-7287.

Bordogna G, Fedrizzi M, Pasi G. 1997. A linguistic modeling of consensus in group decision making based on OWA operators. IEEE Transactions on Systems, Man, and Cybernetics: Systems, 27 (1): 126-133.

Bryant B P, Lempert R J. 2010. Thinking inside the box: A participatory, computer-assisted approach to scenario discovery. Technological Forecasting and Social Change, 77 (1): 34-49.

Bryman A. 2004. Social Research Methods. 2nd Edition. New York: Oxford University Press.

Climate Interactive. 2022. En-ROADS. https://www.climateinteractive.org/category/en-roads/ [2022-01-13].

Davis S. 2016. An index of global economic policy uncertainty. NBER Working Paper, No. 22740.

Estrada R, Arturo M. 2011. Policy modeling: Definition, classification and evaluation. Journal of Policy Modeling, 33 (4): 523-536.

Fraussen B, Halpin D. 2017. Think tanks and strategic policy-making: The contribution of think tanks to policy advisory systems. Policy Sciences, 50 (1): 105-124.

Fu Y L, Li M, Luo H, et al. 2019. Industrial robot selection using stochastic multicriteria acceptability analysis for group decision making. Robotics and Autonomous Systems, 122 (103304): 1-11.

Goh C H. 1997. Analytic hierarchy process for robot selection. Journal of Manufacturing and Materials Processing, 16 (5): 381-386.

Gong M, Lempert R, Parker A, et al. 2017. Testing the scenario hypothesis: An experimental comparison of scenarios and forecasts for decision support in a complex decision environment. Environmental Modelling & Software, 91 (5): 135-155.

Goodman J C. 2005. What is a think tank. https: //1library. net/document/zp68movq-think-tank-goodman-president-national-center-policy-analysis. html [2022-04-25].

Gorry G A. 1971. A framework for management information system. Sloan Management Review, 30 (3): 49-61.

Guo J F, Pan J F, Guo J X, et al. 2019. Measurement framework for assessing disruptive innovations. Technological Forecasting and Social Change, 139: 250-265.

Hauck J C R. 2017. What are 'Think Tanks'? Revisiting the dilemma of the definition. Brazilian Political Science Review, 11 (2): e0006.

Holland J. 1995. Hidden Order: How Adaptation Builds Complexity. New York: Addsion-Wesley.

IBM. 2022. IBM Watson is AI for smarter business. https: //www. ibm. com/Watson [2022-01-13].

Intergovernmental Panel on Climate Change （IPCC）. 2007. AR4 Climate Change 2007. http: //www. ipcc. ch.

International Energy Agency. 2021. Net zero by 2050: A roadmap for the global energy sector. https: //www. iea. org/events/net-zero-by-2050-a-roadmap-for-the-global-energy-system [2022-04-25].

James S. 1993. The idea brokers: the impact of think tanks on British government. Public Administration, 71（4）: 491-506.

Julio B, Yook Y. 2012. Political uncertainty and corporate investment cycles. The Journal of Finance, 67（1）: 45-84.

Kahn H, Wiener A J. 1967. The Year 2000: A Framework for Speculation on the Next Thirty-Three Years. New York: MacMillan.

Kelley P. 1988. Think tanks fall between pure research and lobbying. Houston Chronicle.

Kelstrup J D. 2017. Quantitative differences in think tank dissemination activities in Germany, Denmark and the UK. Policy Sciences, 50（1）: 125-137.

Keynes J M. 1921. A treatise on Probability. London: Macmillan and Co.

Kharrazi A, Kakuwa M. 2017. Scenario projects in Japanese government: Strategic approaches for overcoming psychological and institutional barriers. Futures, 86: 18-26.

Leahy J, Whited T. 1996. The effect of uncertainty on investment: Some stylized facts. Journal of Money, Credit and Banking, 28（1）: 64-83.

Liu Z C. 2020. Decision-making for biomass-based production chains: The basic concepts and methodologies. Energy, 208: 118392.

Lu J, Mao X, Wang M, et al. 2020. Global and national environmental impacts of the US-China trade war. Environmental Science & Technology, 54 (24): 16108-16118.

McGann J G. 2003. Think tanks and the transnationalization of foreign policy. Connections, 2 (1): 85-90.

McGann J G. 2021. TTCSP Global Go To Think Tanks Index Reports. https: //repository.upenn.edu/think_tanks/[2021-12-20].

McKinsey & Company. 2019. How to master the seven-step problem solving process. https: //www. mckinsey. com/business-functions/strategy-and-corporate-finance/our-insights/how-to-master-the-seven-step-problem-solving-process [2019-09-13].

McKinsey & Company. 2022. How to master the seven-step problem solving process. https: //www. mckinsey. com/business-functions/strategy-and-corporate-finance/our-insights/how-to-master-the-seven-step-problem-solving-process [2022-01-13].

Medvetz T. 2010. Think tanks. The Blackwell Encyclopedia of Sociology. https: //onlinelibrary. wiley. com/doi/full/10. 1002/9781405165518.wbeost063.

National Academies of Sciences, Engineering, and Medicine. 2022. Policy on Composition and Balance, Conflicts of Interest, and Independence for Committees Used in the Development of Findings, Conclusions, and Recommendations. https: //www. nationalacademies. org/about/institutional-policies-and-procedures/conflict-of-interest-policies-and-procedures [2022-01-13].

National Institute of Science and Technology Policy. 2019. Close-up science and technology areas for the future. https: //hdl. handle.

net/11035/00006640.

Pan J F. 2021. DIIS Theory and Methodology in Think Tanks. Singapore: Springer.

Pardee RAND. 2022a. Center for Decision Making Under Uncertainty. https: //www. prgs. edu/research/methods-centers/decision-making-under-uncertainty. html [2022-01-13].

Pardee RAND. 2022b. Center for Qualitative and Mixed Methods. https: //www. prgs. edu/research/methods-centers/qualitative-and-mixed-methods. html [2022-01-13].

Planells-Artigot E, Marti-Sanchez M, Moreno-Castro C. 2020. Presence of think tanks in the Spanish digital press. Profesional De La Informacion, 29 (5): e290517.

Punch K F. 2014. Introduction to Social Research: Quantitative and Qualitative Approach. California: Sage publications.

RAND. 2022a. Delphi Method. https: //www. rand. org/topics/delphi-method. html [2022-01-13].

RAND. 2022b. What is ExpertLens. https: //www. rand. org/pubs/tools/expertlens/about. html [2022-01-13].

RAND. 2022c. RAND Tools. https: //www. rand. org/pubs/tools. html#research-tools [2022-01-13].

RAND. 2022d. RAND ExpertLens: An Online Approach to Expert Elicitation and Stakeholder Engagement. https: //www. rand. org/pubs/tools/expertlens. html [2022-01-13].

RAND. 2022e. How ExpertLens Works. https: //www. rand. org/pubs/tools/expertlens/about/how-it-works. html [2022-01-13].

RAND Corporation. 2019. Diversity. Equity, and Inclusion at RAND.

https: //www. rand. org/about/diversity-equity-inclusion. ttml [2002-04-25].

Rao R, Patel B, Parnichkun M. 2011. Industrial robot selection using a novel decision making method considering objective and subjective preferences. Robotics and Autonomous Systems, 59 (6): 367-375.

Siddhartha D, Dmitry K, Ramesh S, et al. 2011. ExpertLens: A system for eliciting opinions from a large pool of non-collocated experts with diverse knowledge. Technological Forecasting and Social Change, 78 (8): 1426-1444.

Stone D. 1996. Capturing the Political Imagination: Think Tanks and the Policy Process. London: Psychology Press.

Stone D. 2001. Think tanks, global lesson-drawing and networking social policy ideas. Global Social Policy, 1 (3): 338-360.

Susandi A. 2003. Integrated Assessment Model for Indonesian Energy Forecast. Proceeding of the Joint Convention Jakarta 2003 IAGI-HAGI. Jakarta: Indonesia.

Swap W, Leonard D, Shields M, et al. 2001. Using mentoring and storytelling to transfer knowledge in the workplace. Journal of Management Information Systems, 18 (1): 95-114.

Tanoos J. 2012. Industry-based foreign direct investment around state gubernatorial elections: Evidence from the United States. Global Journal of Business Research, 6 (5): 1-18.

Trutnevyte E, Guivarch C, Lempert R, et al. 2016. Reinvigorating the scenario technique to expand uncertainty consideration. Climatic Change, 135 (3-4): 373-379.

UK Government Office for Science. 2017. The Futures Toolkit-Tools for

Futures Thinking and Foresight across UK Government. https://www.gov.uk/government/publications/futures-toolkit-for-policy-makers-and-analysts.

Urrutia O. 2018. El papel de los think tanks en la definicióny aplicación de las políticas y estrategias de defensa. Revista del Instituto Español de Estudios Estratégicos, (2): 7.

US National Intelligence Council. 2021. Global Trends 2040: A More Contested World. https://www.dni.gov/index.php/gt2040-home.

Valencia F. 2017. Aggregate uncertainty and the supply of credit. Journal of Banking & Finance, 81: 150-165.

Van der Heijden K. 2011. Scenarios: The Art of Strategic Conversation. New Jersey: John Wiley & Sons.

Vanderstoep S W, Johnston D D. 2009. Research Methods for Everyday Life: Blending Qualitative and Quantitative Approaches. New Jersey: John Wiley & Sons.

Volkery A, Ribeiro T. 2009. Scenario planning in public policy: Understanding use, impacts and the role of institutional context factors. Technological Forecasting and Social Change, 76 (9): 1198-1207.

索 引

B

不确定性决策方法　143，145

C

产品过程控制　264

产品要素评价　264

触发循环迭代的情形　176，193

D

DIIS-MIPS 耦合　195，197，201

DIIS 过程融合法　19，21，22

定量研究　102，243，244

定性研究　102，193，244

定义问题　108，109，110

F

方法集工具箱　48，51，52

G

概念模型　158，159，160

构建框架　108，113，114

关键驱动因素　130，131，135

管理专家　29，110，116

国家高端智库　i，ii，14，17

H

还原问题　21，70，71

J

机理分析　19，23，24

集成评估层　231，236，237

交互决策层　231，238

揭示信息　19，22，25

结构模型　158，159，160

解析问题　20，70，71

决策支持系统　173，223，224

K

科学导向　18，20，21

客观分析与主观判断的结合　31，45

M

MIPS 逻辑层次法　19，21，23

描述问题　108，111，112

模型校准　158，161，166

N

内循环　18，19，21

O

耦合结构　195，197，207

P

匹配度计算　80，81，86

Q

情景分析　30，31，33
情景关键因素分析　126，128，130
情景生成　126，131，132
情景问题识别　128
情景转移　126，132

R

人机结合　31，32，43
融合包含特性　195，196，207
融合研究　20，21，23

S

深度不确定性　146
十个关键问题　17，30，31
时度效　248，249
时空域　19，26，30
收集数据　19，22，25
数据汇聚层　231，233，236
双螺旋特性　195，207
四层模型　17，48，50

W

外循环　18，19，20
问题导向　18，20，21

X

效度　248，249
信度　248，249
形成方案　19，22，23
形成子问题集　108，113，115
学科交叉　i，101，152
学科知识耦合　195，201，203
学科专家　110，112，113
循环迭代　18，19，21

Y

影响分析　19，23，24

Z

证据导向　18，20，21
政策分析　19，23，24
政策模拟　29，30，31
政策专家　24，29，42
知识层　18，20，48

知识融合层　231，235
智库　4，5，6
智库报告　ii，258，260
智库产品　15，31，32
智库产品质量管理　31，32，46
智库的发展动力　iv，11
智库的功能　6，60，258
智库关键词　71，72，73
智库科学与工程　16，107
智库期刊群　71，75，76
智库人才　14，16，58
智库双螺旋法　17，18，19
智库问题不确定性　139，141
智库学科建设　iv，100，101
智库研究的“六个转变”　60，104
智库专家　24，29，75
终止循环迭代的条件　176
专家参与　24，29，37
专家遴选　42，59，208
专家知识　39，78，166
专家职能　211，221
综合研判　19，22，25